Görg
Ein Haus im Totenreich

Manfred Görg

Ein Haus im Totenreich

Jenseitsvorstellungen in Israel und Ägypten

Patmos Verlag Düsseldorf

Die Deutsche Bibliothek – CIP-Einheitsaufnahme

Görg, Manfred:
Ein Haus im Totenreich : Jenseitsvorstellungen
in Israel und Ägypten / Manfred Görg. –
Düsseldorf : Patmos-Verl., 1998
ISBN 3-491-72398-1

Umschlagbilder: Jerusalem, Kidrontal mit Gräbern (Photo: Archiv für Kunst und Geschichte, Berlin), sowie Das »Binsenfeld« im Grab des Sennedjem
Satz: Fotosatz Froitzheim AG, Bonn
Druck und Bindung: Bercker GmbH, Kevelaer
ISBN 3-491-72398-1

Inhalt

Vorwort

Religion ist eine Antwort auf den Tod. Religion hängt am Leben, am gegenwärtigen ebenso wie am ursprünglichen und zukünftigen. Die Religionen, die von der endgültigen Erhabenheit des Lebens über den Tod überzeugt sind, können in den Vorstellungen des alten Ägypten und des alten Israel Äußerungen und Perspektiven finden, die sich mit dem eigenen Glauben verbinden lassen.

Auch das Christentum kann sich auf Antworten auf Lebensfragen berufen, die von Ägypten und Israel gegeben sind. Gerade die Probleme um den Sinn des Daseins, die Bewältigung des Todes, die Idee eines Weiterlebens, die Erinnerung an die Vorfahren beschäftigten schon die vorchristliche Welt. Der christliche Glaube an den vom Tod auferweckten und erhöhten Sohn Gottes und die Auferstehung der Toten ist ohne die fundamentalen Vorgaben Ägyptens und des frühen Judentums nicht denkbar.

Die Vorstellungen vom Leben vor und nach dem Tod animieren die religiöse Phantasie. Mit der Phantasie konkurriert die Tendenz zum Dogma. So kann sich die elementare Idee vom künftigen Weiterleben in der überwiegend diesseitsbezogenen literarischen Welt des »Alten Testaments«, der Älteren Bibel, nur gelegentlich Gehör verschaffen, während die Vorstellungen von der anderen Welt und dem endlichen Prozeß der Rechtfertigung gerade im Christentum willkommenen Einlaß gefunden haben. Gibt es trotzdem ein Zusammengehen des Engagements im Heute und der hoffenden Anhänglichkeit an ein Leben nach dem Tod?

Die Erwägungen dieses Buches sind nicht auf breite Dokumentation der Zeugnisse und Varianten zur Idee des Weiterlebens in den jeweiligen Kulturzonen angelegt. Sie wollen lediglich den Konzeptionen nachspüren, die den Glaubensäußerungen in Ägypten und Israel zugrunde liegen. Der Blick auf einige, vielleicht repräsentative Bilder und Texte soll genügen, um die Tür zu den vielfach ungehobenen Schätzen der vorchristlichen Nachbarn zu öffnen. Es geht um die Suche nach den Spuren von Vor-Bildern christlicher Hoffnung.

Wie einige frühere Veröffentlichungen zum religionsgeschichtlichen Erbe aus Ägypten und dem frühen Judentum ist auch das vorliegende Buch aus Vortragsfolgen erwachsen. Die freie und spontane Äußerung steht hier wiederum anstelle der in Schriftdeutsch verfaßten Reflexion. Der Glaube an das eigenen Gesetzen unterworfene Leben möge nicht zuletzt in dieser nichtliterarischen Gestalt zum Ausdruck kommen.

»Ins Paradies mögen Engel dich begleiten«, so lautet ein Wunsch aus der christlichen Totenliturgie, der seine eigene Geschichte und Dimension hat. Der Weg zu dieser Publikation, zuweilen auf eine harte Probe gestellt, konnte eine kundige und geduldige Unterstützung erfahren, für die ich von Herzen dankbar bin.

Das Buch sei den Hörerinnen und Hörern gewidmet, deren Interesse das Zustandekommen angeregt und gefördert hat.

München, im Sommer 1998 *Manfred Görg*

Hinführung

1. »Ich weiß, daß mein Erlöser lebt«?

1.1 Eine überlebte Frage?

Es wird in der Menschheitsgeschichte unendlich viel gestorben, und es wird unendlich viel gehofft, daß dieses Leben irgendwie, möglichst besser, weitergeht. Dies Urteil nimmt sich aus wie eine Banalität. Jeder weiß um sein physisches Ende, aber man möchte es nicht sehr gern in Erinnerung rufen. Auch das ist menschlich, auch das sieht wie eine Banalität aus. Aber ich meine, daß wir gar nicht anders können, als uns dieser Frage zu widmen: Wie sieht die eigene persönliche Zukunft aus, wenn das physische Leben zu Ende geht, und wie sieht die Zukunft der Menschheit aus, wenn ihr Verbleib auf Erden begrenzt wird? Grundfragen, mit denen wir uns so oder so, ob aufgenötigt oder nicht, befassen. Wir könnten uns vielleicht einmal bei dieser Riesenschlange von Menschen und bei dem gewaltigen Arsenal von Zeugnissen erkundigen, wie man bisher darüber gedacht hat: Das ist weithin ein ungehobener Schatz. Nicht, als wenn wir hier perfekte Antworten erwarten würden! Es gilt ja auch hier die fatale Einsicht – wiederum schrecklich banal! –, daß niemand zurückgekehrt ist. Die Frage, wie es weitergeht, soll uns also beschäftigen aus dem Interesse an Antworten der Vergangenheit heraus, um daraus Perspektiven für die Zukunft zu gewinnen.

Dabei geht es mir natürlich in erster Linie um religiöse Antworten. Nicht, daß ich beabsichtigte, jetzt vorgefertigte oder vorgestanzte Antworten zuhauf ins Haus zu liefern, sondern ich möchte auf die Substanz dieser Fragen zurückkommen, auf das Fundament, das die Früheren getragen hat, darauf, warum sie Erwartungen formulieren konnten und ob sie überhaupt ein Fundament gefunden haben, ob sie nicht gelegentlich ein sehr brüchiges Fundament bezogen und damit zu leben versucht haben. Diese Fragen spitzen sich also immer weiter zu, aber ich will jetzt noch gar nicht das Geflecht all der Probleme berühren, mit denen wir zu tun haben werden. Es geht mir nicht um eine Streuung der Erfahrungen, sondern wirklich darum, daß wir erkennen, was ihnen zugrunde liegt. Vielleicht gibt es etwas, was Menschen gemeinsam ist an Hoffnung oder an Perspektiven oder auch an nüchternen Einsichten.

1.2 Zwei Todesfälle: Mutter Teresa und Lady Diana

Wenn ich den Blick auf das vergangene Jahr richte, dann sind es da zwei Todesfälle, die die Menschheit besonders beschäftigt haben. Die Medien haben sich dieser Todesfälle angenommen. Es wird Gemeinsames benannt, vor allen Dingen im Rückblick auf das soziale Engagement der Prinzessin und der Ordensfrau, aber es wird zu wenig nach dem gefragt, was beide womöglich erwartet haben. Vielleicht kommen hier zwei unterschiedliche Erwartungsbereiche unmittelbar zusammen, ihr Kontrast drängt sich geradezu auf. Soweit ich weiß, ist nicht bezeugt, daß sich die Prinzessin Gedanken über ihr Leben nach dem Tod gemacht hat. Sie hat ganz einfach nicht damit gerechnet, daß das Ende so plötzlich kommen würde. Im Gegenteil, man sagt ja, daß sie glaubte, ihr Lebensglück gefunden zu haben. Wie sollte sie da, in diesem Moment, an einen Abbruch denken? Sie hoffte ganz gewiß auf eine neue Phase der Erfüllung hier in dieser Zeit, in diesem Leben, in dieser Welt. – Anders bei Mutter Teresa: Da können wir aufgrund von vielfältigen Äußerungen sicher sein, daß sie bewußt keine ausgesprochene Angst vor dem Tod empfunden hat. Sie sagte es jedenfalls, wenngleich kein Mensch frei ist von Furcht. Sie hat aber durch ihre Grundidee, durch ihre Überzeugung, daß sie getragen sei von der Liebe Gottes, gemeint, daß sie auch in diesem Strom der Liebe Gottes weiterlebt. Aber sie hat das nicht nur im Hinblick auf sich selbst gedacht, sondern sie hat ihre Aktivität auf eine solche Übertragung dessen, was von Gott her kommt, gegründet und sich als Werkzeug dieser Liebe Gottes verstanden, ohne aufzurechnen oder gegenzurechnen. Ihre Erwartung war sicher eine ganz andere als die der Prinzessin, und wir dürfen davon ausgehen, daß sie von einem Weiterleben bei Gott überzeugt war und daß ihr Blick auch bewußt in die Ewigkeit gerichtet war, sosehr sie dem Diesseits zugewandt gewesen ist, der Hilfe für die Sterbenden.

Vielleicht liegen diese beiden Todesfälle nicht rein zufällig nebeneinander – man mag das Zufall nennen, natürlich. Aber gelegentlich kommen ja Konstellationen in der Geschichte vor, die zu denken geben. Ich will mich mit dieser Erinnerung begnügen, obwohl ja der Bereich der Erfahrungen so unendlich groß ist, daß sich ganz andere Konstellationen, auch persönlich erlebte, aufdrängen, und jeder von uns wird eigene Beispiele vor Augen haben.

1.3 Die Rezeption von Ijob 19,25

Händels Arie

Ich möchte nun mit einem Bild aus dem Alten Testament, das im Abendland eine eigentümliche Rezeption erfahren hat, ansetzen. Man kann sich der Faszination einer bestimmten Arie aus Händels »Messias« nicht entziehen: *Ich weiß, daß mein Erlöser lebt.* Dieses Lied führt uns sofort mit der gewachsenen Überlegung zusammen, daß der Messias – gemeint ist Jesus Christus – eben dieser Erlöser sei, der den Glauben an den Fortbestand eines neuen Lebens verbürgt und der den Tod – und damit auch meinen Tod – durch seine Auferstehung überwunden hat: Wenn dieser Erlöser lebt, dann wird er auch mich zum Leben bringen. – Eine solche Auslegung eines Textes aus dem Alten Testament, genauer: aus dem Buche Ijob, Kapitel 19, Vers 25, hat ihre eigene Geschichte. Man kann es Händel und seinen »Vorfahren« nicht übelnehmen, daß sie hier einen alttestamentlichen Text in eigenwilliger Weise interpretiert haben. Ich stehe nicht an, die Würde einer solchen nachherigen Interpretation zu bewundern, die Würde, die darin besteht, daß die Hoffnung des Menschen sich eben auch sprachlich und musikalisch Gehör verschaffen will. Und wenn etwas in der Bibel in die Richtung dieser Hoffnung zu deuten scheint, darauf hinweist, daß dem Menschen eine Schau eröffnet werden könnte, eine wirkliche Schau – ich denke an ein »Sehen«, eine Vision –, dann scheint es, als würde diese Vision nur allzugern aufgenommen. Dabei haben sich die Interpreten schnell über sprachliche Probleme des Urtextes hinweggesetzt. Die Kunstgeschichte – nicht nur die Musikgeschichte – hat sich lange vorher diesem Gedanken gewidmet, daß der *Erlöser* eben Jesus Christus sei und daß das Alte Testament hier eindeutig von Jesus Christus spräche, dem wahren Erlöser, auf den alles zusteuert, von dem das eigentliche und endgültige Leben kommt.

Eine byzantinische Miniatur
Wir müssen heute einsehen, daß der Text aus dem Buch Ijob nicht einfach eine ausschließlich christliche Interpretation verträgt, sosehr wir das Mühen des Abendlandes und des Morgenlandes, den Text in christliche Hoffnung hereinzunehmen, respektieren. Zum Beleg dafür, wie stark eben diese Hoffnung in solcher Bildsprache verborgen ist, möchte ich eine byzantinische Darstellung kurz kommentieren (**Abb. 1**). Diese bezieht sich auf das Buch Ezechiel,

Abbildung 1

Kapitel 14, Vers 13 ff., wo drei Persönlichkeiten miteinander genannt werden, nämlich Noach, Daniel und Ijob. Ijob erscheint hier ganz links mit weißem Haar und gewissermaßen aus dem Grabe emporsteigend; auf der rechten Seite steht außen zunächst Noach im blauen Gewand und links von ihm Daniel mit einem ebenfalls blauen Gewand, aber mit einem roten Überwurf. Mir geht es um die Konstellation dieses Bildes, das diese drei alttestamentlichen Gestalten zeigt, aber in der Mitte eben den Pantokrator, Jesus Christus. Hier wird eindeutig eine alttestamentliche Gruppierung mit Jesus Christus in Zusammenhang gebracht. Jesus Christus ist es, der diese drei Gestalten ins Leben führt: der den Noach letzten Endes errettet und in Wahrheit die Arche ist, die ihm das Überleben sichert, der den Daniel aus der Grube befreit und auch Ijob aus seiner Todesnot errettet. Das ist nun morgenländische und dann natürlich abendländische Interpretation eines biblischen Textes: daß Noach der Erweckte ist, Daniel ebenso und vor allem Ijob, der hier gesondert herausgestellt ist, und das liegt daran, daß Ijob in dem angesprochenen Text selbst als jemand auftritt, der für sich das Erlöstwerden und das Schauen Gottes zu erwarten scheint.

Die Übersetzung des Hieronymus

Um so dringlicher ist es, daß wir uns einmal mit der Perspektive des Urtextes befassen, soweit es uns hier möglich ist. Zunächst aber: Wie kommt es eigentlich dazu, daß die bildliche und die musikalische Darstellung eigene Wege gehen? Das liegt daran, daß schon in der Alten Kirche eine neutestamentliche Stelle, nämlich Jesu Reden von der Auferstehung, Mt 22,23 ff., in dieser Richtung, wie wir es im Bild gesehen haben, interpretiert worden ist. Man konnte sich dabei auf die Übersetzung des Hieronymus berufen, und da will ich nur Ijob 19,25 nach der lateinischen Übersetzung zitieren, damit wir sehen, was die Basis dieser Deutungsgeschichte ist: *Scio enim* – »ich weiß nämlich« – *quod redemptor meus vivit* – »daß mein Erlöser lebt« – *et in novissimo die de terra surrecturus sum:* »und daß ich am Jüngsten Tage von der Erde auferstehen werde«. Die lateinische Übersetzung ist recht eigenwillig, aber sie hat eben ihre Nachgeschichte. Kritische Exegeten werden vielleicht hingehen und die Nachgeschichte einfach beiseite schieben, indem sie sagen: »Diese Übersetzung ist nicht zuverlässig, sie hält den strengen philologischen Kriterien nicht stand. Kehren wir doch möglichst schnell zum Urtext zurück!« Eine solche Haltung findet man durchweg in den wissenschaftlichen Kommentaren. Ich halte das nicht für so ganz überzeugend. Man muß auch bei denen, die sich hier an Hieronymus anschließen, und vielleicht sogar bei Hieronymus selbst diese doch so tief verwurzelte Bedürfnislage erkennen. Doch gerade dem, den es besonders »geschüttelt« hat in diesem Leben, wird es darum gehen, eine Perspektive zu entdecken, wie er seine Zukunft sehen kann. Das mag wie ein voreiliger Zugriff wirken, aber ich denke, daß hier doch so viel an Erwartungen hineinverlegt wird, daß wir uns nicht einfach brüsk abwenden oder hybrid darüber hinwegsetzen können, wie bereitwillig die Tradition auf diese Deutung des Hieronymus eingegangen ist. Es ist ja unser aller Interesse, wie jemand, den das Geschick so »gebeutelt« hat wie Ijob, wie der sich selbst und seine Zukunft »sieht«, wenn da bereits vom »Schauen« die Rede ist. Das muß doch einen Inhalt haben! So ist die Verbindung zwischen einem Wissen um das Leben zum »Aufstehen«, ja zum »Auferstehen« naheliegend genug gewesen, so daß Hieronymus sie in seine Übersetzung einbrachte und die Tradition sich ihrer bemächtigte.

1.4 Der ursprüngliche Text

»Löser« und »Erlöser«

Wir müssen uns der ursprünglichen Fassung nähern, und ich denke auch, daß wir am Ende unserer Überlegungen zu ihr zurückkehren werden, vielleicht etwas »zurechtgerückt«, um nicht zu sagen »geläutert«, was die Erwartungen angeht. Vielleicht lesen wir dann auch diesen Text etwas anders, vielleicht sogar mit den Augen der nachherigen Interpreten, und wir werden nicht so schnell den Stab brechen über das, was über diesen Text gesagt und gedacht wurde. – Schauen wir ihn uns zunächst einmal an. Ich habe ihn in der Art und Weise umgesetzt, wie wir nunmehr biblische Texte zu betrachten pflegen:

25a *Ich weiß:*
b *Mein Löser ist am Leben,*
c *und als letzter erhebt er sich über (dem) Staub.*
26a *Und nachdem meine Haut so geschunden,*
b *werde ich ohne mein Fleisch Gott schauen.*
27a *Ihn werde ich mir anschauen,*
b *und meine Augen werden (ihn) sehen,*
c *und nicht ein/en anderer/en.*
d *Verschmachtet sind meine Nieren in meinem Leib.*

Ijob 19,25–27

Der Text unterscheidet sich schon am Anfang von dem, was etwa die Arie aus dem Oratorium »Der Messias« formuliert, und zwar besonders darin, daß nicht vom *Erlöser* gesprochen wird, sondern vom *Löser*. Damit ist etwas Gravierendes angezeigt. Es geht nicht, jedenfalls nicht zunächst, um all das, was wir Christen mit »Erlösung« verbinden, indem wir Jesus Christus als den »Erlöser« betrachten. Es ist vielfach so, daß unser Blick dann nur zurückgewendet ist und wir – auch das ist hybrid – den Anspruch anmelden, als habe dieser Jesus Christus sein Erlösungswerk bereits vollendet und uns wie ein Geschenk »serviert«. Da erinnere ich an den Rabbi, der angesichts des messianischen Geschreis ringsherum das Fenster öffnet, hinausschaut und feststellt: »Da ist keine Befreiung, da ist keine Erlösung« (vgl. Martin Buber, Die Erzählungen der Chassidim, Zürich 1992, 298: *Am Fenster*). – Wir Christen müssen unseren Gedankengang von der abgeschlossenen Erlösung revidieren, ja unsere Euphorie, unsere »ungeduldige Eschatologie« (Shemaryahu Talmon) vom Judentum her korrigieren lassen. Denn auch das Neue Testament spricht ja nicht nur vom gewesenen Jesus, sondern es spricht auch vom kommenden, und das ist das Entscheidende und Verbindende zwischen Juden und Christen. – Erlösung ist also ein Prozeß: Erst wenn die »neue Erde« und der »neue Himmel« Wirklichkeit geworden sind, kann von einer Erlösung im umfassenden Sinn gesprochen werden. Wir wollen hier keine falschen Fronten aufrichten: In diesem Punkt besteht keine fundamentale Differenz zwischen originär jüdischem und christlichem Denken. Gerade diese beiderseitige Hoffnung verbindet uns, daß die eigentliche, umspannende, alle ergreifende Erlösung noch bevorsteht, bei allem, was wir Christen an Fingerzeig und an Garantie in Jesus Christus zu erfahren glauben.

Der Erlöser Jesus Christus ist hier, in der Erwartung des Ijob, nicht präsent, jedenfalls nicht so präsent, daß wir ihn ohne weiteres bedenkenlos ins Spiel bringen dürfen. Wer aber ist dieser *Löser*? Da gibt es auch in der Exegese und in der Geistesgeschichte höchst divergierende Positionen. Ich will nur eine nennen, diejenige von Ernst Bloch (Atheismus im Christentum. Zur Religion des Exodus und des Reichs, Frankfurt a. M. 1968), dem Philosophen, für den Ijob nicht der geduldige Mensch gewesen ist, der hinnimmt, was Gott an Schrecklichem ihm bereitet hat, sondern der sich dagegen wehrt, der den Aufstand probt, der Rebell. Für Bloch ist Ijob nicht der gläubige Mensch, der sich demütig unterwirft, sondern der, der sich mit seinem Gott auseinandersetzt, ihn anklagt und sich woanders einen Helfer sucht, und das geradezu im Kontrast zu dem Gott, dem er bisher sich ausgeliefert sah. So meint Ernst Bloch, dieser *Löser* wäre etwa ein anderer Gott oder eine Hilfsinstanz, die mit dem traditionellen Gott nichts gemein hat, eine Hilfsgröße, die er auch nicht näher bezeichnen kann, die aber Anwalt der Rebellen ist, der Protestler, der Verzweifelten. Auch darüber ist eine Menge geschrieben worden, über diese Rebellionsthese, die Bloch zudem an anderen Gestalten der Bibel erprobt, an Mose beispielsweise oder an Jeremia. Für ihn ist die Bibel ja weithin ein Buch rebellischer Ansätze gegenüber einem traditionellen Gottesbild. Ijob würde sich also demnach an eine andere Instanz wenden, konkurrierend mit dem traditionellen Gott. Aber ich glaube nicht, daß uns das sehr viel weiterhilft. Wo sollten wir diese andere Instanz suchen? Das ganze Ijob-Buch spricht an keiner weiteren Stelle von einer konkurrierenden Größe, nennt nirgendwo Näheres, beschreibt keine Konturen, die uns erkennen ließen, wie denn diese andere Figur, die Appellationsinstanz, aussähe. Also wird es wohl dabei bleiben, daß dieser *Löser* immer noch der gleiche Gott ist, mit dem Ijob zu tun hatte: Freilich geht es jetzt um das Verborgene, das noch nicht Entdeckte, das noch nicht Erfahrene, das andere in diesem Gott, das sich begrifflich nicht so ohne weiteres zur Deckung bringen läßt mit dem Summarium der üblicherweise mit ihm verbundenen Erfahrungen. Es ist offenbar die nicht auszulöschende Hoffnung, daß dieser Gott doch irgendwo ein anderes Gesicht zeigt, als das er – Ijob – erfahren hat. Nur so können wir die Fortsetzung dieses textlich nicht einfachen und semantisch noch schwierigeren Verses durchschauen. Die hebräische Fassung ist so knapp, daß man ihr nicht so ohne weiteres einen letztverbindlichen Gehalt entnehmen kann. Ich habe deshalb hier auch nur eine Arbeitsübersetzung der betreffenden Verse gegeben.

Mein Löser ist am Leben. Das hebräische Wort *go'el* hat seine eigene Geschichte. Manche sagen, daß es in der Juristensprache zu Hause sei: »jemanden auslösen«, durch einen Tribut oder eine Leistung irgendwelcher Art einen Gefangenen auslösen. Das ist ein anderer Aspekt. Es wäre also ein alter Rechtsterminus, der allmählich zu einer Bezeichnung mit einem heilbringenden, heilvollen Aspekt herangewachsen wäre. Das mag stimmen, denn in der Zeit, in der das Ijob-Buch geschrieben wurde, geht die Wortbasis *G'L* synonym mit einer anderen bekannten Wortwurzel, nämlich *YŠ*^{c}, die im kausativen Gebrauch »retten« heißt. Diese Wurzel findet sich auch im Namen Jesus wieder, hat also eine eigene, sehr originär geprägte semantische Geschichte. Beide Verben sind synonym mit weiteren Ausdrücken, die »helfen« bedeuten oder »gesund machen« und gar »trösten«. Am allernächsten steht *G'L* einem Verbum *PDY*, das zunächst »auslösen« bedeutet, bis es zur Bedeutung »befreien« aufgestiegen ist.

Man konnte von der Rettung eines einzelnen und von der Rettung des Volkes mit Hilfe dieser gleichen hebräischen Basis *G'L* »lösen« und »befreien« sprechen. Und so hat man eben auch Gott selbst als die Instanz begriffen, von der eigentlich solches Lösen und Befreien ausgeht, als Beschützer der Schwachen in der Weisheitsliteratur oder auch in der prophetischen Sprache, als den Gott, der das Leben wiederherstellt, der Verlorenes zurückgibt. Ja auch die Befreiung aus Ägypten, der berühmte Exodus, konnte mit diesem Wort ausgedrückt werden, und nicht nur der Exodus aus Ägypten, sondern auch die Befreiung aus dem babylonischen Exil. Wir merken: Das ist ein Grundwort Israels, ein Grundwort des Judentums geworden, und allmählich ist die Beziehung zu dem *Erlöser* nicht mehr so sehr fern. Dies Wort, das primär der Rechtssprache zugehört, ist auf einmal aufgestiegen und meint Befreiung schlechthin. Rückkehr aus dem Exil und Exodus werden ja in der Nachgeschichte zusammengeschaut, schließlich auch in der christlichen Rezeption als Bilder genommen für den befreienden Gott und finden beispielsweise Eingang in die Theologie der Befreiung. Der Exodus von einst und die Befreiung aus dem babylonischen Exil – beides konnte unter anderem mit dem gleichen Wort ausgedrückt werden, das hier für den *Löser* steht. Also ist es nicht so ganz verwunderlich, daß »Lösen« und »Erlösen« miteinander zu tun bekommen.

Aber schauen wir auf den weiteren Text, um einen Zugang zu gewinnen, der uns erkennen läßt, daß *Löser* und *Erlöser* schon im Blickfeld des Ijob etwas miteinander zu tun haben und daß dieser *Löser* plus *Erlöser* der Gott ist, jener andere Gott, den man noch nicht recht definieren kann, der aber vielleicht doch etwas an sich hat, das diese ganze Misere des Daseins überhöht und beendet: ... *und als letzter erhebt er sich über (dem) Staub.* Die Übersetzung ist wirklich selber fragmentarisch, so wie der Text nicht so ohne weiteres sein Verständnis preisgibt. Aber das scheint noch am allernächsten – auch die Kommentare sehen es so – dem Wortlaut zu entsprechen. Dieser *Löser* ist noch präsent, wenn alles vom Chaos oder von der Hinfälligkeit des Daseins erfaßt ist. Nicht daß diese Hinfälligkeit, das Chaos oder die Zugehörigkeit zum Chaos aus dieser Welt verschwänden! Das bleibt alles existent. Die Flüchtigkeit kann nicht einfach in eine permanente Ruhe umgemünzt werden. Es bleibt bei der Vergänglichkeit des Menschen und der Schöpfung. Aber von diesem *Löser*, der lebendig ist, kann gesagt werden, daß er letzten

Endes dem Staub entwächst und dem Chaos zwar nicht endgültig Lebewohl sagt, aber sich doch vorläufig von ihm verabschiedet. Das ist eine Erinnerung – in ganz anderer Sprache – an das, was bereits in Genesis 1, Vers 2, steht: daß dieser Gott sich über das Chaos erhebt. Der Geist Gottes »flattert«, im Bild gesprochen, über dem Abgrund, er bezieht Distanz und wahrt seine prinzipielle Überlegenheit. *Als letzter erhebt er sich über (dem) Staub,* so wie er sich als erster über dem Tohuwabohu erhoben hat.

Ijobs »Schau«

Die folgenden Verse sind nicht minder schwierig zu verstehen, auch wenn die Übersetzung vielleicht eine Einfachheit suggeriert, die uns das Verständnis leichter machen würde. Es ist mehrfach vom »Schauen« die Rede oder vom »Anschauen«. Dabei wird wiederum ein hebräisches Wort gewählt, das die prophetische Sprache kennzeichnet, soweit Propheten über sich selbst nachdenken und ihre Berufungsvision reflektieren, vor allen Dingen Amos und Jesaja, die frühen Propheten also, wenn sie ihre »Schau« des Anfangs artikulieren. Da wird die hebräische Wurzel *ḤZY* gebraucht. Das biblische Verbum *chazah* drückt das elementare, von Gott ermöglichte Öffnen der Augen aus. Dies Verb ist auch hier bewußt gewählt. Es ist eine Art »Berufung«, die der »Seher« Ijob erfährt. Ijob bekennt sich zu einem »Schauen«: *ohne mein Fleisch, nachdem die Haut so geschunden.* Eine verrückte Idee, möchte man meinen! Ein *chazah,* das im Diesseits erfolgt, bitte! Von einem Jenseits ist keine Rede. Ijob hofft, daß er bei aller Misere des Daseins doch seinen Gott »face to face« sieht, ihm ins Angesicht schaut, wie auch immer die körperliche Verfassung sein mag. Ohne das Äußere, das nichts mehr wert erscheint, möchte er den Intimkontakt haben, ja geradezu diesen Gott – und das anders als die Propheten! – zur Rede stellen. Zur Rede stellen und ihm ins Gesicht schauen: Bist du es, der mich so fürchterlich gequält hat? Wie siehst du aus? Was ist denn dein Angesicht, das doch so »gnädige«, wert? – **Ihn** *werde ich* **mir** *anschauen,* ihn mir »vornehmen«: Das ist hier in V. 27a ganz bewußt wiederholt. Ijob will diesem beklagten und angeklagten Gott ins Angesicht schauen. *Meine Augen werden (ihn) sehen:* Da ist das andere, das geläufige Wort für »sehen« gebraucht, wobei V. 27c etwas schwierig zu verstehen ist. Die hebräische Fassung ist sehr knapp: *w^{e}lo' zar* »und nicht ein Fremder«. Auch die Einheitsübersetzung ist hier in ihrer Wiedergabe höchst unvollkommen.

Vielleicht ist eben beides gemeint, einmal: *nicht einen anderen,* sondern: »Du, Gott, stehst mir sozusagen gegenüber, und ich werde dich schauen. Dann weiß ich, woran ich bin.« Oder: *nicht ein anderer,* das heißt aber zugleich: »Ich selber werde ihn schauen und nicht jemand an meiner Stelle.« Der Vers meint also eine Umschreibung dieser unüberbietbaren Direktheit: Ijob ist seinem Gott ausgesetzt.

Und das alles, obwohl die körperliche Verfassung dem Ende zuneigt! Aber das ist wohl nicht das einzige, was in V. 27d angesprochen ist, sondern sein ganzes Inneres – was symbolisch ausgedrückt wird durch die Nieren als Ort der Lebenskraft –, sein ganzes Inneres hungert nach dieser Begegnung. Obwohl die äußere Verfassung am Ende ist, ist er eben noch nicht so erloschen, daß nicht sein geistiges Auge noch »schauen« wollte. Es geht um eine Auseinandersetzung durch Ineinandersetzung mit seinem Gott, der dieser Gott nicht ausweichen soll, sowenig wie Ijob selber ausweichen kann.

2. »Schaffe dir ein Haus im Totenreich«?

2.1 Ijobs Klage – und Anklage

Der Dulder Ijob ist nicht die Instanz, die uns Kunde gibt von der Auferstehung – trotz der Überlieferung und der Nachwirkung in der mittelalterlichen und neuzeitlichen Theologie sowie in der Kunstgeschichte, die diese beispielhafte Gestalt des Alten Testaments reklamiert, um bereits früh die Hoffnung auf einen Erlöser festmachen zu können. Ich werte, um es noch einmal zu sagen, diese Interpretationsgeschichte keineswegs ab, weil ich darin die besondere Bedürfnislage der Menschheit wiedererkenne, sich an Gestalten zu halten, die durch dieses Leben gegangen sind und von ihm »gebeutelt« wurden und die trotzdem ihren Blick unverwandt auf den Lebensstifter richten. Aber wir sollten auch auf die Grundlage schauen, auf die Anfänge, und vor allem darauf, wie Israel diesen Ijob verstanden hat.

Ganz gewiß nicht im Sinn eines Zeugen für die Auferstehung, und schon gar nicht als Zeugen für einen Dissens zwischen Diesseits und Jenseits! Biblisches Denken kreist nicht um diese beiden Ebenen. Für israelitisches Denken, jüdisches Glauben gibt es hier keine Niveauunterschiede. Es gibt nicht ein Diesseits und ein Jenseits, sondern es gibt nur diese eine Welt, in der der Mensch und auch Gott zu Hause ist, mit allem, was die universale Wirklichkeit ausmacht. Gott ist nicht der Gott eines Jenseits, in das er sich etwa zurückziehen könnte, sondern er ist immer dieser Welt verhaftet. Er ist nach biblischer Konzeption ein Gott des Lebens. Die Trennung zwischen Diesseits und Jenseits ist also nicht biblisch. Ich will damit nicht behaupten, daß diese Trennung – eine Vorstellung, die in der Umwelt Israels zu Hause war – nicht hie und da auch ihre Spuren im biblischen Denken hinterlassen hätte, aber beherrschend ist diese Trennung nicht, und schon gar nicht repräsentativ für biblische Texte. – Eine Trennung von Diesseits und Jenseits können wir weit eher in der ägyptischen Nachbarreligion beobachten. Wie sehr die Orientierung auf das Jenseits die Bewertung des Diesseits in dieser anderen alten Kulturzone bestimmt, das werden wir uns später noch genauer anschauen.

Ich möchte zunächst an das Wort von dem *Löser, der lebt,* anknüpfen, den Text aus Ijob 19, den wir uns bereits vor Augen geführt haben. Woran orientiert sich Ijob? An seinem unbedingten Willen, den Gott, mit dem er sich so auseinandergesetzt hat und der ihn so sehr »geschüttelt« hat, zu »sehen«, ihm gegenüberzutreten, ihn zur Verteidigung zu nötigen, ihn, diesen Gott, gar auf die Anklagebank zu setzen. Ijob will Rechenschaft, er will wissen, warum er so leiden mußte. Und er möchte dies durch sein »Schauen« erreichen. Das ist etwas ganz anderes, als von einer anderen Welt zu schwärmen und sich ein bleibendes Wohnen im Himmel auszumalen. Mit solchen Visionen hat die Schau des Ijob, das Schauen des Ijob absolut nichts zu tun: keine verklärende Vision des Himmels, wo Gott zu Hause ist und wohin der Mensch auch möchte, um die ganze Herrlichkeit Gottes im Kreis seiner Erwählten zu genießen. Das ist nicht Ijobs Sache. Er möchte ganz einfach nur wissen: warum?

Der Text, den wir uns vorgenommen hatten, steht im Kontext der Reden des Ijob. Bekanntlich beruhen diese Reden des Ijob-Buches auf einer Eintragung, die in die Rahmenerzählung des Buches eingefügt worden ist. Auch wenn hier nicht alle Fragen geklärt sind, gilt doch, daß das Ijob-Buch seine Prägekraft dadurch gewinnt, daß Ijob selber in ausführlicher Weise zu Wort kommt und mit seinen »Freunden« – wie sie selbst sich jedenfalls verstehen! – um die Wahrheit ringt. Dabei wollen wir die kritischen Anfragen der Freunde nicht einfach entwerten: Es sind höchst existentielle Rückfragen, und nur dadurch, daß die Freunde so intensiv fragen, kann Ijob auch so ehrlich und aufrichtig antworten.

Die allererste Rede Ijobs ist wohl die bewegendste von allen. Wir finden sie im dritten Kapitel, nachdem die Rahmenerzählung damit geschlossen hat, Ijob zu zeigen, wie er in der Asche am Boden sitzt und wie seine Freunde sich um ihn versammeln und tagelang schweigen, weil ihnen – zu Recht – kein Wort einfällt. Hier beginnt Ijob seine Rede mit der Verwünschung der Stunde seiner Geburt. Die Bildsprache, die hier gewählt wird, zeigt, daß im Grunde eine Umkehrung dessen vorgenommen wird, was in der Schöpfung geschehen ist. Man hat in der Zeit, in der diese Reden ihre literarische Gestalt erhielten, die euphorische Darstellung der Priesterschrift vor Augen, wo der Mensch gewissermaßen als Krone der Schöpfung dasteht, als »Bild Gottes«, noch dazu befugt, in diese Schöpfung gestaltend einzugreifen, nicht, um sie zu erniedrigen oder sie auszubeuten oder gar zu zerstören, sondern um sie in einem produktiven Gleichgewicht zu halten. Das steht alles im ersten Kapitel des Buches Genesis. Eine durchaus erhebende und ermutigende Instruktion über den Menschen! Und nur wenig später – wenn wir das Ijob-Buch etwa in das 5. Jahrhundert v. Chr. setzen – als die Priesterschrift, die jedenfalls im wesentlichen im babylonischen Exil entstanden ist, hören wir solche Töne, wo das Bild des Menschen ganz anders aussieht und dieser Ijob eben alles von sich weist, was irgendwo nach königlichem Anspruch, nach Gottebenbildlichkeit oder Verfügenkönnen »riecht«. Dieser Ijob ist in allem ein Gegenbild zu dem priesterschriftlichen Menschen des Anfangs, so möchte man meinen.

Ich will aus diesem dritten Kapitel einige Sätze interpretieren, die den Text, den ich bereits vorgestellt habe, kommentieren und ihn in noch schärferem Licht erscheinen lassen. Es handelt sich um die Verse 11–15 des dritten Kapitels. Ich habe folgende Übersetzung gewählt, die wiederum nach Sätzen gegliedert ist, so wie es die hebräische Sprachfassung nahelegt.

11a Warum bin ich nicht vom Mutterleibe weg gestorben,
b kam aus dem Mutterschoß heraus und verschied?
12a Warum kamen mir Knie entgegen,
b was (sollten) Brüste,
c daß ich sog?
13a Dann läge ich da,
b so daß ich ruhen könnte,
c ich könnte dann schlafen,
d hätte meine Ruhe
14 so wie Könige und Räte des Landes,
die sich Pyramiden (?) gebaut haben,
15 oder wie Beamte, reich an Gold,
die ihre Häuser mit Silber füllten.

Ijob 3,11–15

Ich habe schon angedeutet, daß hier eine Umkehrung der Menschenschöpfung anvisiert wird. Ijob möchte sein Leben gar nicht erst begonnen haben. Zumindest gleich nach der Geburt möchte er zur Ruhe gekommen sein. Ruhen, schlafen, daliegen – das ist gewiß etwas anderes als zur Auferstehung gelangen oder von der Fülle der

»visio beatifica«, der beseligenden Schau, erfüllt werden. Einfach nur ruhen! Ganz gewiß auch nicht im Sinn des »requiescat in pace«, das manchmal formelhaft gebraucht wird, und auch nicht in dem Sinn, wie ich es vor einiger Zeit erst gehört habe: Auf die Frage, was einer vom Himmel wünsche, kam die Antwort – einfach nur in Ruhe gelassen werden. Das wäre wahrhaftig eine etwas äußerliche Sichtweise.

Ausruhen von dem, was das Leben diesem Ijob angetan hat, Ruhe haben auch vor einem Gott, der ihn geschlagen hat – das ist zwar nicht jene Vision vom *Sehen,* wie wir sie aus Kapitel 19 kennen, aber es berührt sich damit, mit dem Sehen dessen, der da Rechenschaft geben soll: Beides – der Wunsch nach Ruhe und der Wunsch nach der *Schau* Gottes – steht nicht im Widerspruch zueinander. Ijob möchte nicht mehr geschlagen sein von Gott, möchte ihn aber zur Rede stellen. Er möchte also nicht *nur* in Ruhe gelassen werden, sondern er möchte diesen Gott zur Rechenschaft ziehen. Das aber ist ein Resultat der Auseinandersetzung mit seinen Freunden. Er kann jetzt gar nicht mehr anders, kann sich nicht davonstehlen in einen Winkel des Himmels, sich einfach zurückziehen. Er muß diesen Gott vor sich sehen.

2.2 Ägyptische Anspielungen im hebräischen Text?

Es kommt mir im jetzigen Text darauf an, noch einen weiteren Aspekt zu gewichten, nämlich die Vergleichsformulierungen in Vers 14: ... *so wie Könige und Räte des Landes, die sich Pyramiden (?) gebaut haben* ... Das Wort *Pyramiden* habe ich hier mit einem Fragezeichen versehen. Im Hebräischen steht da *charawot.* Dieses Nomen ist wahrscheinlich verwandt mit einem arabischen Wort *charam,* das »Ruinenstätte« bedeutet, mit seinem Plural aber auch für die »Pyramiden« stehen kann. Der Verdacht kommt nicht von ungefähr, daß dieses Wort in V. 14 sich auf die bekanntesten Zeugnisse ägyptischer Architektur für die Toten bezieht. Es steht allerdings immer noch zur Diskussion, ob das richtig ist. Die Pyramiden sind jedenfalls ein sinnfälliger Ausdruck menschlichen Bemühens, für alle Zeit eine sichere Heimat zu haben. Das ist ja der Sinn des Pyramidenbaus in Ägypten gewesen, daß sich hier Könige des Alten Reiches eine ewige Heimstatt schaffen wollten: unberührt, unangetastet, ungestört. – So etwas schwebt offenbar Ijob vor: einen Ort beständiger Ruhe zu finden, wo niemand – auch nach Möglichkeit die Götter oder Gott nicht – stört, vor allem: wo niemand ihn »schlägt«.

Zufrieden wäre er auch mit der anderen Möglichkeit: wenn es ihm nämlich erginge wie den Beamten, ... *reich an Gold, die ihre Häuser mit Silber füllten.* Möglicherweise ist an die Mastabas gedacht: Eine Mastaba ist ein Beamtengrab, das besonders reich ausgestattet und mit Gütern versehen war, die das Fortleben nach dem Tode garantieren sollten. Mit den *Häusern* sind also womöglich solche »Grabhäuser« gemeint, denn das Grab ist für den Ägypter immer ein Haus gewesen, ein Haus für die Ewigkeit. Die bildliche Aussage, daß die Beamten es mit Silber füllten, ist so zu verstehen, daß Silber für die Ägypter wertvoller war als Gold, weil sie es importieren mußten, vor allem aus Asien. Möglicherweise ist dies also eine Anspielung auf zeitgenössisches Wissen.

Im 5. Jahrhundert v. Chr. hatte man genug Erfahrungen über Ägypten und die dort herrschenden Verhältnisse gesammelt. Man brauchte nicht nur auf die Josefsgeschichte zu rekurrieren. Viele Judäer waren selbst in Ägypten gewesen und hatten sich dort umgesehen, waren wieder zurückgekommen, hatten ihre Zeitgenossen über den außerordentlich breit entfalteten Totenkult informiert. Man hatte die Pyramiden vor Augen, sicher auch bereits zerfallene Grabhäuser. Und man hat sich gefragt: Wozu das alles? Ist es sinnvoll, daß man eine solche Geschäftigkeit im Blick auf das Leben nach dem Tod an den Tag legt? Darüber hat man sich Gedanken gemacht, und solche Vorstellungen mögen auch bei Ijob nachwirken. Vielleicht hat es Bewunderung ausgelöst, daß es Menschen gibt, die auf eine solche Sphäre nach dem Tod ihre Hoffnung setzen, auf eine Sicherheitszone, die alle Vorstellungen übersteigt, in die man sich hineinwünscht. – Ijob bleibt nicht dabei, wie wir gehört haben. Ihm reicht es nicht, sozusagen abgeschottet zu sein von den Gefahren des Jenseits – durch eine Pyramide oder ein wohlausgestattetes Grabhaus. Er möchte nicht nur Ruhe und Frieden haben, sondern er möchte sich mit Gott auseinandersetzen.

2.3 Die »Harfnerlieder«

Der blinde Harfner

Wenn wir nun versuchen, für derart formulierte Erwartungen hinsichtlich des Lebens nach dem Tod Parallelen zu finden und aus dem reichen Material, das der Alte Orient hergibt, etwas auszuwählen, dann bieten sich die sogenannten »Harfnerlieder« aus der Literaturgeschichte Ägyptens an. Damit verlassen wir für einige Zeit den Boden Palästinas, um einmal bei den Dichtern Ägyptens anzuklopfen und so zu erfahren, was sie uns eigentlich an Hoffnungen und Erwartungen vermitteln, wie sie jene Sphäre beschreiben, in der die Toten zu Hause sind.

Das Spektrum, das sich uns hier darbietet, ist außerordentlich vielfältig. Wir würden uns zu Recht Vorwürfe gefallen lassen müssen, wenn wir das Vorurteil ausstreuten, die Ägypter hätten sich ausschließlich um das Jenseits bemüht und dem Diesseits relativ wenig Aufmerksamkeit geschenkt. Der äußere Eindruck mag in der Tat so sein, weil die Zeugnisse, die uns überkommen sind, hauptsächlich aus dem Totenkult stammen: die Gebäude aus Stein, die umfangreiche Hinterlassenschaft aus einem Material, das die Zeiten überdauert hat, während vieles aus dem Alltagsleben, beispielsweise Residenzen oder auch normale Häuser und Einrichtungen, nicht mehr erhalten sind oder nur zu einem kleinen Teil. Das Gros der Überlieferung dessen, was aus dem Alten Ägypten auf uns gekommen ist, gehört also dem Totenkult an. Dadurch ist es so, daß wir über diesen äußeren Eindruck »hinwegsteigen« müssen, um zu entdecken, was der Lebende denn eigentlich erhofft und erwartet hat. Indirekt bezeugt diese Erwartung natürlich der reich gestaltete Totenkult, aber auch dieser fällt höchst unterschiedlich aus. Es ist keineswegs so, daß das Jenseits durchweg in den hellsten Farben geschildert wird, selbst wenn uns die Grabmalereien oft ein solches Bild vor Augen führen. Das sogenannte Jenseits der Ägypter war nicht in jedem Fall eine absolut erstrebenswerte Wirklichkeit. – Es ist auch nicht so, als wäre das Diesseits abgewertet angesichts des äußeren Eindrucks eines hell erstrahlenden Jenseits. Wir besitzen genügend Zeugnisse aus Ägypten, die das Diesseits aufwerten gegenüber dem Jenseits und sogar die Zuwendung zum Alltag, zum Augenblick fordern, um aus diesem Leben etwas zu machen, in der Befürchtung, die andere Welt könne negative Überraschungen bereithalten.

Schauen wir uns etwas um auf diesem gewaltigen Feld der Zeugnisse! Man spricht von den sogenannten »Harfnerliedern«, die so bezeichnet werden, weil sie häufig verbunden sind mit der Darstellung eines Harfners, meist eines blinden Harfners, wobei diese Symbolik besonders interessant ist. Der blinde Harfner verkündet durch sein Spiel seine Botschaft in einer Ausdrucksweise, die – anders als das gesprochene Wort – Verbindungen schafft und eine Kommunikation herstellt, die den Menschen in seiner Existenz erfaßt, in einer vom Alltag abgehobenen Weise anspricht. Die Blindheit des Harfners bedeutet für den Ägypter die Fähigkeit, tiefer zu schauen als andere, mit den Augen der Seele zu schauen. Die physische Blindheit ist kein Defizit und keine Behinderung – wie die Ägypter ohnehin mit sogenannten Behinderungen ganz anders umgegangen sind, als wir es vielleicht meinen oder auch selbst praktizieren. Für den Ägypter hat der sogenannte Behinderte Fähigkeiten, die Menschen sonst nicht haben. Man denke eben vor allem an den Blinden, der tiefer schaut, der die göttliche Wirklichkeit tiefer umgreift und vermittelt, vermitteln kann, als ein normal sehender Mensch.

Diese Tradition ist übrigens auch noch in der koptischen Kirche, speziell in der koptischen Liturgie, überaus häufig zu finden: wenn etwa ein Blinder die Predigt hält, einen Evangelientext erläutert, weil er über eine tiefere Auslegungsqualität verfügt. Und seine »sehenden« Zuhörer vermögen dann in solchem auslegenden Wort mehr zu entdecken als das, was man normalerweise darin zu »sehen« glaubt. – Es handelt sich also um eine tiefgreifende und wichtige menschliche Überzeugung: daß Menschen, die nicht so »normal« gestaltet sind, unter Umständen viel mehr als die sogenannten Normalen zu sagen wissen. Der blinde Harfner mit seinem Instrument, der den Kontakt zur anderen, göttlichen Wirklichkeit hält und auslotet!

Zwischen Skepsis und Hoffnung

Aus dem reichen Spektrum der »Harfnerlieder« wähle ich einen Text aus:

Die Gestalt, die als Körper erscheint,
schwindet dahin seit der Zeit Gottes,
und Nachwuchs tritt an ihre Stelle;
die Seelen der Verklärten, die in der Unterwelt sind,
und die Mumien gleichermaßen.
Die Häuser und ebenso Gräber bauten,
das sind die Leute, die in ihren Pyramiden ruhen.
Schaffe dir ein Haus im Totenreich,
damit dein Name in ihm bleibe . . .

Die Flut geht stromab, der Nordwind stromauf –
so geht jedermann dahin zu seiner Stunde.

(Gesänge vom Nil. Dichtung am Hofe der Pharaonen.
Ausgewählt, übersetzt und erläutert von Erik Hornung, Zürich/München 1990, 169)

Die Einsicht der Ägypter ist geprägt von der Erfahrung des zeitlichen Wandels und der Vergänglichkeit, so wie auch das Alte Testament dies in der Predigt des Weisheitslehrers Kohelet zum Ausdruck bringt. Gerade das erste Kapitel bei Kohelet spricht ebenfalls von diesem Nacheinander, diesem Dahinschwinden der Geschöpfe. Die Generationen gehen dahin: Sie haben zwar ihre irdischen Nachfolger, gewiß, aber die früheren Generationen existieren als Mumien und sind übergegangen in einen Zustand der Lebensferne. Das alles zeugt deutlich von der Wechselhaftigkeit und Vergänglichkeit des Lebens auf Erden, ist jedoch nur die eine Sichtweise.

Gerade die Pyramiden zeigen das Bestreben, über den Tod hinaus eine Existenz zu haben, seinen Namen zu bewahren. Für die Ägypter hat der Name eine ungleich wichtigere Bedeutung als für uns. Auch für den biblischen Menschen ist der Name mehr als ein Etikett, er dient als »Ausweis« des Menschen. Den Namen zu behalten ist für die Ägypter etwas außerordentlich Wichtiges gewesen: über den Tod hinaus mit seinem Namen bekannt zu bleiben. – *Schaffe dir ein Haus im Totenreich, damit dein Name in ihm bleibe ...:* eine durchaus positive Sicht dieser anderen Welt! Man nimmt zwar wahr, daß sogar die Pyramiden, weil auch sie verfallen können, ein Zeugnis der Vergänglichkeit des Lebens sind, aber sie sind ebenso ein Dokument für das Bleiben des Namens. Man erinnert sich angesichts einer Pyramide an diesen oder jenen König, so etwa an den König Cheops oder an Chefren, bedeutende Herrschergestalten, die ihren Namen bewahrt haben. – Der Name wird denn auch immer in den Grabhäusern an bevorzugter Stelle angebracht, verbunden mit den Titeln des Verstorbenen. Am Ende der Aufreihung der Titel befindet sich dann immer der Name. Für jeden, der ein Grab in Ägypten besucht, kommt gerade der Name des Grabbesitzers sofort in den Blick, wenn man vor dem Eingang steht. Er verbürgt die bleibende Existenz, die Bedeutung dieses Menschen in der anderen Welt. Den Namen kann man sich merken, er ist ein Bestandteil der Erinnerung, auch der Erinnerung der Lebenden. Er lebt fort, dieser Name. – Das alles hat auch in der Bibel seine Nachwirkung. Der Name gilt dort als konkret gewordene Erinnerung, vielfach als Haftpunkt der Erinnerung. Wer den Namen nennt, löst eine ganze Menge von Assoziationen aus, die auf einmal Gegenwart werden, im Bewußtsein des Sprechers aufsteigen und für seine Hörer wichtig werden. So können sich an Personennamen in der Bibel ganze Erzählkränze anschließen.

Wir haben hier also insgesamt ein positives Bild von der anderen Welt angesichts der Vergänglichkeit dieser Zeit. Aber das ist nicht die einzige Sichtweise, die die »Harfnerlieder« uns bieten. Der überwiegende Eindruck, den diese Lieder beim Leser hinterlassen, ist der, daß das Diesseits in ein besseres Licht gestellt und das Jenseits herabgesetzt wird. Ein merkwürdiger Widerspruch in den Fassungen der »Harfnerlieder«, die auf uns gekommen sind!

Zuwendung zum Diesseits

Es wird zwar die Vergänglichkeit des Irdischen immer wieder betont, dennoch wendet man sich ihm aber auch zu. Man stellt fest, daß die Generationen kommen und gehen, und trotzdem hat das menschliche Leben sein Gewicht. Man stellt fest, daß die Vorfahren in Grabhäusern und Pyramiden ihren Platz gefunden haben, aber man stellt auch fest, daß die Pyramiden und die Grabhäuser zerfallen, daß nur Teile von diesen Gedenkstätten erhalten bleiben. Das ist ein widersprüchlicher Eindruck, aber er steht im Grunde ja für Erfahrungen, die die Menschheit immer wieder macht. Man sieht die Flüchtigkeit vor Augen, aber es bleibt gar nichts anderes übrig, als sich dieser Flüchtigkeit zu stellen. Man sieht die Vergänglichkeit, aber man muß ihr wirklich auch ins Auge schauen und sie aushalten – eine unausweichliche Konfliktsituation. Es bleibt also nichts anderes als dieses Dennoch oder dieses Trotzdem.

Aus dieser Erfahrung heraus empfiehlt auch ein Teil der sogenannten »Harfnerlieder«, den Weg in den Alltag bewußt anzutreten. Gerade angesichts der Vergänglichkeit möchte man dem Augenblick seine Aufmerksamkeit schenken:

Feiere einen Festtag . . .,
laß dein Herz nicht müde werden, keinesfalls,
zusammen mit deiner Geliebten!
Schädige dein Herz nicht, solange du bist,
sondern feiere einen Festtag, immerzu . . .

(Gesänge vom Nil, 169)

Hier noch weitere Proben für die Zuwendung zum Diesseits:

Folge ganz deinen Wünschen,
doch gib Brot dem, der keinen Acker hat,
damit dir ein guter Name zuteil wird
für alle Zukunft ...

(Gesänge vom Nil, 166)

Dem Alltag sich widmen, soziale Fürsorge intensivieren, damit ein guter Name bleibt!
Der Dichter fordert den Grabherrn auf:

Feiere einen Festtag, du mit reinen Händen, ...
bis der kommt, der sieht, aber nicht gesehen wird,
der keine Fristen kennt am Tag, der die Herzen zerstört,
der das Haus zusammenfallen läßt, wenn er kommt.
Gedenke des Tages, da du gezogen wirst
zu diesem Land, das die Menschen mischt –
es gibt keine Wiederkehr ...

(Gesänge vom Nil, 166)

Wir sehen also: Der Blick ist durchaus nüchtern in diese andere Welt gerichtet, die keineswegs nur voller Licht ist oder immer als lichtvolle Welt betrachtet wird, wie wir vielleicht unter dem Eindruck der herrlichen Grabmalereien vermuten würden. Die Ägypter haben sehr, sehr nüchtern gesehen, was auf sie zukommt. Aber sie haben gegen diese nüchterne Sicht auch eine schöpferische Vision gesetzt, eine Vision, die zunächst einmal ansetzt bei einem entschiedenen Ja zum Alltagsgeschehen, verbunden mit der Hoffnung, daß es mit dem Namen weitergeht. Solange der Name des Menschen genannt wird, ist er am Leben. Dann hat er seinen Platz in der göttlichen Welt und in der menschlichen Welt. Da gibt es keine Differenz zwischen Diesseits und Jenseits, der Name garantiert das Überleben.

Göttliches Willkommen

Die »Harfnerlieder« bieten noch einen weiteren Aspekt, wobei die Wirkkräfte im Menschen, nämlich der Ba und der Ka, auf die Gegenwart der Götter hoffen:

Gedenke, o Herz, jenes Tages der »Landung«, ...
denn es gibt keinen, der daran vorbeikommt.
Kraftvoll und schwächlich sind einerlei Wesens –

die hinauf und hinab fahren in (ihrer) Lebenszeit,
die landen danach am Ufer . . .

Wie dauernd ist dein Name, für ewig,
der verklärt ist im Jenseits!
Alle Götter, denen du gefolgt bist, seit es dich gibt –
(nun) trittst du ihnen von Angesicht zu Angesicht gegenüber,
und bereit sind sie, deinen Ba zu empfangen,
deine Mumie zu schützen.
Sie vermehren, was du auf deinen Armen trägst,
sie werden sich deiner Schönheit zuwenden,
sie lassen den Opferaltar deiner Mumie fest bestehen,
und jeder Gott trägt seine Opferspeisen (herbei).
Sie sagen zu dir »Willkommen in Frieden,
du Diener, der für unseren Ka nützlich ist!« . . .

Gut ist es, daß du bei den Göttern bist,
daß man deiner gedenkt wegen deiner Vollkommenheit . . .

Das Herz des Amun ist (dir) gnädig gestimmt . . .

(Gesänge vom Nil, 167 f.)

Das ist wieder ein Ausbruch von Hoffnung jenseits dieser bitteren Einsicht, daß die Vergänglichkeit eine alltägliche Erfahrung ist und daß man auch nicht unmittelbar in Händen hat, was erwartet wird. Trotzdem meldet sich hier die Zuversicht, man möchte sagen: eine hoffnungsvolle Vision, daß man den Göttern gegenübertritt und sie von Angesicht zu Angesicht schaut. Jetzt können wir auch wieder einen Bogen schlagen zu dem, was uns bei Ijob, Kapitel 19, beschäftigt hat. »Gott sehen« war die Devise, Gott sehen wollen, sich mit ihm auseinandersetzen, ihm Aug' in Aug' gegenübertreten: Das will Ijob. – Die ägyptische Sicht zielt darauf hin, den Göttern – in ihren vielen Varianten – gegenüberzutreten, aber nicht, um sich mit ihnen auseinanderzusetzen, sondern um von den Göttern empfangen zu werden, wohltuend behandelt zu werden, willkommen geheißen zu werden, bei den Göttern zu Hause zu sein: Das ist eine Wunschvorstellung der Ägypter, und ich denke, sie ist uns keineswegs fern. Wer möchte nicht bei Gott zu Hause sein, Gott von Angesicht zu Angesicht schauen? Die traditionellen Vorstellungen, die uns bewegen, wenn wir von der Gottesschau sprechen oder vom Dasein im Himmel, daß wir dem, der unser Leben in umfassendster Weise garantiert, unmittelbar begegnen – die Ägypter haben eine solche Vorstellung, eine solche Vision geprägt und der Nachwelt hinterlassen, wohl wissend, daß das nicht mit Händen zu greifen ist, daß sich immer wieder auch die Not des Alltags einstellt, auch mit der düsteren Ahnung, es könne vielleicht ganz anders sein und es gebe nur eben die Grabbauten, die zerfallen. Zweifel dieser Art sind etwas Unausweichliches und werden sich immer melden. Aber die Vision bleibt, die Vision, daß Gott oder die Götter oder – sagen wir schlicht – die göttliche Wirklichkeit, all *das*, was Leben, Schöpfung ausmacht, den Menschen anzieht, so daß er darin eine bleibende Heimat hat. Mit diesem Widerspruch zwischen Erfahrung und Vision hat der Ägypter gelebt, und auch wir müssen wohl damit leben.

Hauptteil

Wir wissen sehr wohl, daß auch der Ägypter den Tod gefürchtet hat. Die »Harfnerlieder«, von denen wir einige Proben kennengelernt haben, sind ja so etwas wie ein Spiegelbild der menschlichen Verfassung: Man nimmt zwar einerseits das Diesseits mit seinen Problemen wahr und setzt darauf, daß es im anderen Leben anders wird, besser wird; zugleich macht man aber ständig die Erfahrung, daß das Diesseits doch auch Momente des Glücks bereithält, die zu nutzen sind, weil eben diese andere Welt nicht greifbar ist. Man hat sie nicht unmittelbar vor sich. Dieser Zwiespalt ist ja etwas, was im menschlichen Leben immer wieder zum Vorschein kommt und mit dem wir ringen.

Der Hauptteil unserer Überlegungen soll sowohl das Bild des Totenglaubens in Ägypten wie auch die Bilder oder Vorstellungen vom Hoffen auf ein Leben nach dem Tod beziehungsweise die Bilder von Hoffnung überhaupt in Israel zur Sprache bringen, damit wir die Vorstufen ausfindig machen können, die dann in den christlichen Glauben von der Auferstehung hineinführen. Das ist jetzt mit einem Satz plakativ gesagt. Daß sehr viel an Vorstellungen in das, was wir christliches Bekenntnis zur Auferstehung nennen, hineingeflossen ist, steht außer Frage, aber vielen Christen ist eben nicht bewußt, wie stark das Bekenntnis zum Leben nach dem Tod unterfangen ist, vorbereitet ist, getragen ist von einem ganzen Spektrum von Ideen, von denen ich eben nur zwei Stränge, die mir die wichtigsten zu sein scheinen, herausgreife: Das ist die altägyptische Vorstellung vom Leben nach dem Tod und das, was im Alten Testament und im frühen Judentum dazu gedacht und erklärt worden ist.

I. Ägyptische Vorstellungen vom Leben nach dem Tod

1. Ein Weltbild der Toten

1.1 Die »Orte des Schweigens«

Wir hätten am liebsten ein Weltbild, das von uns und für uns Lebende geschaffen ist. Wir sind vielleicht überrascht, daß wir in Ägypten durchweg auf Weltbilder stoßen, die in erster Linie in dem Bereich der Toten, der Gräber zu finden sind. Es ist nun so, daß ein Großteil dessen, was die Ägypter über das Leben nach dem Tod gedacht haben, uns nur greifbar wird durch die Betrachtung der Darstellungen und der Texte in den Gräbern: in deren Ausstattung, in der Dekoration, in den Texten, die auf die Grabwände aufgetragen sind, oder in den Papyrusrollen, die den Toten beigegeben sind, und in vielen anderen Zeugnissen mehr, alle aber eben aus der Begräbnispraxis.

Das sollte uns von vornherein einen Gesichtspunkt klarmachen, den sich viele gar nicht mehr vor Augen führen. All das, was in den Pyramiden, in den Königsgräbern, in den Beamtengräbern, in den Totentempeln dargestellt wird, vor allen Dingen aber in den ursprünglich verschlossenen Gräbern selbst, ist nicht zur Besichtigung für Touristen gedacht, nicht dazu, daß die Massen dorthin strömen, wie es leider in den letzten Jahrzehnten immer massiver geschehen ist. Die Ausstattung der Gräber ist den Toten zur Betrachtung aufgegeben; sie sollen sehen, wie es weitergeht. Sie sollen einen Leitfaden in die Hände bekommen, wie sie mit der Sonne den Weg durch die Unterwelt gehen. Wir, die wir in die Gräber hineingehen, die wir uns die Totenbücher an den Wänden, die Papyrusrollen im Museum anschauen – wir stehlen uns gewissermaßen hinein. Wir verschaffen uns als im Grunde Unbefugte Zutritt. Diese Schwelle sollten sich alle bewußtmachen, bevor sie in diese Region eindringen. Ich selber habe viele Reisen durch das Tal der Könige und andere Stätten in Ägypten begleitet und habe immer darauf bestanden, vor dem Besuch von Grabstätten eine Zeit der Stille einzulegen, damit eine entsprechende Vorbesinnung auf diese »Orte des Schweigens«, wie sie die Ägypter selber genannt haben, geschieht.

1.2 Der Sonnenlauf als Gleichnis

Ein Weltbild für die Toten: Für die Ägypter ist der Anknüpfungspunkt der Aufstieg der Sonne aus der Finsternis der Nacht, so wie auch die Anfänge der Schöpfung mit dem Beginn des Laufs der Sonne über den Himmel zu vergleichen sind. Die Ägypter nehmen diese tägliche »Auffahrt« der Sonne zum Inbegriff der Vorstellung vom Beginn der Welt. Es ist im Grunde etwas ganz Einfaches, was jedermann beobachten konnte, ein schlichtes Wahrnehmen von etwas, das jeden Tag aufs neue erfolgt: Die Sonne steigt aus der Finsternis der Nacht hervor und beginnt ihren Weg über den Himmel. Es besteht kein Bedarf an naturwissenschaftlicher Kontrolle. Es geht einfach um den primären Eindruck von dem, was da Tag für Tag abläuft. Die Finsternis, die Nachtseite, wird verlassen, die Sonne tritt im Osten hervor und wandert über den Himmel.

Auf der anderen Seite haben wir es mit einem ähnlichen Prozeß zu tun, wenn die Sonne untergeht. Im Westen verläßt sie das Reich der Lebenden und steigt wiederum hinunter in die Nachtseite, in die Finsternis, um dann, am anderen Morgen, wieder neu aufzuerstehen. Ich gebrauche bewußt das Wort »Auferstehung«, weil jedes und alles Reden von Auferstehung in der Religionsgeschichte in dieser Vorstellung ihre Wurzeln hat: daß der Inbegriff der Schöpfung und des Lebens, die Sonne, in der Nachtzeit die Periode, die den Tod symbolisiert, übersteht, um dann aufzuerstehen zu neuem Leben, zu neuer Strahlkraft. Das ist der Grund, die Basis für jedwedes Reden von Auferstehung und von Leben über den Tod hinaus.

1.3 Die Urgottheit Nun mit der Barke

Wir wollen uns zunächst von einem Bild beeindrucken lassen, das seinen Platz im sogenannten »Pfortenbuch«, einem der ägyptischen Unterweltsbücher, hat (**Abb. 2**). Ich möchte es besonders im Blick auf das Ende des Tages etwas eingehender interpretieren, weil es nach meiner Überzeugung am besten klarstellt, daß der Sonnenlauf

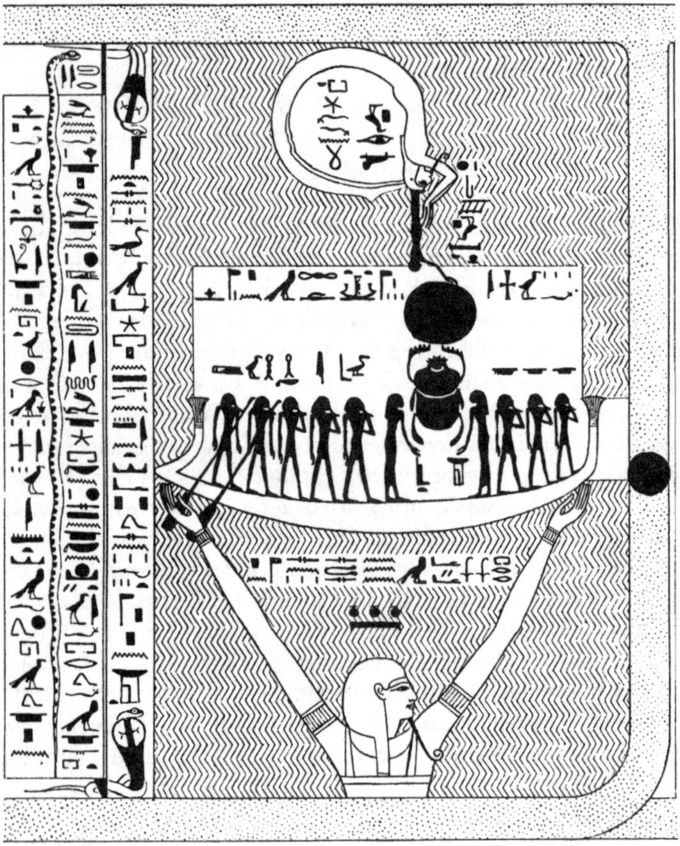

Abbildung 2

für die Vorstellungen von der Geburt und vom Ende des Lebens konstitutiv ist, aber auch von der Auferstehung kündet, mit der sich Leben immer wieder neu regeneriert und verwirklicht.

Betrachten wir zunächst den unteren Teil des Bildes: In dieser Darstellung wird der Untergrund durch Wasserlinien gekennzeichnet, die für die wäßrige Urtiefe, den sogenannten Nun, stehen, die Sphäre des chaotischen Urwassers, die mit der Finsternis und mit anderen Begleiterscheinungen der chaotischen Welt zusammengesehen werden muß. Dadurch kommt zum Ausdruck, daß diese chaotische Grundlage oder Hintergrundfolie unverzichtbar ist, wenn man vom Leben oder von der Auferstehung oder zunächst einmal schlicht vom Sonnenlauf und seiner Symbolik sprechen will. Die Sonne kehrt dorthin zurück, woher sie gekommen ist. Sie kommt aus der chaotischen Tiefe der Nachtseite, der Finsternis, und kehrt wieder dorthin zurück. Aber – und das ist das Bezeichnende und zugleich für den Ägypter Ermutigende! – sie kommt immer wieder regelmäßig aus dem Dunkel der Nacht hervor. Das ist das Entscheidende: Das Licht verbleibt nicht in der Finsternis der Nachtseite. Der Ägypter nimmt das symbolisch dafür, daß sich Leben immer wieder erneuert und regeneriert, auch wenn die Sonne nicht stets in voller Leuchtkraft erstrahlt, sondern gerade dann, wenn dieser zyklische Abstieg in die Finsternis immer wieder durchlebt werden muß.

Unten erkennen wir eine Gestalt, die die Arme erhebt. Wer diese Gestalt ist, das ist in der Interpretation dieses Bildes keineswegs eindeutig fixiert. Einer der besten Kenner der ägyptischen Totenliteratur und der Kunst der Darstellung der Unterwelt ist Erik Hornung (Die Unterweltsbücher der Ägypter. Eingeleitet, übersetzt und erläutert von Erik Hornung, Zürich/München 1992). Er meint, es müsse sich um eine Darstellung der Gottheit Nun handeln, die ihre Arme ausstreckt (307 f.), obwohl er natürlich weiß, daß das Erheben der Arme eigentlich ein Kennzeichen der Gottheit Schu ist, des Gottes der Luft, der Himmel und Erde voneinander trennt. Aber Hornung spricht hier von einer gerafften Darstellung, die eine gewisse Produktivität des Nun vor Augen treten läßt, das heißt also, das Chaos ist nicht ganz ohne Wirkkraft, im Gegenteil: Es ist so schöpferisch, daß es den Raum des Lebens, die Lebenszone, aus sich heraus entläßt. Das ist eine durchaus komplizierte Vorstellung, aber sie wird uns etwas sinnvoller erscheinen, wenn wir die nächsten Schritte betrachten. Ich möchte ganz einfach von einer Art Personifikation des Nun sprechen, dieser Gottheit der Urwassersphäre, der Finsternis und der Tiefe, die aber nicht rein negativ gesehen werden muß, sondern auch eine Möglichkeit in sich birgt, sich von dem Chaos zu emanzipieren. – Die Ägypter haben also nicht von einem Negativen im absoluten Sinn sprechen wollen, sondern sie haben auch dem Chaos eine gewisse Produktivität, eine gewisse Aktivität zuerkannt. Ich bin um so eher davon überzeugt, daß dies eine Personifikation des Nun ist, weil darüber in Hieroglyphen die Bezeichnung Nun zu sehen ist, die sich doch wohl auf diese Urgottheit bezieht.

Unmittelbar darüber ist eine hieroglyphische Inschrift zu sehen, die ich kurz erläutern möchte. Sie ist von rechts nach links zu lesen. »Das Hervorkommen dieser Arme« – gemeint sind natürlich die Arme der eben besprochenen Gottheit – »aus dem Nun«, aus diesen Wasserwellen, dieser Urtiefe, »um diesen Gott hochzuheben.« »Diesen Gott«: Gemeint ist der Sonnengott, der in Gestalt der Sonnenscheibe dargestellt ist und die wichtigste Erscheinung auf der Barke ist, die Nun auf seinen Händen emporhält.

Diese Barke ist so etwas wie eine Arche, die sich über der Flut befindet. Und in der Tat müssen wir, wenn ich schon diesen Ausdruck »Arche« verwende, daran denken, daß ein Teil der Flutgeschichte im Alten Testament von Vorstellungen geprägt ist, die wir aus Ägypten kennen – es stammt eben nicht alles aus Mesopotamien! –, daß nämlich über dem Chaos ein Schiff seinen Platz findet, auf dem sich das Leben erhält und das so die Plattform für eine neue Entwicklung des Lebens darstellt: eine uralte Vorstellung, daß über dem Chaos, über der Finsternis eben diese Lebenszone erwächst.

1.4 Der Käfer als Symbol

Die Barke ist die ganze bewohnte Welt, nicht etwa nur die Erde, auch nicht nur der Luftraum, sondern alles, was zwischen Himmel und Erde erfaßbar ist. Diese Barke ist mit Gestalten gefüllt, die wir genauer betrachten wollen. Ich beginne mit dem Auffälligsten, dem Käfer, der die Sonnenscheibe schiebt. In dieser Perspektive wird der Sonnenlauf aufgezeichnet. Der Käfer ist dabei Symbol des Werdens, des unzerstörbaren Entstehens und auch der Auferstehung, ja geradezu das klassische Symbol für Auferstehung. Die Vorstellung, daß dieser Käfer die Sonne über den Himmel schiebt, ist eine sehr drastische, die wohl damit zusammenhängt, daß man den Käfer beobachtete, wie er die Mistkugel vor sich herschiebt – eine wiederum sehr alltägliche, unmittelbare Erfahrung. Die Symbole der Ägypter sind überhaupt aus dem Leben gegriffen, im Unterschied zur Symbolsprache, die etablierte Religionen und Liturgien gerne wählen, wo man leider lange suchen muß, um einen Kontakt zum Leben zu entdecken. Aber die Ägypter haben auch in diesem Punkt unmittelbar in die Natur hineingeschaut und haben dort ihre Bilder für das Weltgeschehen gewonnen. – Sonne und auch Käfer sind über die Gestalten emporgehoben, die dort auf dem Schiff stehen, weil der Sonnenlauf die Schöpfung prägt und alles Leben konstituiert. Die beiden Göttinnen Isis und Nephthys unterstützen den Sonnenlauf.

1.5 Die Begleitgottheiten

Betrachten wir einmal die weiteren Gestalten, die sich in der Nachbarschaft befinden. Ganz links sehen wir die Gottheit Sia, deren Name – wie auch bei den meisten anderen Gottheiten auf der Barke – in Hieroglyphen über ihrem Kopf angegeben ist. Diese Gottheit steht für Erkenntnis und für Wissen, also für etwas, das den Menschen von Grund auf bestimmt, das in ihm die Möglichkeit der Wahrnehmung charakterisiert. Sie wird auch sonst immer wieder begleitet von einer Gottheit, die Hu heißt. Hu ist der Ausspruch, der Mund gewissermaßen, die Verkörperung des Mundes. Da haben wir bereits eine kleine Anthropologie vor uns: Der Mensch besteht im wesentlichen aus einem Zentrum, das Erkenntnis und Wahrnehmung vermittelt, und der Möglichkeit, diese Wahrnehmung mit Hilfe der Sprache auszudrücken. Diese beiden Konstituenten der menschlichen Natur werden hier ins Bild gesetzt, also: Erkennen und Sprechen. – Die berühmte Theologie des Gottes Ptah von Memphis sagt unter anderem, daß all das, was Ptah ausspricht, in seinem Inneren gewachsen ist, daß also Erkennen und Aussprechen die Voraussetzungen für die Verwirklichung von Schöpfung sind. Das Aussprechen konstituiert das, was dann verwirklicht wird. Das Wort ist schöpferisch und kreativ. Der Beginn einer Theologie des Wortes und der Schöpfung liegt also nicht etwa im Alten Testament, in der Schöpfungsgeschichte, sondern liegt in der Theologie des Gottes Ptah, der sogenannten memphitischen Theologie, die erstmals davon spricht, daß der höchste Gott durch sein Wort die Wirklichkeit schafft. Was in seinem Innern gewachsen ist, was ausgesprochen wird – das wird verwirklicht. Der gleiche Text spricht auch von der Ruhe des Gottes Ptah nach Vollendung seines Schöpfungswerkes. Wir wissen heute mit einiger Sicherheit zu sagen, daß der erste Schöpfungstext in der Bibel auf dieser Tradition der memphitischen Theologie beruht und das für den biblischen Gott JHWH reklamiert, was zuvor vom Gott Ptah gesagt werden konnte, nämlich daß er durch sein Wort die Schöpfung realisiert.

Auf Sia und Hu folgt eine Gottheit, die Heka heißt. Heka ist eine Zauberkraft, eine Umschreibung für die göttliche Wirklichkeit, die alle Rätsel der Welt zusammenträgt und bündelt, diese Rätsel aber durch Vollmacht und durch Wissen zu lösen vermag oder doch dazu verhilft. Wer mit Heka, der Zaubergottheit, Bekanntschaft geschlossen hat, der ist in der Lage, die Rätsel der Welt zu verstehen. Also auch eine äußerst universale und in die Schöpfung hinein orientierte Gottheit!

Dann folgt als nächstes eine außerordentlich wichtige Gottheit, die mit der sogenannten *šw.t*-Feder überschrieben ist. Die Gottheit Schu ist eine Luftgottheit und steht dem Wesen der Maat, der Göttin der Gerechtigkeit, nahe.

Der Ägyptologe Jan Assmann hat dieser Maat eine wertvolle Schrift gewidmet (Ma^cat: Gerechtigkeit und Unsterblichkeit im Alten Ägypten, 2. Aufl., München 1995). Er sieht in ihr die Verwirklichung der Sinnfülle, des Ordnungsgedankens im Alten Ägypten, das eigentliche Ferment, das die Welt zusammenhält, die konstitutive Größe, die Leben unter Menschen, aber auch unter Göttern ermöglicht und die Kommunikation verwirklicht. – Das Alte Testament hat auch hier versucht, die Maat der Ägypter mit hebräischen Begriffen aufzufangen und umzusetzen. Es bedurfte jedoch schon mehrerer Ausdrücke, um diesen einen Ausdruck Maat einigermaßen zu erfassen. Im Grunde gehört Maat zu den unübersetzbaren Wörtern.

Maat ist Inbegriff des Zusammenhalts der Schöpfung. Ohne Maat klappt nichts! Es gibt kein Leben, keine Entwicklung, natürlich auch kein Leben nach dem Tod. Maat ist das Steuerungsprinzip. Und: Maat ist eine feminine Größe! Maat ist weiblich und in der Vorstellungswelt der Ägypter Tochter des Sonnengottes Re. Das macht sie für die Ägypter ungemein attraktiv. Das Feld der Vorstellungen vom Mythologischen bis hin in die Lebenslehren hinein ist immens. Die Maat dirigiert alles, ist viel intensiver beispielsweise als die griechische Tyche oder andere Schicksalsgottheiten, das Konstitutivum schlechthin.

Jetzt haben wir also schon vier Größen, die die Ägypter entwickelt haben und in schemenhafter Form personifiziert darstellen, vier Größen, die auf dem Schiff Platz gefunden haben. Schließlich folgt auf der linken Seite noch eine Gottheit mit der Bezeichnung Geb: Das ist die Erde. Die Erdgottheit wird also begleitet von diesen wichtigen »Schöpfungsgrößen«, die alles Leben, alle Wirklichkeit entstehen lassen und natürlich den Lauf der Dinge steuern. Sie alle befinden sich in der Nachbarschaft der aufgehenden Sonne.

Dann schließen sich noch einige Gottheiten an, die kollektiv gekennzeichnet sind. Über ihnen steht das ägyptische Wort für »öffnen« bzw. für »Tür«. Diese drei Gottheiten sind Türhütergottheiten, die die Wege, die die Sonne nimmt, von allen Hindernissen freimachen sollen. Sie haben selbstverständlich eine magische und zugleich apotropäische Funktion.

1.6 Die »verkehrte Welt«

Nun kommen wir zur nächsten Phase des Sonnenlaufs. Mittlerweile hat die Sonne, die ja im Zentrum des ganzen Geschehens steht, den Zenit erreicht und begibt sich allmählich auf die andere Seite des Tages, bis hin zum Abend und zur Nachtseite. Und jetzt stellen wir etwas Merkwürdiges fest: Die Welt wird auf einmal umgedreht. Da sieht alles anders aus. Nicht nur stehen – was man noch einigermaßen nachvollziehen kann – die bildlichen Darstellungen auf dem Kopf, sondern auch die Hieroglyphen werden »umgedreht«. Die Textzeile zu beiden Seiten der Sonnenscheibe, die eigentlich von rechts nach links gelesen werden müßte, was sich aus der Orientierung der Hieroglyphen ergibt, ist so gar nicht zu lesen, weil sich damit kein Sinn ergäbe, sondern man muß diesen Text gegen die sonstige Orthographie von links nach rechts lesen. Hier heißt es: »Dieser Gott« – damit ist natürlich der Sonnengott gemeint – »läßt sich nieder in der Barke«, die ihn über den Himmel bringt; er befindet sich in der Barke mit den Göttern, »die bei ihm sind«. Der Text sagt also genau das aus, was wir beschrieben haben: Der Sonnengott, der emporgehoben worden ist und seinen Lauf beginnt, tut dies in Gemeinschaft mit diesen Gestalten. Sie begleiten ihn gewissermaßen auf seinem Weg über den Himmel. – Die Ägypter haben immer wieder mit Beischriften die Bilder kommentiert, wobei beides nicht immer deckungsgleich sein muß. Manchmal geht der Text auch etwas eigene Wege, kommen Überlieferungsströme verschiedener Art zur Geltung. Es treten auch Spannungen auf, die im Einzelfall der Interpretation bedürfen.

Aber noch einmal sei es gesagt: Es beginnt jetzt eine Sphäre, die gewissermaßen die andere Welt anzeigt. Das wird im oberen Drittel des Bildes noch deutlicher, wo die Hieroglyphen auf dem Kopf stehen. Es handelt sich um eine »verkehrte Welt« – das ist auch der Ausdruck für diese andere Sphäre. Nachdem die Sonne den Abend erreicht hat, also den Westen, wird sie von einer Gottheit empfangen, die aus unserer Perspektive auf dem Kopf steht – aber das ist eben die Kennzeichnung der Abend- oder Nachtseite. Diese Gottheit empfängt die Sonne und geleitet sie gewissermaßen in die Nachtseite. So wie die Sonne unten am Morgen des Tages emporgehoben wurde, wird sie hier in die Nachtseite zurückbegleitet. Der Name der Gottheit ist angegeben: »Die Nut ist es«, also die Himmelsgottheit – die nicht mit der Gottheit Nun verwechselt werden sollte! Sie empfängt die Sonne mit ausgebreiteten Armen, ist aber wie die ganze Szenerie nur schemenhaft dargestellt. Dies ist auch eine gewisse symbolische Andeutung der gar nicht faßbaren oder greifbaren Welt: eine andere Zone, die Zone der Vision, der Imagination, der Phantasie. Aber der Ägypter ist der Überzeugung, daß es so ist, und so empfängt die Himmelsgottheit Nut die Sonne und geleitet sie zu dem Gott Osiris.

1.7 Der Zyklus des Lebens

Osiris wird hier in dieser merkwürdigen Gestalt dargestellt, in dieser »zyklischen« Form. Daß es sich um Osiris handelt, wird auch hier gekennzeichnet: »Osiris ist es«, und zusätzlich heißt es, daß er die Unterwelt »umfängt«. Das ist das Charakteristikum dieses Gottes Osiris, der uns noch vieles zu sagen haben wird. Osiris ist der Gott der Auferstehung schlechthin, der Garant dafür, daß es mit dem Leben weitergeht, daß Regeneration stattfindet, die Vegetation aufblüht, das animalische und das menschliche Leben immer wieder erneuert wird. Dafür steht Osiris, der Gott der Auferstehung. – Er wird nun in dieser eigentümlichen Rundung dargestellt, der Urschlange, dem Uroboros vergleichbar, und wahrscheinlich zum Zeichen dafür, daß er diese überhaupt nicht vorstellbare oder – besser gesagt – nicht greifbare, mit irdischen Möglichkeiten nicht faßbare Welt umschließt und mit seiner Wirkkraft beeinflußt.

Dieser Osiris empfängt nun die Sonne von der Himmelsgottheit Nut und verschmilzt gewissermaßen mit der Sonne. Osiris ist der Partner des Sonnengottes, auf der Nachtseite vertritt er den Sonnengott, der in der lebendigen Welt dieser Wirklichkeit die Regie führt. Beide werden vielfach als ein Paar angesehen. Re und Osiris reichen sich gewissermaßen die Hand, der eine ist zuständig für die Tagseite, der andere für die Nachtseite. Aber letzten Endes ist natürlich die Sonne selber die konstitutive und dirigierende Größe, und Re gibt gewissermaßen das Amt an Osiris als seinen Stellvertreter ab, an Osiris, der sein Repräsentant für die Nachtseite ist.

Wir haben hier also einen Versuch, den Sonnenlauf in ein Schema hineinzubringen. In der ägyptischen Kunst der Totenwelt gibt es kaum ein besseres Bild, das uns, ohne daß wir allzuviel Vorwissen haben müssen, den Zusammenhang zwischen dem Sonnenlauf und der Überzeugung, daß Leben in Tod übergeht, aber dann wieder zum Leben ersteht, vor Augen führt. Denn das ist ja wohl die Botschaft eines solchen Bildes, das der Tote sich vor Augen führen soll: daß Leben nicht etwa im Tod erlischt, sondern daß es immer wieder aufersteht. Das ist eine ganz entscheidende Grundüberzeugung, die ja auch unserem christlichen Auferstehungsglauben zugrunde liegt. Denn dieser wäre ja undenkbar ohne eine solche Konzeption: Leben ist letzten Endes etwas Unzerstörbares, und der physische Tod bedeutet einen Einschnitt, aber keine Zerstörung dieses Kontinuums, des Lebens selbst, das eine Größe darstellt, die letztlich keiner endgültigen Auslöschung unterliegt.

Diese Szene hat ihren Platz im sogenannten »Pfortenbuch«. Das »Pfortenbuch« hat in der Zeit des Neuen Reiches eine besondere Attraktion gewonnen. Es heißt so, weil der Tote in den Nachtstunden von einer Pforte zu der anderen muß, von einem Raum in den anderen, und es soll dem Toten die Möglichkeit geben, sich durch ständige Vergegenwärtigung dieses kontinuierlichen Ablaufs im Weltgeschehen klarzumachen, daß er in den besten Händen ist, daß der Sonnengott auch ihn heraushebt aus der Finsternis, auch aus dem erlittenen Tod heraushebt in die Gegenwart des höchsten Gottes, mit dem er dann diese nächtliche Fahrt immer wiederholt, in dessen Gegenwart auch er immer wieder auferstehen kann. Die Bewegung geht letzten Endes immer wieder dahin, daß Licht Finsternis ablöst.

Es gibt also keine endgültige Finsternis für den, der sich dieser Betrachtung hingibt, und damit auch keine dauernde Verfallenheit an das Chaos. Die Aussicht, daß das Licht wieder und wieder aufstrahlt, kann auf indirekte Weise bezeugen, daß nach der Vorstellung der Ägypter auch der Lebende nicht überängstlich dem

Tod entgegenschauen muß. Wir werden uns mit dem Beweggrund, der den Ägypter befähigte, ein solch positives Weltbild zu entwikkeln, für das es letzten Endes nur den Sieg des Lichtes gegenüber der Finsternis gibt, noch intensiver auseinandersetzen müssen.

2. Im Leib der Himmelsgöttin

2.1 Die Bedeutung der Bilder

Wir wollen noch einmal einen Blick auf die Darstellung dieser merkwürdigen anderen Welt werfen, der Gegenwelt, der »verkehrten Welt«, in der die Dinge, die Lebewesen auf dem Kopf zu stehen scheinen. Natürlich ist auch das ein Bild, wie überhaupt diese andere Welt nur mittels der Kraft der Phantasie vorgeführt wird. Auch dazu bedarf es eines kurzen Kommentars, den wir uns immer wieder vergegenwärtigen müssen.

Es geht nicht um Lehrsysteme, sondern es geht um bildliche Eindrücke, die ihrerseits Schöpfungen der Phantasie sind. Aber sie sind nicht einfach erfunden, sondern sie sind zugleich Bilder der Seele. Es sind Vorstellungen, die Traumgebilden entsprechen, das heißt, sie haben in der menschlichen Psyche eine tiefe Verankerung. Aber ich füge gleich hinzu: Es ist nicht nur die Sprache der Seele, sondern es ist auch die Sprache der kreativen, beteiligten, bewußten Phantasie. Im Alten Ägypten handelt es sich um eine Gesellschaft, die sich mit solchen Bildern, die einesteils verborgen sind, aber auch aus der Tiefe des Menschen hervorkommen können, befaßt. Es kommt also etwas Kollektives hinein, nicht nur das Individuelle des einzelnen. Die Bilder, die so geschaffen werden, können auf den ersten Augenschein einander widersprechen. Da sollte man nicht so ohne weiteres ein einigendes Band und schon gar nicht Abgrenzungen der Darstellung erwarten. Statt dessen sind die Bilder miteinander verwoben, sie können sich überlappen, überschneiden, und sie wollen Aspekte darstellen, Aspekte, die die kreative Phantasie erschafft. So müssen wir uns nicht wundern, daß wir nunmehr einige weitere Aspekte dieser anderen Welt vorgeführt bekommen, die nicht notwendigerweise in Widerspruch zu dem stehen müssen, was wir bereits betrachtet haben.

Werfen wir also nochmals einen Blick auf die Abbildung dieser »verkehrten Welt«, die wir bereits kennengelernt haben (**Abb. 2**). Die Himmelsgöttin empfängt die Sonne und gibt sie dann weiter.

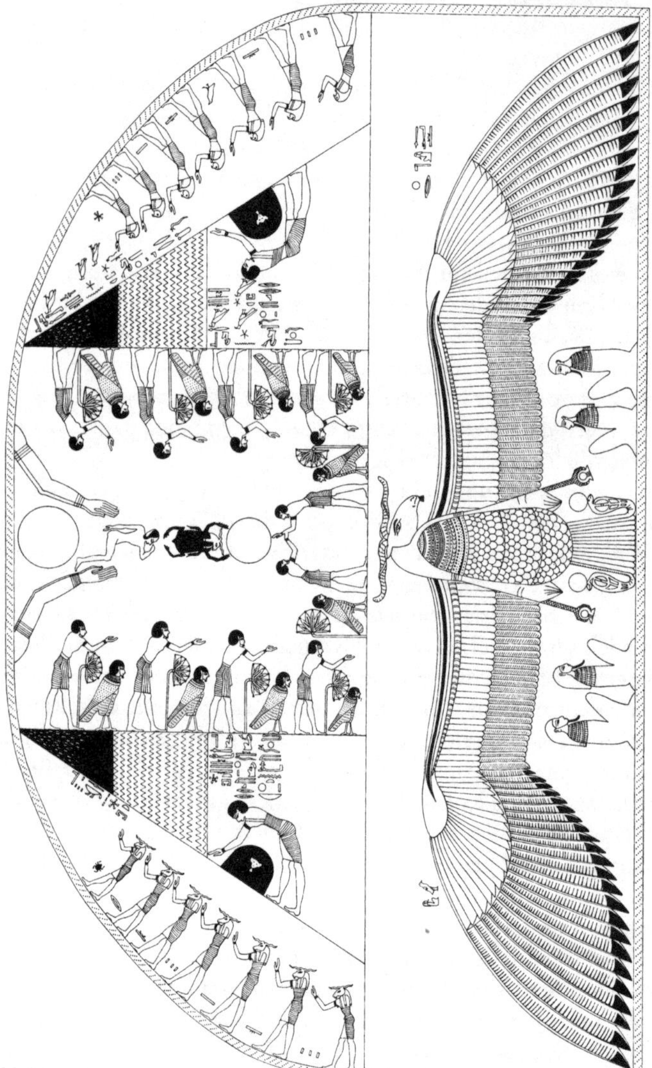

Abbildung 3

Wie das im einzelnen geschieht, sagt das Bild nicht. Die Sonne gelangt in den Bereich, der von Osiris kontrolliert wird, in den Bereich der Unterwelt mit seiner ganz anderen, scheinbar gegensätzlichen Struktur.

Diese Unterwelt wird durch den gekrümmten Körper des Gottes Osiris als ein kreisförmiges Gebilde gekennzeichnet. Von Osiris heißt es hier, daß er die Unterwelt umfängt. Das ist ein Modell, ein Bild, um zu zeigen, daß diese andere Welt eben nicht dem Maßstab entspricht, den Menschen dieser Welt anlegen, wenn sie Raum und Zeit zu beschreiben suchen. Die andere Welt ist mit einer Eigengesetzlichkeit behaftet. Sie kennt gewissermaßen den »gekrümmten Raum«, um einen Ausdruck aus der Astrophysik einzubringen. Die andere Welt kennt jedenfalls andere Vorstellungen von Raum und Zeit, auch von Ewigkeit, als sie für lebende Menschen möglich sind.

2.2 *Das Sonnenkind*

Naturgemäß ist es so, daß solche Bilder verschiedenartig gestaltet werden können. Ich möchte darum ein weiteres anfügen, das die Dinge, die wir bereits betrachtet haben, von einer anderen Warte aus sieht (**Abb. 3**). Die Darstellung zeigt uns oben im Bild ausgestreckte Hände, die die Sonnenscheibe umfangen. Diese Perspektive möchte im Grunde die gleiche Wahrnehmung wiedergeben, daß die Sonne aus dem Urgrund der Finsternis und der Nachtseite hervorkommt, um dann in den Sonnenlauf und die Bewältigung des Tages entlassen zu werden. Nur ist hier die Übermittlung der Sonne aus der Unterwelt im oberen Bildteil dargestellt, und zusätzlich erkennen wir die Sonnengestalt als ein Sonnenkind, als ein göttliches Kind, das geboren wird und in das Werden eingeht. Damit werden schon weitere Aspekte eingebracht. Die Sonne wird als ein Wesen verstanden, das einem Kind vergleichbar ist, das aus dem Mutterschoß kommt. Also wiederum eine Anknüpfung an Erfahrungen, die aus dem Leben stammen und dort ihr Zuhause haben! Alltägliches, immer wieder Gesehenes wird zum Anlaß genommen, um kosmogonische Vorgänge auszudrücken. Der so tief menschliche Vorgang der Geburt ist ein Symbol für das, was im Kosmos geschieht: Auch dort geschieht Geburt. Kosmogonie ist eigentlich ein Geburtsgeschehen: die Sonne als Kind, ein außerordentlich weittragendes Modell, wenn man daran denkt, daß das Kind, die jugendliche Sonne, in der ägyptischen Mythologie und dann auch in jenen Religionen, die daran anknüpfen, eine große Rolle spielt.

Ich denke an die Feiern und Feste des jugendlichen Sonnengottes, der die Zeiten verändert, den neuen Äon heraufführt, also an nichts anderes als an die Vorstufen des Weihnachtsfestes. Die Reden und die Bilder vom jugendlichen Sonnengott sind in der ägyptischen Religionsgeschichte verankert und als Vorstufen des Weihnachtsfestes zu deuten. Man feierte das Fest des jugendlichen Sonnengottes in Alexandria in besonderer Weise in der Nacht vom 24. zum 25. Dezember und beging auch die Erinnerung an den neuen Äon, an die neue Zeit, am 6. Januar. Die Daten, die uns so vertraut sind, sind also vorgeprägt von der Vorstellung, daß mit dem jugendlichen Sonnengott eine neue Zeit heraufgeführt wird.

So geht der Sonnenlauf vor sich, und zwar über den jugendlichen Sonnengott zum Käfer, wobei der Käfer lediglich den Werdeprozeß andeutet – er ist ja Symbol des Werdens und des Wachsens und des Auferstehens. Ich will nicht alle Szenen kommentieren, das würde zu weit führen. Der Weg ist durch die dreieckigen Flächen an beiden Seiten angedeutet. Das Ganze beginnt mit dem nur wenig erhellten Raum der Finsternis, die schwarz mit weißen Punkten dargestellt ist. Die nächste Phase des Sonnenlaufes wird in diesem Fall mit den Wasserlinien gekennzeichnet, die im Original blau gefärbt sind. Wahrscheinlich ist auch der schwarze Hügel im dritten Feld ein Symbol dafür, daß der Sonnengott im Dunkel verborgen ist, aber dann hinaus ins Freie tritt und den Raum mit Licht erfüllt.

Die Begleitgestalten unterstützen diesen Vorgang. Dabei ist wesentlich, daß es sich nicht um einen statischen Zustand handelt, sondern daß alle, die daran beteiligt sind, Zeugen eines Prozesses sind. Für die Ägypter ist es immer wichtig, daß der Sonnenlauf in Gang gehalten wird. Der Ägyptologe Jan Assmann hat gerade auf diesen Punkt aufmerksam gemacht, daß die Gestaltwerdung auch der fortgesetzten Begleitung bedarf. Es bleibt nicht bei einem Status, sondern es wird immer wieder versucht, das, was sich ereignet, in Gang zu halten. Dafür sorgen auch die Gestalten hier in der Nachbarschaft der Sonne.

Die große Vogelgestalt unten mit dem Widderkopf und den ausladenden Flügeln ist ein Versuch, die übergreifende Symbolik des Sonnenlaufs einzufangen, die von der Überzeugung getragen wird, daß die Sonne sowohl in der Tages- wie in der Nachtzeit über alles Leben wacht: ein Modell unter den vielen Versuchen, dieser übergreifenden Kompetenz der Sonne zur Tages- und Nachtzeit Ausdruck zu geben.

2.3 Sonnenlauf und Anch-*Zeichen*

Lassen wir uns aber jetzt weiter auf diese andere Welt ein! Ich möchte wiederum mit einigen kleineren Bildern aus der ägyptischen Darstellungskunst erläutern, wie der Ägypter diese Erneuerungsphase der Sonne verstanden hat. **Abb. 4** zeigt eine uns jetzt vielleicht schon etwas transparentere Vorstellung. Es wird wiederum der Weg der Sonne über den Himmel bis zu ihrem Untergang gezeigt, bis zu ihrer Aufnahme in die andere Welt. Unten ist der Gott Osiris in einer eigentümlichen Gestalt dargestellt, nämlich der des sogenannten Erntepfeilers. Dies Symbol steht für die Vegetation und die ständig sich vollziehende Auferstehung, für die ja der Gott Osiris kompetent ist. Ihm werden wir im nächsten Kapitel unsere besondere Aufmerksamkeit schenken.

Abbildung 4

Dieses Ewigkeitssymbol entläßt aus sich die Lebenssphäre, die hier durch das bekannte *Anch*-Symbol, das Lebenssymbol, in der Mitte des Bildes angezeigt ist. Das *Anch*-Zeichen, das Lebenszeichen, haben die Kopten als Kreuzzeichen interpretiert, weil sie der Meinung waren, daß vom Kreuz das wahre Leben kommt. Das Kreuzzeichen wird mit geöffneten Armen versehen, die ihrerseits die Sonne in die Hände einer Gestalt weiterreichen, die nicht ausgeführt ist. Erik Hornung meint, daß diese Hände einer ungenannten Gottheit zugehören, aber es scheint mir doch wahrscheinlicher, daß wir hier mit der Himmelsgottheit Nut zu rechnen haben, die ebenso wie bei dem Bild, das wir zuerst betrachtet haben (**Abb. 2**), die Sonnenscheibe empfängt. Es geht also um einen ähnlich gelagerten Prozeß.

Wiederum ist es so, daß die beiden Gottheiten Isis und Nephthys, zu beiden Seiten des Osiris kniend, den Prozeß unterstützen und mit ihrer Verehrung begleiten. Verehrung ist immer ein Zeichen für begleitende Assistenz und für den Prozeß, den wir zuvor charakterisiert haben, den Prozeß der ständigen Inganghaltung des Weltgeschehens. – Des weiteren sind an beiden Seiten die sogenannten Sonnenaffen dargestellt, die den Prozeß des Sonnenlaufes unterstützen, auch sie in der Verehrungsposition der emporgehaltenen Arme. Sie unterstützen damit ebenfalls die Inganghaltung des Schöpfungsgeschehens: ein vergleichbares, wenn auch im einzelnen etwas differierendes Bild, das mit dem früheren nicht deckungsgleich ist, ihm aber auch nicht widerspricht!

2.4 Der Sonnen-»Embryo«

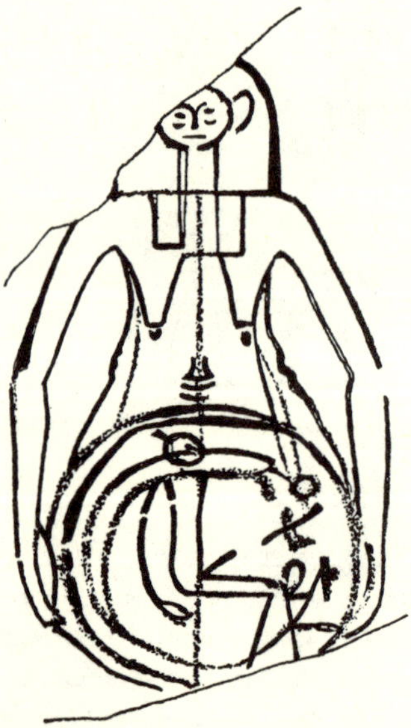

Abbildung 5

Ich möchte weiter auf die Vorstellung hinweisen, daß die Himmelsgöttin nunmehr die Sonne aufnimmt und in ihrem Körper bewahrt. In ihrem Leib wird die Sonne gewissermaßen verjüngt, damit sie am anderen Tage wieder den Weg über den Himmel antreten kann. Diesem Prozeß der Aufnahme und der Verjüngung verleiht **Abb. 5** Ausdruck, die sich auf einem Ostrakon, also auf einer Steinscherbe, erhalten hat. Dies Bild zeigt uns die Himmelsgottheit und in ihrem Körper den schemenhaft dargestellten jugendlichen Sonnengott in embryonalem Zustand. Auch hier spüren wir unmittelbar, wie stark die mythologische Aussage an Vorstellungen orientiert ist, die im tatsächlichen Leben verankert sind. Immer wieder wird auf das zurückgegriffen, was im menschlichen Leben vor sich geht, und daraus wird das Material gewonnen, um – auf einer anderen Ebene – Aussagen, auch Glaubensaussagen, zu formulieren. Die Lebensnähe ist unübersehbar. Diese Darstellung versucht also, den Vorgang der Erneuerung mit dem Austragen eines Kindes und mit dem Geburtsgeschehen zu verbinden. Es sieht so aus, als wenn hierbei die kreative Phantasie der Ägypter auch daran denkt, daß der Mutterschoß die eigentliche Heimat des Menschen ist und daß dieser auch dorthin zurückkehrt: eine uralte menschliche Idee, die etwa darin ihren Ausdruck findet, daß Tote mit angezogenen Knien bestattet werden, um eine gewisse Erinnerung an den embryonalen Status wachzurufen. Es handelt sich also um eine Rückkehr zu den Anfängen. Auch das ist aus Empfindungen der Seele geboren, aber kreativ gestaltet worden. Es wird nicht verdrängt, sondern hereingeholt ins Bewußtsein und als Modell genommen für eine Welt, deren man nicht habhaft wird. – Der jugendliche Sonnengott wird im Körper der Himmelsgottheit so gestaltet, daß er Kraft und Dynamik besitzt, um dann den Weg über den Himmel anzutreten.

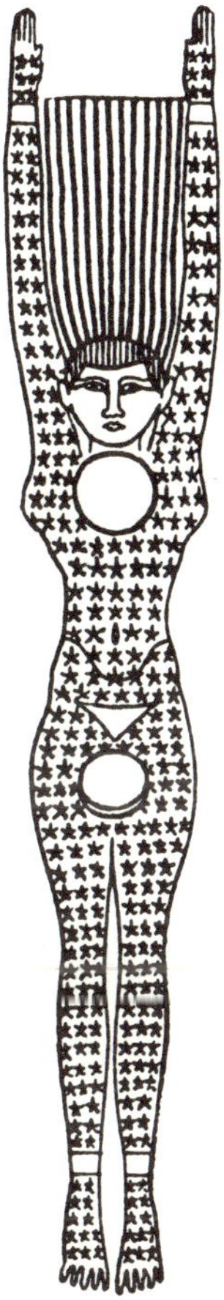

Abbildung 6

Abb. 6 zeigt uns die Himmelsgottheit Nut, wobei es sich hier um die Darstellung auf der Innenseite eines Sargdeckels handelt. Sie verdeutlicht, daß die Sonne von der Himmelsgottheit abends verschluckt wird, dann den Weg durch ihren Körper antritt, um anderntags, in der Morgenfrühe, wiedergeboren zu werden.

Daß diese Darstellung des Wanderns der Sonne durch den Körper der Himmelsgottheit die Ägypter sehr beschäftigt und zu allen möglichen phantastischen Ausschmückungen Anlaß gegeben hat, erkennen wir aus **Abb. 7**, wo nochmals, jetzt aber in dieser ovalen

Abbildung 7

Gestalt, auf den Sonnenlauf Bezug genommen wird, wobei zugleich gesagt wird, daß es nicht nur die Sonne ist, die von diesem Erneuerungsprozeß lebt, sondern eigentlich alles, was mit der Sonne zu tun hat, natürlich insbesondere das menschliche und dann – noch genauer – das königliche Leben. Wir werden noch sehen, daß dem Repräsentanten menschlicher Position im Kosmos, dem König nach ägyptischer Auffassung, beim Sonnenlauf eine entscheidende Funktion zukommt. Der König steht nicht einfach unbeteiligt daneben, der Mensch steht nicht unbeteiligt neben dem, was da abläuft, sondern er ist involviert. Es geht ihn unmittelbar an, und er selbst wirkt gewissermaßen mit dem Sonnengott an der Gestaltung der Welt mit. Der Mensch ist ein entscheidender Faktor bei der Inganghaltung des Schöpfungsgeschehens und des Geschehens der Erhaltung dessen, was ist. Das ist ein ganz wichtiger Aspekt, der für die Nachfolgereligionen von enormer Bedeutung geworden ist.

Dieses ovale Gebilde stellt die Sonne dar, und zwar als Sonnenscheibe, umgeben von den Sternen, aber auch die Bewegung des Sonnenlaufs. Diese Bewegung wird durch den sogenannten Uroboros symbolisiert, jene sich in den Schwanz beißende Schlange, die für die unendliche zyklische Wiederholung steht. In die Fläche der Sonnenscheibe ist der Name Ramses' III. eingeschrieben, eines Königs also, der auf diese Weise in den geheimnisvollen Prozeß der Verjüngung der Sonne einbezogen ist. So wie die Sonne immer wieder neu Gestalt gewinnt, gewissermaßen im Mutterleib neu wird und jeden Morgen aufersteht, so ist auch der König mit immer neuer Kraft ausgestattet, und er bedarf dieser Kraft zur Ausübung seiner Herrschaft, die ja nicht mit dem Tod endet, und zur Inganghaltung seiner Kontrollbefugnis über sein Reich, auch im Jenseits. Die besondere königliche Gewalt wird dann im ersten Schöpfungstext in der Befugnis, die dem Menschen zugeeignet wird, widergespiegelt: daß er die Welt »betreten« und beherrschen solle, wie es in Genesis 1,26–28 heißt. Der Mensch als »Ebenbild Gottes«, eine königliche Prädikation, ist befugt, in dieser Welt ordnend und Gleichgewicht schaffend einzugreifen. Was die Bibel hier ausdrückt, ist aus dem außerordentlichen Reservoir geschöpft, das Ägypten bereitgestellt hat, indem es den König in die göttliche Sphäre einbezieht. Er nimmt teil an dem, was Gott ist und tut. Er ist Partner Gottes. Und so ist der Mensch in Genesis 1,26 auch so etwas wie ein königlicher Partner Gottes.

2.6 *Mensch und Kosmos*

Ich möchte noch kurz auf eine weitere Darstellung des Sonnenlaufs, die ebenfalls aus dem Neuen Reich stammt, eingehen (**Abb. 8**). Es ist wiederum ein Bild, das sehr aufwendig anmutet, bei dem wir aber nicht ins Detail gehen müssen. Beeindruckend ist auf dieser Darstellung vor allem der Körper der Himmelsgottheit Nut, die sich über die ganze Schöpfung, die ganze Wirklichkeit beugt und sie auf solche Weise umschließt. In ihrem Körper wandert die Sonne,

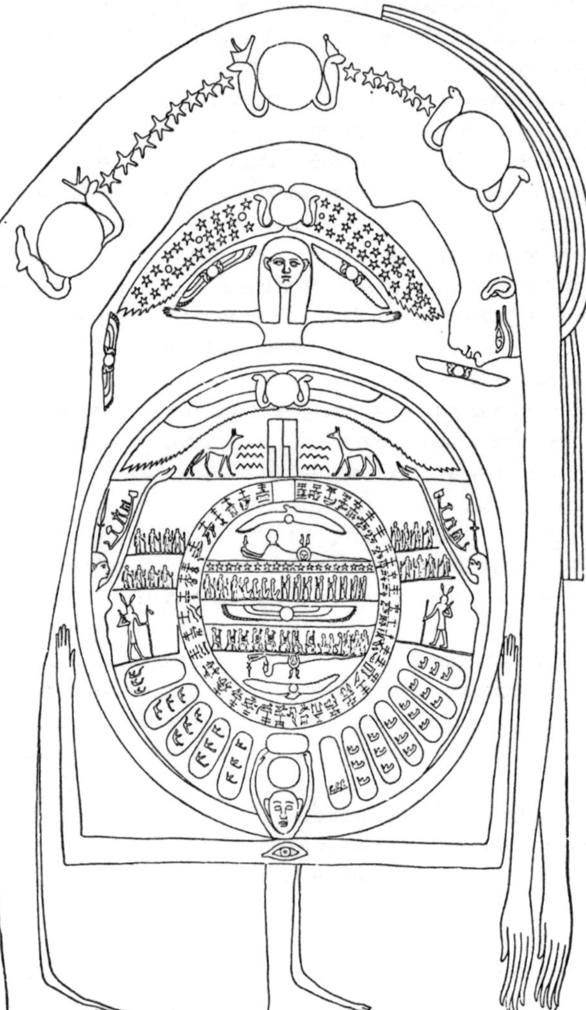

Abbildung 8

und zwar in der Nachtzeit, wobei sie abends aufgenommen und morgens neu geboren wird.

Das alles sind natürlich keine Vorstellungen, die auch nur entfernt an unsere Kenntnis des kosmischen Geschehens heranreichen, aber wir dürfen sie auch nicht einfach aus der Menschheitsgeschichte und auch nicht aus unserem Bewußtsein verdrängen, weil in ihnen etwas von der Nähe des Kosmischen zum Menschlichen vermittelt wird, weil in ihnen zum Ausdruck kommt, daß der Mensch an dem nicht unbeteiligt ist, was in der Schöpfung geschieht, und daß auch die Welt und die Schöpfung an dem Geschick des Menschen nicht unbeteiligt sein können. Natürlich werden viele sagen, daß die Natur sich ihr Recht holt, aber der Mensch ist ein Teil der Natur, und diese notwendige Beziehung, die in der neueren Ökologie mit Recht herausgestellt wird, die notwendige Integration des Menschen in die Schöpfung, haben die Ägypter mit aller Klarheit gesehen. Es ist notwendig, daß wir die Einbindung des Menschen und seine Verflechtungen in diese Welt und in diese Schöpfung wieder unmittelbarer wahrnehmen und den Menschen nicht zu einer imaginären »Krone der Schöpfung«, die sich vom Geschehen distanzieren kann, hochstilisieren. Der Mensch ist ein Teil dieser Welt und ist auf sie bezogen.

2.7 Raum-Ewigkeit und Zeit-Ewigkeit

Der Körper der Himmelsgöttin ist also ein viel beachtetes und mit allerlei Varianten und mit kreativer Phantasie ausgestattetes Bild, eine Vision dieser anderen Welt. Die Ägypter haben – um die genannten Vorstellungen noch ein wenig auszudeuten – die Totenwelt auch als eine Welt der Ewigkeit verstanden. Aber wir dürfen jetzt nicht so ohne weiteres unsere Begriffe von Zeit und von Ewigkeit hernehmen und sie auf die Vorstellungen der Ägypter übertragen. Vielmehr können wir unsere Ideen von Zeit und Ewigkeit befruchten lassen von dem, was die Ägypter bereits sahen – mit der Kraft ihrer Seele, mit der Kraft ihrer konstruktiven Phantasie. Zeit und Ewigkeit sind ja auch Vorstellungsbereiche, die sich nicht vollständig von uns erfassen lassen, schon gar nicht, wenn wir die Ewigkeit bedenken. Wenn wir in unserem Sprachgebrauch sagen, er oder sie sei in die Ewigkeit gegangen oder in die Ewigkeit abberufen worden, dann kann man sich schon fragen: Was stellen wir uns eigentlich darunter vor? Wenn wir sagen, Gott sei Herr der Ewigkeit, dann verbirgt sich dahinter doch oft der Wunsch, daß wir alle irgendwie ewig leben oder an der Ewigkeit teilhaben wollen, nicht unbedingt in unserem jetzigen Zustand, aber doch in einem anderen. Wir möchten, wie wir auch sagen, an der Verklärung teilhaben, die dauernd sein soll, »ewig«. Die kirchlichen Positionen, die Glaubensbekenntnisse legen uns ja diese Erwartung nahe und sagen uns ihre Erfüllung zu. Sie sagen uns, daß Gott Ewigkeit ist und Ewigkeit schenkt. Das ist ein im Christentum fest verankertes, im Credo etabliertes Bekenntnis. – Aber wie können wir es eigentlich mit der Vorstellung der Alten verbinden? Was haben sich die Ägypter unter Zeit und Ewigkeit vorgestellt?

Die Ägypter haben die Ewigkeit mit Ausdrücken belegt, die wiederum auf dem aufruhen, was sie in ihrem irdischen Leben erfahren konnten. Allerdings muß ich sofort einen Vorbehalt anmelden: Die Ägypter sind nicht mit der Uhr in der Hand durch ihr Leben gegangen. Sie haben nicht chronometrisch gelebt, sich nicht Terminzwängen unterworfen und sich nicht von einem Datum zum anderen gejagt gefühlt. Die Ägypter haben Zeit tiefer gefaßt und sie, wie im Orient überhaupt üblich, mit Inhalt versehen. Es gibt nicht das meßbare Datum an sich, sondern es gibt nur gefüllte Zeit. Es gibt, wie das Buch Kohelet es ausdrückt, eine Zeit zum Leben und eine Zeit zum Sterben, eine Zeit zum Umarmen und eine Zeit zum Trennen (vgl. Koh 3,1–8), also durchweg eine gefüllte Zeit und letzten Endes eine Zeit von Gott, eine Zeit, die von der Hand Gottes gefüllt ist.

Aber wie hat man sich die Ewigkeit als ein Gegenstück zur irdisch erlebten und gefüllten Zeit vorgestellt? Man hat das in zweierlei Formen getan: einmal so, daß man sich dachte, die Ewigkeit sei ein Raum, ein Raum, der Bestand hat und Kontinuität bedeutet, der eine gewisse Struktur hat, in dem man sich aufhalten kann, in dem man wohnt, ein Raum, der absolut geschützt ist, der keinerlei Überfremdung oder gar Zerstörung ausgesetzt ist, ein Raum, wo man in Ruhe existiert, eine Heimat. So ist es gar kein Wunder, daß ein besonderer Aspekt der Ewigkeit eben der Vorstellung dieses Mutterschoßes gilt, in den man wieder zurückkommt. Das ist das ewige Zuhause, das eben nur zeitweise verlassen wird, aber immer wieder aufgesucht werden muß, wenn man den Lebensprozeß aufrechterhalten will. Dort ist der Mensch geborgen, findet seine eigentliche Heimat und auch seine Erneuerung. Dieser Raum der Ewigkeit ist natürlich ein Vorstellungsgebilde, abgelesen von dem, was man selbst in seiner Seele als Raum der Geborgenheit empfindet. Diesen Raum nannten die Ägypter *djet.* Das ist der räumliche Aspekt von Ewigkeit.

Es gibt aber auch noch den zeitlichen Aspekt von Ewigkeit, allerdings eine Vorstellung, die nicht in einer linearen Weise zu denken ist, als wenn Ewigkeit eine verlängerte Zeit wäre, eine unendlich verlängerte Zeit. Ewigkeit hat auch einen zyklischen Charakter, und zwar so, daß immer wieder der Prozeß vom Anfang bis zum Ende durchgespielt wird und sich unablässig wiederholt. Dieser Prozeß kann auch eingeteilt werden. Er kann natürlich in Tage und in Stunden untergliedert werden: ein Ewigkeitsprozeß, der auf die ständige Erneuerung zielen würde, die in zyklischer Weise gedacht wird. Für dieses »Gebilde« von Ewigkeit wählte der Ägypter den Ausdruck *nechech*.

Die Ägyptologen sprechen von der *djet*-Ewigkeit und von der *nechech*-Ewigkeit, zwei Aspekten von Ewigkeit, die wiederum jeweils den inneren Bedürfnissen und Erwartungen des Menschen entsprechen. Man möchte auf der einen Seite einen dauernden Ruhezustand, um nicht einfach platt zu sagen: Man möchte in Ruhe gelassen werden. Man möchte zurückkehren in die Geborgenheit. Auf der anderen Seite aber möchte man natürlich in dieser Geborgenheit auch *leben*. Man möchte die Bewegung, die Flexibilität, die Erneuerung, die Regeneration. Man möchte also beides. Das, was jeweils der Stimmungslage, der inneren psychischen Verfassung entspricht, das möchte man gern auf Dauer etablieren: Ruhe und Bewegung. Beides wird mit den Begriffen *djet* einerseits und *nechech* andererseits eingefangen. Beide Vorstellungen bilden ein Erzeugnis der Phantasie, sind aber menschlichen Erfahrungen entnommen, und sie ergänzen sich gegenseitig.

Hier greife ich in eine Diskussion ein, die in der Religionsgeschichte und in der Ägyptologie geführt wird. Da gibt es etwa eine Diskussion zwischen Erik Hornung auf der einen Seite und Jan Assmann auf der anderen Seite. Beide haben eine etwas andere Vorstellung von dem, was im Alten Ägypten Zeit und Ewigkeit sind. Mir erscheinen jedoch die Vorstellungen des Ägyptologen Wolfhart Westendorf besonders attraktiv, der meines Erachtens das plausibelste Modell angeboten hat, indem er von dieser *djet*-Ewigkeit als Raum-Ewigkeit und von der *nechech*-Ewigkeit als Zeit-Ewigkeit im Sinn der dynamischen Regeneration spricht. – Es ist wohl hier ausreichend, sich grundsätzlich klarzumachen, daß der Ägypter das statische und das dynamische Element zusammenschaut und sich wünscht, daß die andere Welt sowohl Ruhe als auch Bewegung bietet.

Haben wir eigentlich eine andere, eine grundsätzlich andere Idee, wenn wir unsere Hoffnungen auf die andere Welt richten? Wir denken ja auch an den thronenden Gott und seine Welt und daran, daß wir dort mit unseren Sehnsüchten und unseren Hoffnungen zur Ruhe kommen. Wir denken daran, daß die Unsicherheit uns verläßt und in Sicherheit übergeht, und wir denken daran, daß wir dort das Zuhause finden, das wir hier vielleicht nicht finden, das wir vielleicht hinter uns glauben und an das wir uns zurückerinnern. Das ist das eine, der räumliche Aspekt. – Auch wenn wir vom Himmel reden, sprechen wir ja in symbolischer Weise vom Wohnort Gottes, der Seligen, der Heiligen, und es zieht uns etwas in diese Richtung, weil wir als Christen davon überzeugt sind, daß bei Gott viele Wohnungen sind. Auch dies ist der räumliche Aspekt.

Aber wir haben ja auch den anderen Aspekt, und den wollen wir nicht einfach verdrängen. Vielfach wird er in den Vorstellungen vom Himmel beiseite gelassen oder gar karikiert. Allen Mißverständnissen zum Trotz ist der Himmel Ort der Lebensfülle schlechthin. Das heißt, wo Gott ist, ist Leben in einem ganz umfassenden und übergreifenden Sinn, und zwar auch so, daß Leben erneuert wird. Wie weit da die Phantasie gehen kann, das sei dahingestellt, was etwa die Reinkarnation betrifft. All diese Vorstellungen sind von uns nicht voll verarbeitet. Sie könnten aber bei einem flexibleren Verständnis dessen, was uns erwartet, eine Rolle spielen: daß es auch dort wieder um Lebenserneuerung und Regeneration geht, um eine ständige Auferstehung. Ich will damit jetzt nicht die Idee beiseite schieben, die uns Christen geschenkt ist: daß durch Jesus von Nazaret das Leben und die Auferstehung für jeden »geöffnet« und erschlossen wurden. Aber auch diese Bezugnahme auf Jesus von Nazaret ist eine weitere Illustration, eine weitere Konkretisierung der Hoffnungen und Bilder, die sich Menschen von dem machen, was in der anderen Welt geschieht. Jesus ist für uns Christen eine Art Garantieerklärung Gottes, daß es weitergeht, und zwar sowohl in der Vorstellung des ruhenden Verweilens in der Nähe des höchsten Gottes, des Zur-Ruhe-Kommens, wie auch in der Idee, daß es einen Prozeß gibt, eine Vertiefung des Lebens und ein Inganghalten der Schöpfung. Es ist mit dem Himmel keineswegs alles zu Ende, sondern es geht weiter. Das Leben Gottes ist unerschöpflich. Das sind Ideen, die uns ein ganzes Leben beschäftigen können.

3. Osiris – eine Biographie ohne Ende

3.1 Das Geheimnis des Namens

Es geht nunmehr um die Zentralgestalt des ägyptischen »unterweltlichen« Götterhimmels: Osiris. Wir haben diese Gottheit bereits in einer speziellen Gestaltung kennengelernt (**Abb. 2**), als gekrümmte Figur, die den Raum der Unterwelt umschließt, geradeso wie es die Beischrift zum Ausdruck bringt: »Osiris ist es, der die Duat« – das ist eine ägyptische Bezeichnung für die Unterwelt – »umfängt«. Osiris ist eine Götterfigur, in der wir alles das wiederfinden, was die ägyptischen Vorstellungen vom Weg über den Tod hinaus in die Auferstehung bestimmt. Alle die Bilder, die der Mensch sich von der Auferstehung und vom Leben nach dem Tod ausmalt, sind in dieser Gestalt vereinigt und konzentriert. Darum lohnt es sich, eine »Biographie« des Osiris zu geben.

Der Name »Osiris« ist in seiner Etymologie umstritten. Die meisten Vertreter findet die Überzeugung, daß der Name »Sitz des Auges« bedeute. Aber diese Erklärung scheint nicht ohne weiteres das Wesen dieses Gottes zu erschließen. Vielleicht läßt sich aber mit den beiden Ausdrücken »Sitz« und »Auge« doch etwas in Erinnerung rufen, was wir bereits bedacht haben, denn bei diesem Gott handelt es sich ja um eine Gestalt, die den Raum der Ewigkeit und die Fortdauer der Ewigkeit umschließt. Wenn wir an den Ausdruck »Sitz« denken, dann haben wir die »lokale« Dimension, die beinhaltet, daß Osiris für die Kontinuität dieses Raumes steht.

Das »Auge«, das schauende Organ, könnte dagegen versinnbildlichen, daß dieser Gott Einsicht hat in das, was kommt und wie es sein wird, so wie »Schauen« in Ägypten immer wieder diese Bedeutungsseite, nämlich die Konnotation des Schauens in die Ewigkeit, hat. Die Blicke der Statuen von Schreibern beispielsweise, die über das Schriftstück hinausgreifen und in die Ewigkeit gerichtet sind, bringen zum Ausdruck, daß es in Ägypten ein Schauen in die Ewigkeit gibt, und zwar in *die* Ewigkeit, die eine flexible Bewegung in sich birgt, so wie das Auge ja eben auch ein

»bewegliches« Organ ist, das immer neue Wahrnehmungen vollzieht und diese bündelt, also notwendig flexibel sein muß. Kein anderes Organ nimmt das Leben in seiner Variabilität so wahr wie das Auge. So ist in dem Namen »Sitz des Auges« möglicherweise beides enthalten: die Beständigkeit *und* die Bewegung im Jenseits. – Das mag jetzt Imagination, Spekulation sein, aber es ist vielleicht ein Weg, um sich diesem schwierigen Namen zu nähern. Mehr soll nicht beansprucht werden.

3.2 Die »Herkunft« des Gottes

Nun aber die »Biographie«! Wo kommt denn dieser Gott Osiris her? Man mag vielleicht gegenwärtig mit einigen Forschern daran denken, daß viele zentrale mythische Vorstellungen in Ägypten auf geschichtliche Prozesse zurückgehen. Man kann darüber nachsinnen, ob die sogenannte vorgeschichtliche Zeit Ägyptens politische Auseinandersetzungen gekannt hat, in denen es eine Gestalt wie Osiris oder wie seinen Gegenspieler Seth oder den Osirissohn Horus auf einem königlichen Thron gegeben hat. Daß vielleicht Zwistigkeiten im politischen Leben den Anlaß für die Bildung eines Mythos gegeben haben, das lassen wir dahingestellt, das läßt sich nicht kontrollieren. Dafür fehlen die eindeutigen Quellen.

Beginnen wir also mit der Zeit, in der man diesen Urgott des Lebens und der Auferstehung zuerst verehrt hat, und zwar im Deltagebiet, möglicherweise in Heliopolis, dem berühmten Sonnenkultort. Jedenfalls ist Osiris im Deltagebiet als Gott der Vegetation, das heißt der steten natürlichen Erneuerung, bekannt gewesen und verehrt worden. Aber seine Kompetenz – und damit seine Verehrergemeinde – ist nicht auf das Deltagebiet beschränkt geblieben, sondern er hat einen »Umzug« veranstaltet – so könnte man es beinahe sagen. Seine Verehrung setzte eigentlich erst richtig ein, als er einen neuen »Wohnort« bezog, nämlich Abydos in Oberägypten. Hier tritt er die Nachfolge eines Gottes namens Chontamenti an. Osiris übernimmt zugleich Namen und Funktion dieses Gottes, des »Ersten der Westlichen«, das heißt der Toten. – Abydos ist der eigentliche und auf Dauer hin etablierte Ort dieses Totengottes Osiris-Chontamenti geworden. Alle Vorstellungen, die wir heute mit Osiris verbinden können, haben irgendwie mit Abydos zu tun.

3.3 Osiris und das Königtum

Jeder, der einmal die Möglichkeit hatte, diesen einzigartigen Kultort zu besichtigen, wird sich an den sogenannten Kenotaph Sethos' I. erinnern. Dieser Pharao ist einer der wichtigsten »Bauherren« von Abydos. Hinter seinem Tempel befindet sich das sogenannte Osireion, das Scheingrab Sethos' I. Es handelt sich hierbei um eine kultische Gedenkstätte, in der man Tod und Auferstehung des Königs feierte, aber mit besonderer Rücksicht auf die Vorstellung, daß der Prozeß des Übergangs vom Leben in den Tod und wieder zur Auferstehung eine Entsprechung zum Weg des Gottes Osiris darstellt: Beim König vollzieht sich das, was bei Osiris immer wieder geschieht, daß er nämlich vom Leben zum Tod gelangt und wieder aufersteht. So gibt es eine direkte Beziehung, ja sogar eine Ineinssetzung zwischen dem König und Osiris. Diese Vorstellung haben die Ägypter weit entfaltet und bildlich demonstriert. – Um es noch einmal zu verdeutlichen: Der König weiß sich letztlich eins mit Osiris. Osiris, der den »Prozeß« vom Leben zum Tod und zur Auferstehung immer wieder vollzieht, vergegenwärtigt sich im König, wobei der Nachfolger des irdischen Königs – wie es bei Horus in bezug auf seinen Vater Osiris der Fall ist – zugleich auch den Vorgänger in sich aufnimmt und dessen Intentionen weiterführt. So ist die ideologisch-religiöse Konzeption.

Das Fortbestehen, das Fortwirken des Königtums ist also ganz eng an die Idee gebunden, daß Osiris weiterlebt, weiterexistiert, daß es kein absolutes Ende, keinen endgültigen Abschluß des Lebens gibt, sondern Osiris ist der Garant dafür, daß es weitergeht, und Osiris ist seinerseits vom Sonnengott beauftragt und dazu bestellt, diese permanente Erneuerung des Lebens zu vollziehen, so daß der Nachfolger den Vorgänger wiederum vergegenwärtigt, in Abydos beispielhaft gezeigt an Ramses II., dem Sohn Sethos' I. Diese Vater-Sohn-Beziehung wird theologisch umfangen und gedeutet, so daß Osiris eben der Gott ist, der den Zusammenhang der Dynastie ermöglicht.

3.4 Osiris und Seth

Mit der Gestalt des Osiris verbinden sich mythische Vorstellungen in einem außerordentlichen Ausmaß. Bevor die Ägyptologie zu ihrem jetzigen relativ umfassenden Wissensstand gekommen ist, konnte man sich nur auf antike Schriftsteller berufen. Vor allen Dingen ist es der Schriftsteller Plutarch aus dem 1. Jahrhundert n. Chr., der uns den Mythos in einer bestimmten Variante, die die verbreitetste aller Osirismythen ist, mitgeteilt hat: Der Gott Osiris sei nämlich von Seth, seinem Verwandten, angegriffen und getötet worden. Seth ist ja eigentlich der Gott der Wüste, des nichtbewohnbaren Raumes, Osiris dagegen der Gott der Vegetation und der Regeneration. Beide stehen also konträr zueinander. Ein solcher Gedanke des Kampfes zwischen dem Kulturland mit seiner Vegetation und der lebensfeindlichen Wüste, dieser grundsätzliche Kampf, der in der Natur beobachtet werden kann, manifestiert sich in dem Widerspiel von Osiris und Seth.

3.5 Horus gegen Seth

Nach diesem Mythos hat Seth Osiris getötet, aber Osiris konnte noch Isis befruchten, so daß Isis von ihm einen Sohn empfing, den Gott Horus. Horus ist dann später zum Rächer des getöteten Osiris geworden. Der Kampf des Horus gegen Seth geht als Typos des Kampfes des Guten gegen das Böse in die Religionsgeschichte ein und setzt sich über alle Zeiten hinweg mit wechselnden Repräsentanten fort. Dabei nimmt in Ägypten Seth zunehmend – ich betone: zunehmend – den Charakter des Bösen an, was nicht unbedingt von vornherein so war und nicht zu allen Zeiten so sein mußte. Seth ist aber im Laufe der ägyptischen Religionsgeschichte zum Inbegriff des Widerparts des Guten geworden, zum Bösen schlechthin, zum »Teufel«.

So nimmt es nicht wunder, daß auch andere Religionen dieses Muster aufgegriffen haben, das Muster vom Gegeneinander von Gut und Böse, personifiziert in zwei Gestalten. Der Kampf des Horus gegen Seth wird gerade in der Spätzeit Ägyptens immer wieder als Kampf des guten Gottes gegen den bösen Gott aufgefaßt, und zwar vielfach so, daß Horus mit der Lanze in der Hand oberhalb einer Darstellung des Seth – etwa als Krokodil oder als Nilpferd – steht oder dem Seth, der auch personifiziert erscheinen kann, gegenübertritt. Dieser typische Antagonismus findet in der griechischen Mythologie seine Fortsetzung im Kampf des Gottes Apollon gegen die Pythonschlange und in der christlichen Legende im Motiv des Kampfes Georgs gegen den Drachen. Ein solches Gegeneinander hat demnach seine typologische Wurzel im Kampf des Horus gegen Seth. – Das sind gut bekannte und gut belegte Erscheinungsformen der Religionsgeschichte: das Wandern einer »mythischen Konstellation«, wie man sagt, durch verschiedene Religionen, im Grunde bis auf unsere Tage. Der Kampf gegen den Teufel, überhaupt viele Konfrontationen von Gut und Böse in personifizierter Gestalt beruhen letzten Endes auf dieser geradezu archetypischen Konstellation von Horus und Seth.

Aber kehren wir zu Osiris zurück! Dadurch, daß Horus ihn rächt, bleibt Osiris in seiner Kontinuität, in der Kraft seiner Fortdauer erhalten. Denn Horus ist die »Vergegenwärtigung« des Osiris im Bereich der Lebenden. Darum kann sich der irdische König mit Horus in eins setzen: Er weiß, daß in ihm sein Vorgänger fortlebt, so wie er selbst in seinem Nachfolger weiterleben wird.

3.6 Der thronende Osiris

Aus dem großen Bestand der Vorstellungen um Osiris möchte ich jetzt einige Bilder vorstellen, die uns insbesondere über die Verehrung und die Inthronisation dieses Gottes Auskunft geben. Wir werden vier Szenen betrachten, die natürlich unterschiedlichen Darstellungen und Orten entstammen, die aber alle Osiris auf dem Höhepunkt seiner Herrlichkeit zu erfassen suchen: Osiris nimmt nach der Auferstehung im Kreis seiner Verehrer, seines göttlichen Hofstaates auf dem Thron Platz (Abb. 9). Der Thron ist ein Symbol für dauernde Mächtigkeit, auch ein uraltes Symbol in der Religionsgeschichte. Für uns ist das Thronen vielleicht ein allzu selbstverständlicher Bestandteil des religiösen Bekenntnisses: Gott thront im Himmel, umgeben von seinen Heiligen. – Diese Vorstellung ist natürlich ein Bild, aber das Bild soll ja die Kontinuität und die Majestät dessen, der da auf dem Thron sitzt, symbolisieren. Osiris, der den Weg vom Tod zum Leben genommen hat, wird gefeiert als der Auferstandene, der in die Ewigkeit der Erneuerung eingezogen ist. Es ist keine statische Situation, dieses neue Leben, sondern es verbindet die Ruhe mit der Bewegung, wie wir gesagt haben. Das ist das Großartige: Da ist nichts langweilig in diesem anderen Leben, da ist ständige Bewegung, Leben im ursprünglichen und bleibenden Sinn.

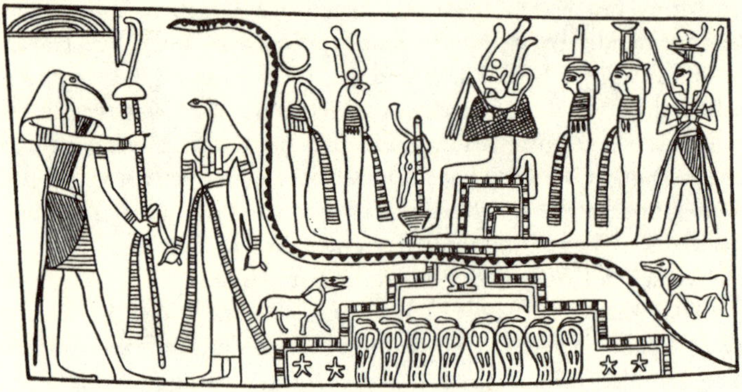

Abbildung 9

Hinter dem auf seinem Thron sitzenden Osiris stehen seine »Assistentinnen«, die mit ihm verwandten Gottheiten, natürlich vor allem Isis und dahinter Nephthys, die jeweils mit ihren Attributen – dem Thronsitz bei Isis und dem mit der Heiligtumshieroglyphe verbundenen Zeichen für »Herrin« bei Nephthys – gekennzeichnet sind. Vor Osiris steht Horus und ganz links der Gott mit der besonderen Gabe der Einsicht in alles Geschehen: Thot, der darüber wacht, daß alles seine Ordnung hat. In den Händen hält er die Hieroglyphe der Unterwelt, die mit dem Zeichen der Maat, der Göttin der Weisheit und der Erkenntnis, verbunden ist.

Besonders hervorheben möchte ich die Schlange: Sie ist ein Symbol der Bewegung, dieser Flexibilität, wie sie im Jenseits existiert. Das Jenseits ist eben nicht eine statische, langweilige »Institution«, sondern ein Bewegungsraum im elementaren Sinn. Dabei vollzieht die Schlange eine Art Trägerschaft, die den thronenden Osiris zur Herrschaft über Leben und Tod führt und ihn in dieser Position zugleich proklamiert.

Alle Details zu benennen wäre viel zu weitgreifend, aber einiges möchte ich doch kurz erläutern. Unterhalb des Thrones erkennt man eine Art Doppeltreppe, also eine Treppe mit einem Aufstieg zu beiden Seiten. Diese Doppeltreppe erinnert an eine Stufenpyramide, deren bekanntestes Beispiel die des Djoser aus der 3. Dynastie ist, der älteste monumentale Steinbau der Menschheit. Die Stufenpyramide ist ein Symbol des Aufstiegs in die höchsten Höhen: Der König, der ja in der Stufenpyramide bestattet ist, soll die

Stufen zur jenseitigen Existenz erklimmen dürfen, um an dem ewigen Leben teilzuhaben. Eine solche Vorstellung spielt auch hier in dieser Totenkult- und Osirisdarstellung des Neuen Reichs eine Rolle.

Zugleich weisen uns die Symbole im Bereich dieser Stufenpyramide auf weitere signifikante Vorstellungen hin. Das Zeichen, das in etwa so aussieht wie ein Omega, der sogenannte Schen-Ring, soll wohl das Umschließen der Unterwelt zum Inhalt haben, und auch die aufgerichteten Uräusschlangen mit den zwei Sternen an beiden Seiten verdeutlichen diese umfassende Schutzfunktion, die dem thronenden Gott der ständigen Erneuerung wie kaum einem anderen zu eigen ist.

Auch die zweite Szene (**Abb. 10**) versinnbildlicht den gleichen Zusammenhang. Auch hier bildet der thronende Osiris den Mittelpunkt. Hinter ihm stehen wieder die Begleitgottheiten Isis und Nephthys, vor ihm Horus, der selbstverständlich als Sohn und Rächer des Osiris die besonders herausgehobene Verehrungsposition

Abbildung 10

Abbildung 11

innehat. – Die Schlange ist auch hier das Element, das die Bewegung im Jenseits symbolisiert, und unter ihr finden wir erneut den pyramidalen Bau einer Doppeltreppe, allerdings mit einer etwas anderen Symbolik in ihrem Inneren. Die zwei aneinander gefesselten Feinde stehen hier für das, was überwunden werden muß, nämlich die chaotische, lebensbedrohende Welt. Über sie ist Osiris »erhaben« – für alle Zeit. Er obsiegt über alles, was für das Leben gefährlich ist.

Rechts im Bild steht eine Gottheit, die mit einem Schlangengesicht dargestellt ist. Auch sie ist nichts anderes als eine Garantin für Schutz und Protektion. Die aufgerichtete Kobraschlange ist ja ohnehin im Alten Ägypten das apotropäische, also schützende Symbol schlechthin. Und wenn dann das Gesicht einer Göttin gewissermaßen durch eine Kobraschlange ersetzt ist, dann personifiziert diese mit aller wünschenswerten Deutlichkeit den Distanz wahrenden Abstand zum Bedrohlichen, die Notwendigkeit, sich gegenüber dem Unheil als überlegen zu erweisen, was auch durch die Messer in ihren Händen unterstrichen wird.

Schließlich ist der Zustand erreicht, daß der Thronende den Weg über den Nachthimmel antreten kann (**Abb. 11**). Beides gehört zusammen: Thron und Barke. Die Barke symbolisiert die Bewegung und der Thron die Kontinuität: der Thronende in Bewegung.

Auf diesem Bild ist es Isis, die vor Osiris verehrend die Arme hebt. Neben ihr befindet sich das Imiut-Symbol, ebenfalls ein altes Symbol der Auferstehungshoffnung. Es handelt sich dabei wahrscheinlich um die Darstellung eines Tierfells, das um die sogenannte Vereinigungshieroglyphe gewickelt ist und eine Erinnerung an die Anfänge der altägyptischen Bestattungspraxis bedeutet.

Das Ganze ist mit dem Aufstieg der Sonne, also dem Verlassen der Nachtseite und dem neuerlichen Hineingehen in die Tagesseite, verbunden. Osiris wird damit zu einer Gestalt, die den Sonnenlauf als Ganzes unterstützt, den Weg von der Nacht in die Tageshelle ermöglicht.

3.7 Der »Satan« als Mitglied des göttlichen Hofstaates

Eine weitere Illustration (**Abb. 12**) ist nicht nur für das Verständnis des Osirisglaubens, sondern auch für die Vorstellung vom göttlichen Hofstaat in der Religionsgeschichte wichtig. Diese Darstellung des Osiris mit seinen »Angehörigen« entstammt dem

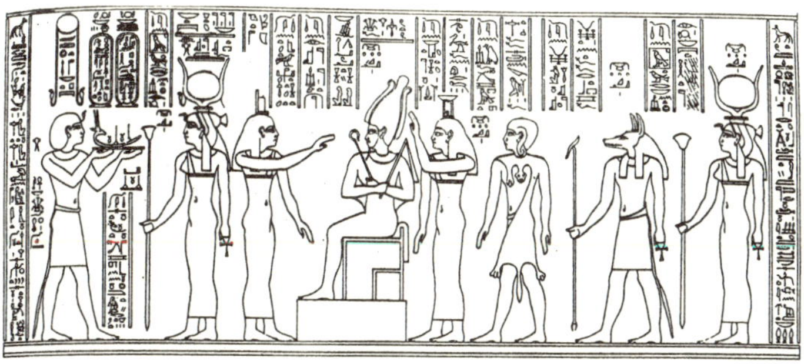

Abbildung 12

Tempel von Dendera, nicht weit von Abydos gelegen. Osiris trägt die sogenannte Atef-Krone, die mit der oberägyptischen Krone verwandt ist, aber noch von zwei Straußenfedern flankiert wird. In seinen Händen hält er die beiden Würdezeichen, die wahrscheinlich auf die Zusammengehörigkeit von Ober- und Unterägypten Bezug nehmen, wohl vor allem im Hinblick auf die ethnographische Frühzeit, in der sich in Ägypten Bauernbevölkerung und Nomadentum zusammenfinden.

Osiris sitzt auf einem Blockthron, wobei der Thronuntersatz auf anderen Abbildungen gelegentlich vorn geböscht ist, wodurch er die Hieroglyphe für Ordnung und Gerechtigkeit abbildet, die sogenannte Maat-Hieroglyphe, so daß man hier den Ursprung für die auch in der Bibel bezeugte Vorstellung hätte, daß Gott über der Gerechtigkeit thront.

Die Gottheiten, die den Thronenden begleiten, sind uns mittlerweile bekannt: Vor Osiris steht Isis mit dem Thron auf dem Haupt – warum das ihr Attribut ist, ist immer noch umstritten; vielleicht hat das Wort für Thron den gleichen Klang gehabt wie die Aussprache des Namens Isis, aber das ist nicht vollkommen sicher. – Hinter Osiris sehen wir Nephthys, wobei man sich diesen Darstellungsmodus so vorstellen muß, daß im Grunde beide vor Osiris stehen. Das hier ist eine etwas eigentümliche, von den Ägyptern gewählte »aspektivische« Unterscheidung, damit man beide Gestalten im Blick behält und beide auch in ihrer Gleichwertigkeit erkannt werden. – Die Göttin, die in Dendera besonders verehrt worden ist, ist die Muttergöttin Hathor, die das Kuhgehörn und die Sonnenscheibe auf dem Kopf trägt. Vor ihr steht als Verehrer der Ptolemäerkönig, der ihr und den anderen Gottheiten der Unterwelt seine Reverenz erweist.

»Hinter« Nephthys finden wir nun eine Gestalt, die in diesem Zusammenhang ebenfalls Interesse verdient, weil sie religionsgeschichtlich von großer Wichtigkeit ist. Sie wird, wie übrigens alle Figuren, durch den über ihr stehenden Text erläutert. Sie ist mit einem Leopardenfell bekleidet und trägt damit ein Gewand, das gleichzeitig ein Würdezeichen und den Priestern, speziell den Sempriestern, vorbehalten ist. Dieser Gott ist zu den Göttern zu rechnen, die mit Horus verbunden sind. Er trägt den Namen Iunmutef, der auch in dem senkrechten Hieroglyphenband über ihm steht: »Worte sprechen durch Iunmutef . . . «. In der nächsten Kolumne heißt es dann weiter von ihm: »Der seinen Vater rächt, indem er seine Feinde schlägt.«

»Schlagen« heißt auf ägyptisch *sdnj* oder *sdn,* und diese hieroglyphische Form *sdn* ist aller Wahrscheinlichkeit nach die Wurzel für einen Ausdruck, den wir alle kennen, nämlich »Satan«.

Aber was soll der Satan hier im Umkreis des Osiris? Das hängt damit zusammen, daß der Ausdruck »Satan« von Haus aus nicht den Bösen schlechthin meint, sondern eine Gestalt, die sozusagen die dunkle Seite der höchsten Gottheit repräsentiert, die den Menschen enttäuschen und »schlagen« kann. In der Bibel findet die Gestalt des Satans beispielsweise Eingang in den sogenannten »Prolog im Himmel« im Ijob-Buch, wo ja eben der »Satan« auftritt und Gott auffordert, doch einmal nachzuprüfen, wie es mit der Treue und dem Glauben Ijobs bestellt sei. Dieser Satan erhält die Genehmigung, diese Probe vorzunehmen: ein Versuch, das äußerst komplizierte und überhaupt nicht durchschaubare Gefüge göttlicher Handlungen am Menschen zu beschreiben, in einen Auftritt göttlicher Gestalten umzusetzen, um zu zeigen, daß es bei Gott eben auch die Instanz gibt, die man nicht berechnen oder durchschauen kann, die nicht so ohne weiteres mit der »Güte« Gottes in Einklang zu bringen ist, die aber da ist, in einer verborgenen Dimension da ist. Diese Gestalt nennt auch das Alte Testament »Satan«. Er ist, wie man gemeint hat, eine Art »Staatsanwalt« Gottes, ein Ankläger, der übrigens auch im Buche Sacharja im dritten Kapitel auftritt und in der Nachbarschaft Gottes seinen Platz hat. Erst später ist der Satan Inbegriff für den Bösen schlechthin geworden, für den Antipoden Gottes.

Insofern ist der Satan hier auf unserem Bild eine Chiffre für den, der in gewisser Weise Gott vertritt, aber in einem Spektrum, das dem Menschen oft unverständlich und erschreckend erscheint. Er ist vielleicht »der Mann fürs Grobe«, wie man fast sagen könnte, also eine Gestalt, die die unerfreulichen und enttäuschenden Schicksalsschläge personifiziert, die auf den Menschen zukommen und die er in seinem Glauben, in seiner Treue zum einen Gott nicht verkraften kann. Immer wieder leidet der Mensch daran, daß es Gewalttätigkeit, daß es »Un-Heil« gibt. Es existieren eben in Gott, auch in unserem christlichen Gottesverständnis, Räume, die wir nicht durchschauen, die Grund geben zur Klage des Menschen und auch zu einem Ringen mit Gott, so wie es beispielhaft ja im Buch Ijob geschieht.

Diese Gestalt befindet sich also in der Nachbarschaft des Osiris. Ich bin überzeugt, daß die so viel verhandelte Deutung des Namens

»Satan«, die bis heute im Grunde nicht geklärt ist, mit dieser Prädikation des Iunmutef etwas zu tun hat, daß dieser Gott ein »Satan«, ein »schlagender« Gott, für die ist, die Osiris zu nahe treten, das heißt den Prozeß der Auferstehung stören.

Hinter Iunmutef befindet sich noch eine Gestalt, der ebenfalls eine kämpferische Konnotation zu eigen ist, nämlich der schakalköpfige Upuaut, der »Wegeöffner«, ursprünglich wohl ein Kriegsgott, der dem König im Kampf voranschritt.

Mit Hilfe solcher Bilder mag es möglich werden, einen Einblick in das Geheimnis des Unterweltgottes, in das Mysterium des Gottes Osiris zu gewinnen, dessen Namen man nach meiner Überzeugung mit Recht als »Sitz des Auges«, als »Sitz des Schauens« deutet.

4. Wegweiser in ein neues Leben

4.1 Osiris NN

Jeder Ägypter möchte so werden wie Osiris, ja mehr noch: Er möchte selbst Osiris sein. Ursprünglich ist diese Vorstellung auf den Bereich des Königtums beschränkt, und so bleibt es eine dauerhafte These, unverrückbar, daß die Könige den ersten Anspruch darauf haben, mit Osiris zu neuem Leben aufzuerstehen, um mit dem Sonnengott den Weg durch die Unterwelt anzutreten. Für das Königtum ist das alles eine selbstverständliche Wirklichkeit. Wenn dennoch auf den Grabwänden Wünsche artikuliert werden, sind die Wünsche für das Nachleben ein Zuspruch, der des Erfolgs gewiß ist. Diese Perspektive kann nicht für jedermann in Anspruch genommen werden. Was für den König gilt, gilt in Ägypten noch lange nicht für alle, jedenfalls nicht zu Anfang der dynastischen Zeit. Erst im Laufe der Religionsgeschichte, und zwar besonders in der Spätzeit und zum Ausklang der ägyptischen Geschichte, ist es dann jedem Menschen vergönnt, seine Hoffnung auf ein Gleichwerden mit Osiris zu setzen, so daß man sich daran gewöhnt hat, den Namen des Verstorbenen mit Osiris zu verknüpfen. In der Wissenschaft drückt man das so aus, daß man sagt, jeder Verstorbene sei *Osiris NN*, wobei dieses *NN* für x-beliebige Namen von Einzelpersönlichkeiten steht. So tief greift die Hoffnung auf Ineinssetzung!

4.2 Der »Erste der Entschlafenen«

Wir Christen mögen uns daran erinnert fühlen, daß es eine ähnliche Konzeption im christlichen Bereich gibt, nur daß eben Osiris durch Christus ersetzt wird. Ein Einswerden mit Christus, ein Sterben und Auferstehen mit Christus – das sind aus den Paulusbriefen vertraute Formulierungen, ebenso wie die Rede von dem »Ersten der Entschlafenen«, der Christus ist (1Kor 15,20; vgl. auch Kol 1,18). In

Ägypten sprach man von dem »Ersten der Westlichen« und meinte damit Osiris. Die »Westlichen« sind die Verstorbenen, die im Westen, wo die Sonne für die Lebenden untergeht und dann die Toten bescheint, ihre Heimat gefunden haben, im »Schönen Westen«, wie man sagt. Man wünscht, Osiris gleich zu sein, ja selbst Osiris zu sein, wie Christen es sich wünschen, mit Jesus Christus vereinigt zu sein, um den Weg vom Tod zur Auferstehung zu gehen. – All dies sind in der Theologie weitgehend unbedachte und unreflektierte Zusammenhänge, die noch einer intensiven Ausleuchtung bedürfen. Wir Christen schöpfen auch hier aus dem Fundus jahrhunderte-, ja jahrtausendealter Vorstellungen vom Zusammenhang zwischen Tod und Auferstehung, geknüpft an eine Gestalt, die das alles schon verkörpert und demonstrativ darstellt.

Wir wollen nun den Weg des einzelnen zur Auferstehung und zur Verherrlichung im Blickfeld der Ägypter weiter ausleuchten. Später werden wir dann versuchen, das Proprium der alttestamentlichen Sicht und der christlichen Sicht hinzuzufügen, aber wir wollen von vornherein nicht verkennen, daß ein ganz gehöriger und wichtiger Teil auf ägyptischen Vorstellungen von der »Verlebendigung« des Menschen basiert – bis hin zur Rechtfertigung und Teilhabe an der Ewigkeit.

4.3 Die »Verklärung«

Die Erwartung, daß es mit dem Menschen auf irgendeine Weise weitergeht, ist in den ältesten Totentexten Ägyptens bezeugt. Ich erinnere an die sogenannten Pyramidentexte, die im Inneren einiger – nicht der bekanntesten! – Pyramiden verzeichnet sind, so zum Beispiel in Saqqara in den Pyramiden des Unas und des Teti aus dem Alten Reich. Wir haben heute einen guten Zugang zum Verständnis dieser schwierigen Texte. Ermöglicht hat ihn uns der Ägyptologe Kurt Sethe, der sich intensiv mit den komplizierten Vorstellungen auseinandergesetzt hat. Darunter findet sich auch immer wieder der elementar und einfach ausgedrückte Wunsch, der Tote möge »verklärt« werden: »Du sollst ein Verklärter sein an der Spitze der Verklärten, du sollst mächtig sein an der Spitze der Mächte« (Spruch 468 [899c]; vgl. K. Sethe, Übersetzung und Kommentar zu den altägyptischen Pyramidentexten IV, Glückstadt 1936, 165. 173). So heißt es in dem Wunsch an den König, von dem man, wie gesagt, selbstverständlich erwartete und erhoffte und »wußte«, daß er sein Ziel erreicht. Der Spruch 468 aus den Pyramidentexten drückt solche Gewißheit aus.

Der Ausdruck »Verklärung« kommt uns ebenfalls bekannt vor. Wir reden als Christen vom »verklärten Leib« und meinen damit die Existenz des auferstandenen Christus, an der wir teilnehmen dürfen. Die Ägypter haben bereits von der Verklärung gesprochen und haben diese auf den ganzen Menschen mit all seinen Kräften bezogen. Sie haben Verklärung als eine Form von Jenseitigkeit verstanden, die mit der Existenz des irdischen Menschen nicht einfach zu vergleichen ist. Es ist ein anderer, ein neugeschaffener Mensch. Die Wünsche nach Verklärung bedeuten das Bestreben des Menschen, an der Erneuerungskraft des Osiris teilzuhaben und ein Äußeres und Inneres zu gewinnen, das keinerlei Gefahren, keinerlei »Verunklarung« ausgesetzt ist. Es gibt im Alten Ägypten eine regelrechte Verklärungsliturgie, wobei man im Laufe der Zeit eine Fülle von Verklärungssprüchen geschaffen hat, bis hin zur Kreation einer ausgesprochenen Verklärungsliteratur. Wir müssen zwischen den aktuell gesprochenen Verklärungssprüchen, die bei der Bestattungsliturgie eine Rolle spielten, und einer dazu verfaßten reflektierenden, deutenden Literatur unterscheiden. – In einem beliebten Verklärungsspruch heißt es:

Es öffne sich dir der Himmel,
es öffne sich dir die Erde,
es öffnen sich dir die Wege im Totenreich!
Mögest du ein- und ausgehen mit Re,
mögest du frei ausschreiten wie die Herren der Ewigkeit.
Empfange Opferspeisen als Gabe des Ptah,
reines Brot auf dem Altar des Horus.
Möge dein Ba leben, deine Gefäße gedeihen,
dein Gesicht aufgetan sein auf den Wegen der Finsternis ...
Mögest du deine Füße waschen auf einem silbernen Block
in einem Becken von Türkis.

(Assmann, Verklärung, in: Lexikon der Ägyptologie VI, 1001)

Das ist eine plastische, bildreiche Sprache, die den Toten in die andere Welt begleiten soll. Die Götter werden dabei aufgerufen, ihm Hilfe zu leisten. Aus unserem Bestattungsritus kennen wir das Lied »In paradisum deducant te angeli« – »In das Paradies mögen dich die Engel begleiten«. Auch eine derartige Vorstellung hat also eine lange Tradition. Schon in Ägypten hat man die »Assistenten« und »Assistentinnen« Gottes beschworen, daß sie den Toten begleiten mögen. So darf man wohl davon sprechen, daß die Bestattungsliturgie Vorstellungen einfängt, die durch die Jahrtausende hin bewahrt worden sind.

4.4 Die Nachtfahrt des Sonnengottes

Über die Bestattungsliturgie und die dabei gewählten rituellen Texte hinaus müssen wir eben auch von einer »Totenliteratur« sprechen. In der Totenliteratur wird reflektiert, wird verarbeitet, wird darüber nachgedacht, wie man den Weg des Verstorbenen zur Verklärung und Rechtfertigung gegenüber allen Gefahren absolut absichern könne. Solche Texte werden vorgefertigt und dem Toten unabhängig von der konkreten Bestattungsfeier mitgegeben. Er soll sie im Jenseits mit seinem – wie auch immer – weiterbestehenden Auge »sehen« können. Dies Auge soll auf dem Weg in die Unterwelt immer weiter verklärt werden, damit es in die inneren Geheimnisse des Jenseits als des Wohnorts des Osiris Einblick nehmen kann. Diese Texte sind denn auch zusätzlich mit allerlei Szenen dekoriert, die den Innenbereich der Unterwelt betreffen. – Wir unterscheiden von den Pyramidentexten des Alten Reiches, die noch viel von den gleichzeitig gesprochenen liturgischen Texten in sich enthalten, die sogenannten Sargtexte des Mittleren Reiches und dann die umfängliche Totenliteratur des Neuen Reiches.

Aus dem Neuen Reich möchte ich vor allen Dingen die Bücher »Amduat«, das heißt »In der Unterwelt«, und das »Pfortenbuch« nennen. Beide sind ja schon erwähnt worden. Das Buch »Amduat« will dokumentieren, wie der Weg des Verstorbenen durch die Nachtstunden der Unterwelt aussieht. Dies geschieht dadurch, daß der Weg des Sonnengottes, der ja entsprechend dem überirdischen Raum auch einen Sonnenlauf durch die Unterwelt vollzieht, bis er am Morgen wieder aufersteht, in Bildern dargestellt wird, und zwar in drei Registern, also übereinander angeordneten Bildstreifen, wobei das mittlere die Fahrt des Sonnengottes in seiner Barke dokumentiert (**Abb. 13**). Zur rechten Seite befinden sich die zuschauenden Götter, die zugleich mitwirkende und unterstützende Funktion besitzen. Jeder, der einmal in einem Königsgrab, vor allem aus der 18. Dynastie, gewesen ist, wer zum Beispiel das Grab Thutmo-

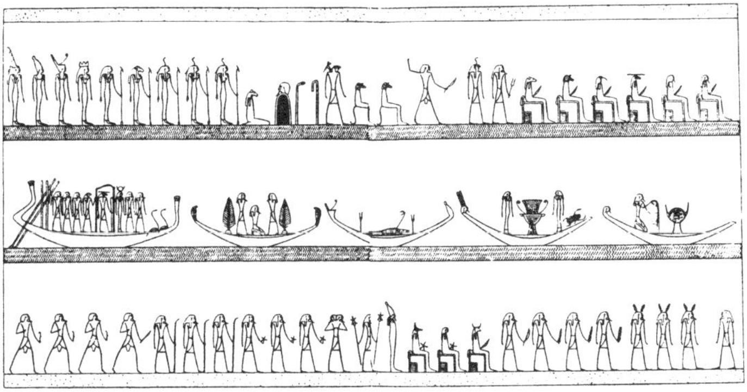

Abbildung 13

sis' III. oder Amenophis' II. im Tal der Könige besucht, wird mit solchen Szenen aus dem Buch »Amduat« vertraut gemacht: Der Sonnengott tritt den Weg durch die Unterwelt an und wird dabei von den Göttern der Unterwelt begleitet. Er »durchfährt« die verschiedenen Nachtstunden und bekommt die »Pforten« geöffnet, was kein leichtes Unternehmen zu sein scheint, aber für den König im Gefolge des Sonnengottes eben doch eine geradezu programmierte, sichere Angelegenheit ist. Er kann die Gefährdungen, die auch in der Unterwelt vorhanden sind, kraft seiner besonderen, herausgehobenen Stellung überstehen.

Es geht hier um den »Verborgenen Raum«. Der »Verborgene Raum« ist dieses Jenseits, aber es ist eben nicht nur Raum im statischen Sinn, sondern es ist auch dort Bewegung, denn die Fahrt des Sonnengottes durch die Unterwelt ist ein Vorgang, der sich immer wieder vollzieht und wiederholt. Auch hier im »Amduat« haben wir also die »Paarung« von Raum und Zeit, in die Ewigkeit transponiert. Auch hier haben wir die bleibende Existenz des »Verborgenen Raumes«, aber auch den geheimnisvollen Weg der Sonnenbarke durch die Unterwelt.

4.5 Das Totengericht

»Negatives Sündenbekenntnis«

Wir haben bereits erwähnt, daß das, was den Königen zuteil geworden ist, auch allen übrigen Ägyptern als Wunschvorstellung vorschwebte. Allerdings gilt für die weniger hochgestellten Schichten viel stärker als für den König selbst, daß sie sich von allem, was sie belastet, freimachen müssen. So gibt es in Ägypten eine ausgeprägte Vorstellung der Reinigung. Das in allen Facetten darzustellen ist an dieser Stelle unmöglich. Aber wir müssen uns klarmachen, daß das, was für den König eine reine Formalität ist, für eine große Zahl der Gläubigen ein notwendiges Durchgangsstadium sein mußte, nämlich sich von der Schuld befreien zu lassen. Das geschieht dadurch, daß dem Toten auch dafür wiederum Material an die Hand gegeben wird, wie er sich am ehesten von der Belastung der Schuld freimachen kann, beispielsweise indem ihm die Sünden, die Schuld des Lebens, in einer Art Beichtspiegel vorgetragen werden und er sich von dem absetzt, was ihm als mögliche Verirrung vor Augen gehalten wird. Ein solches, wie man es nennt, »negatives Sündenbekenntnis« findet sich in dem berühmten Spruch 125 des sogenannten »Totenbuches«, wo es heißt:

Ich habe nicht Gott gelästert.
Ich habe mich nicht an einem Armen vergriffen.
Ich habe nicht das Tabu eines Gottes gebrochen.
Ich habe keinen Diener bei seinem Vorgesetzten angeschwärzt.
Ich habe nicht krank gemacht.
Ich habe nicht weinen gemacht.
Ich habe nicht getötet.
Ich habe nicht das Leiden irgendwelcher Leute verursacht.

(Wortlaut nach H. Brunner, in: W. Beyerlin [Hg.], Religionsgeschichtliches Textbuch zum Alten Testament, Göttingen 1975/^{2} 1985, 89–93.)

Solche Formulierungen wollen dem Verstorbenen gewissermaßen suggerieren, daß er diesen Prozeß der Reinigung absolvieren kann. Er muß sich in eins setzen können mit dem, was an negativer Beschreibung vorgegeben wird. Das alles kann man nicht ohne weiteres mit einem Schuldbekenntnis, wie wir es verstehen, oder einer reumütigen Haltung gleichsetzen, aber man darf nicht ausschließen, daß auch hier eine Besinnung gefordert wird, die sich im Zusammenspiel mit denen, die am Leben sind – *noch* am Leben sind –, und im Zusammenspiel mit den Göttern, die diesen Prozeß unterstützen, vollzieht. Es ist eben nicht nur die Sache eines einzelnen, sondern die Gesellschaft von Göttern und Menschen wirkt gewissermaßen mit, wenn dieser Rechtfertigungsprozeß vollzogen wird. Es wäre wohl sicher ein Vorurteil, hier nur eine äußerliche

Sichtweise zu unterstellen. Die Vorstellung ist wichtig, daß nur ein gereinigter Mensch das Totengericht unbeschadet überstehen kann.

Idealbiographie
Formulierungen des »negativen Sündenbekenntnisses« haben auch »positive« Formulierungen zur Seite, wie wir sie etwa aus dem Eingangsbereich von Gräbern, zum Beispiel in Saqqara oder in anderen Nekropolen, kennen. Im Alten und im Mittleren Reich wurden dort sogenannte autobiographische Texte angebracht, die die Verdienste des Verstorbenen aufzählen und natürlich idealtypischer Natur sind. Entsprechend heißt es im gleichen Spruch des »Totenbuches«:

Ich habe den Gott mit dem zufriedengestellt, was er liebt:
Ich habe Brot gegeben dem Hungrigen
und Wasser dem Durstigen,
Kleider dem Nackten
und eine Fähre dem Schifflosen.

Und kurz darauf fährt der Text fort:

Ich bin einer mit reinem Mund und reinen Händen,
einer, zu dem die, die ihn sehen, Willkommen! sagen.

Das klingt alles nach Selbstherrlichkeit und demonstrativer Selbstdarstellung, aber es ist eingebettet in das Bewußtsein, daß es ohne die Reinigung des Menschen nicht geht. Der Tote muß in diesen Status der Reinheit gewissermaßen hineinversetzt werden. Er muß sich all diese idealtypischen Forderungen vor Augen halten und zur eigenen Natur machen. Dann ist der Weg offen, um das Totengericht zu bestehen.

Wägevorgang
Wir wollen nun anhand von zwei Darstellungen des Totengerichtes diese Prozedur etwas erläutern, die ja zu den bekanntesten und am meisten rezipierten Vorstellungen gehört, die wir aus dem Alten Ägypten kennen. Darstellungen des Totengerichtes finden wir nicht nur auf den Grabwänden der Königsgräber, wo sie eine rein formale Funktion erfüllen, sondern wir finden sie auch in den Totenbüchern, das heißt auf den Papyri, die Texte über und zum Verklärungsprozeß vermitteln (**Abb. 14**). Das auffälligste Merkmal ist die Waage, die über Ägypten hinaus in die Vorstellungswelt der abendländischen Religionsgeschichte eingezogen ist, die Waage, die über das Schick-

Abbildung 14

sal des Menschen im Jenseits entscheidet. Auf der linken Waagschale liegt das stilisiert dargestellte Herz: das Herz als Sinnmitte des Menschen, als das Organ, das auch Träger des Gewissens ist, das alles symbolisiert, was mit dem guten und schlechten Handeln des Menschen zu tun hat. Auf der rechten Waagschale erkennen wir ein Abbild der Göttin der Weisheit, der Maat, die zugleich die Göttin der Gerechtigkeit und der Weltordnung ist und den Ägyptern als Tochter des Sonnengottes Re galt. Ihre Waagschale befindet sich, wie es vorgesehen ist, auf gleicher Höhe mit der anderen, auf der das Herz liegt. Was für Könige selbstverständlich ist, muß für die übrigen Menschen erst erbeten, errungen, beschworen werden, nämlich daß dieses Gleichgewicht verwirklicht wird. Daß das nicht so selbstverständlich ist, verraten andere Darstellungen des gleichen Themas: Wenn das Gleichgewicht nicht erzielt würde, träten Strafinstanzen auf, und der Tote würde dann beispielsweise von einem Untier, der sogenannten »Totenfresserin«, verschlungen, die auf der folgenden Abbildung (**Abb. 15**) vor dem Thron des Osiris denn auch bereits auf dem Sprung steht. Auf beiden Darstellungen achtet der schakalköpfige Gott, Anubis, darauf, daß die Waage stimmt. Er kontrolliert das

Abbildung 15

Gleichgewicht der Waagschalen, aber möglicherweise ist er auch eine Art Hilfsfigur für die Toten. Man wendet sich gewissermaßen an ihn, um gegebenenfalls einen gewissen Kredit eingeräumt zu bekommen, damit er die Waage etwas manipuliert und dazu verhilft, daß dieses Gleichgewicht entstehen möge. – Hinter ihm steht auf **Abb. 14** die Göttin Maat, die gelegentlich in verdoppelter Gestalt auftreten kann.

»Ausführlicher« ist **Abb. 15**, die ergänzende und kommentierende Züge aufweist. Diesmal ist das Herz auf der rechten und die Maat auf der linken Waagschale dargestellt. Wieder kontrolliert Anubis den Stand der Waage. Er schaut zu dem verklärten Verstorbenen zurück, der ja aufgrund des Gleichgewichts der Waagschalen gerechtfertigt ist, wie es auch die vier Maat-Federn andeuten. Im Bewußtsein seiner Unschuld vollführt er den Jubelgestus des Gerechtfertigtseins.

Vielleicht sollte Anubis auch hier dem richtigen Stand der Waage etwas nachhelfen. Solche Hoffnung ist menschlich, und die Ägypter haben der Idee einer gewissen Manipulation des Jenseitsgerichtes hier und da etwas Raum gegeben, wohl wissend, daß sich der Sonnengott Re beziehungsweise Osiris als höchster Richter natürlich nicht durch solcherlei Spielchen beeinflussen läßt. Aber es ist eigentlich sympathisch, daß der Mensch auch hier ein Stück Einwirkung zu erlangen sucht, ja sogar in Gebeten an bestimmte Götter ausdrückt, daß sie doch etwas helfen mögen, daß der Sonnengott nicht allzu streng mit ihm verfährt. Das ist uns ja auch irgendwoher vertraut, daß wir Gebete überliefert bekommen und vielleicht auch sprechen – in Form von Fürbitten –, daß Gott nicht allzu streng mit uns Menschen verfahren möge.

Links von Anubis sehen wir eine kindlich dargestellte Figur, die dem Gott Nefertem ähnelt, dem Kind aus der Triade von Memphis, wo Ptah, Sachmet und Nefertem verehrt werden. Das Kind wird in der ägyptischen Religionsgeschichte häufig als Umschreibung der Erneuerung verstanden. Häufig wird dieses Kind auch oberhalb einer Blume oder einer Blüte sitzend dargestellt. Hier ist es das Zeichen dafür, daß durch dieses Totengericht auch eine Erneuerung, ein Verjüngungsprozeß bewirkt werden soll und der Mensch gewissermaßen wieder zum Kind wird, wie auch die Sonne bei ihrer Erneuerung kindliche Gestalt annimmt und so auch wiedergegeben wird. Der Tote beginnt also gleichsam ein neues Leben. – Das wird auch durch den unter dem Kind angedeuteten sogenannten »Geburtsstein« der Ägypter bestätigt. Auch er hat mit der Vorstellung von einem Neubeginn, einer Menschwerdung eigenen Stils zu tun, die mit der Rechtfertigung anhebt.

Links steht der uns ebenfalls bereits bekannte Gott mit dem Ibiskopf, Thot. Der Ibis ist ein Tier, das durch seinen großen Schnabel auffällt, für die Ägypter ein Sinnbild für das »Herumstochern« in den Tiefen der Geheimnisse der Welt, also auch in den Tiefen der Geheimnisse des Jenseits. Umfassende Einsichtsmöglichkeit ist Kennzeichen dieses Gottes. Thot ist der Gott der Künste, auch der Heilkunst, der Wissenschaft, wie etwa der Mathematik, überhaupt des Wissens vieler wichtiger, für Leben und Tod entscheidender Dinge im diesseitigen und im jenseitigen Leben. Er ist der eigentliche Kontrolleur, der zugleich Bericht erstattet, und zwar dem Osiris, dem »Präsidenten« des Totengerichtes, dem obersten Richter. Vor diesem müssen sich alle rechtfertigen. Osiris verkörpert geradezu die Kompetenz des Sonnengottes Re in der Unterwelt. Er stellt fest, daß die Rechtfertigung angestrebt wird, und er bestätigt es, wenn sie glücklich vollzogen wurde.

4.6 Die Rolle des Königs

Solche Gerichtsdarstellungen sind in mannigfachen Varianten in der Totenliteratur greifbar. Ich möchte noch einmal betonen, daß für den König der Durchgang durch dieses Totengericht reinen »Symbolcharakter« hat, und zwar in dem Sinn, daß man sicher weiß, daß der König das Gericht besteht. Für die anderen Gläubigen wird dieser Zustand angestrebt, aber man kann sich des Ausgangs nicht sicher sein. Man wünscht sich, daß die Götter, wie bei dem König, doch auch bei den Untertanen verfahren mögen. Deshalb läuft die Fürbitte weithin über die Könige: daß sie ihrerseits ihre Beamten – und nicht nur sie, sondern alle Angehörigen des Volkes – am Rechtfertigungsprozeß teilhaben lassen. So wird der uralte Wunsch: »Du sollst ein Verklärter werden!« auch auf die unteren Schichten ausgedehnt. Man wünscht sich, daß die Götter Hilfestellung leisten, daß sie Fürsprache einlegen und daß die »Störenfriede« ausbleiben. Denn man wußte, daß im Jenseits Problemzonen bestehen. Da gibt es nicht nur den »Satan«, den wir bereits skizziert haben und der in der Nachbarschaft des Osiris seine schwierige, verborgene, dunkle Rolle spielt, sondern da gibt es noch eine Unmenge von störenden, chaotischen Mächten, die überwunden werden müssen. Erst dann kann die Rechtfertigung und somit die Auferstehung wirklich vor sich gehen.

4.7 Auferstehung als Gnade

Das Bemerkenswerte ist, daß wir in Ägypten auf der einen Seite die Angst vor der bleibenden Gefahr immer wieder spüren, auf der anderen Seite aber auch – und das ist gut nachvollziehbar – die elementare Energie und Dynamik dieser Hoffnung, daß es weitergeht und daß der Mensch aufersteht. Wir wollen deshalb noch einige Bilder von der positiven Auferstehungshoffnung und -gewißheit der Ägypter betrachten, wobei es sich um drei Varianten des gleichen Themas handelt, der Gewißheit nämlich, daß Gott den Menschen, der sich von seiner Schuld befreit hat und befreien lassen konnte, aufnimmt und der Verklärung zuführt.

Abb. 16 zeigt die Sonne in der Barke. Unten liegt der mumifizierte Tote, der mit Osiris in eins gesetzt wird, weshalb zu seinen beiden Seiten Isis und Nephthys sitzen. Über der Mumie befinden sich die Symboltiere von Ober- und Unterägypten. Unter der Himmelshieroglyphe erscheint der umgedrehte Falkenkopf als »Gesicht«, wenn man so sagen darf, des höchsten Gottes, des Sonnengottes Re, der ja als Mensch mit Falkenkopf dargestellt wird, und von ihm gehen Sternchen, kleine »Sonnen« aus, die sich auf den mumifizierten Leichnam ergießen: ein sprechendes, charakteristisches Bild, das aussagt, daß allein der Sonnengott zur Auferstehung verhilft. Die wie ein »Regen« anmutenden Gaben der

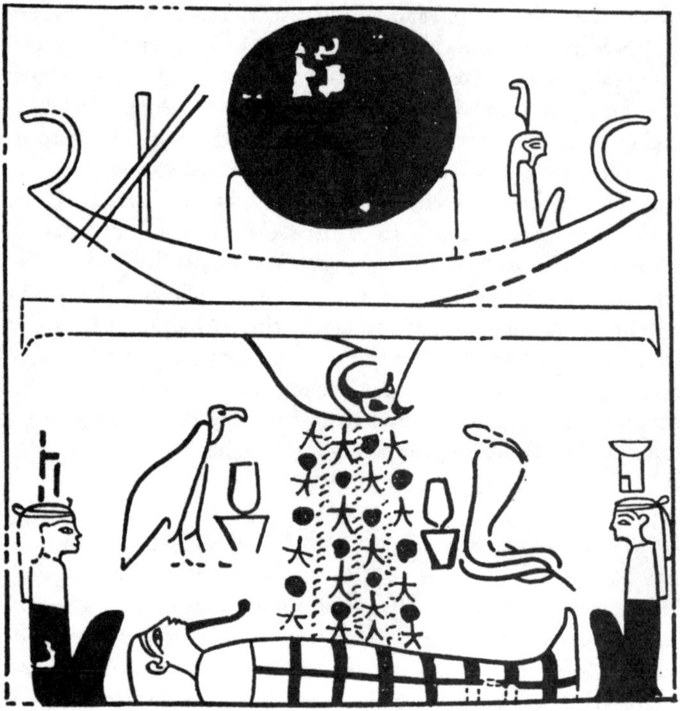

Abbildung 16

Gnade ermöglichen die Erneuerung des Toten. Das ist eine bleibende Gewißheit: Auch wir Christen können, obwohl wir es nicht so ins Bild setzen würden, im Grunde das gleiche sagen: Gott erneuert uns Menschen auf seine Weise. Die Auferstehung ist letzten Endes nicht Sache von Ritualen! Und auch die Ägypter waren nicht so blindgläubig, daß man unterstellen müßte, man habe sich die Rechtfertigung im Jenseitsgericht rein mechanistisch und automatisch vorgestellt. Die Ägypter wußten sehr wohl, daß der einzige, der Leben spendet, der höchste Gott ist, daß nur er es ist, der den Menschen aus dem Tod zur Auferstehung führen kann. Das ist hier auf einfache Weise ins Bild gesetzt: Gott sendet seine Gnadenströme aus, um den Toten lebendig zu machen.

In ähnlicher Weise zeigt die nächste Abbildung dieses Geschehen (**Abb. 17**). Ganz oben ist der Sonnengott mit Flügeln ausgestattet, weil er den Weg über den Himmel nimmt. Die Flügel be-

Abbildung 17

zeichnen seine universale Kompetenz und Beweglichkeit. Darunter befindet sich wiederum die Sonnenscheibe in der Barke, begleitet von der Göttin der Gerechtigkeit und dem »Sonnenaffen« als Symbol der bleibenden Verehrung. Innerhalb der Sonnenscheibe ist ein kleines Kind abgebildet, also der verjüngte Sonnengott: Gott als Kind. Das ist eine Vorstellung, die uns zeigt, daß Gott zu steter Erneuerung in der Lage ist, daß alle Vorstellungen versagen, die diesen Gott beispielsweise als alten Mann kennzeichnen, wie es hier und da üblich war und noch ist und wie wir es zum Teil über viele Jahre hinweg als Bild mitschleppen. Gott erneuert sich permanent, es ist unmöglich, ihn auf eine Altersstruktur festzulegen. Im Auferstehungsprozeß, wie ihn die Ägypter sahen, erneuert sich Gott selbst: Daß die Sonne den Weg durch die Unterwelt antritt, bedeutet eben auch immer eine Erneuerung ihrer selbst. Auch hier sind es also die Ströme der Gnade, die von der sich erneuernden Sonne, von diesem göttlichen Kind, ausgehen und den mumifizierten Leichnam beleben.

Abbildung 18

Noch etwas einfacher ist die letzte Darstellung (**Abb. 18**). Hier fallen die Strahlen zunächst auf die Barke selbst, in die der Tote hineingelangen möchte, um mit der Sonne den Weg durch die Unterwelt anzutreten, und dann auf den Verstorbenen, der in diese Fahrt durch die Ewigkeit einbezogen wird.

Vielleicht wird allmählich deutlich, wie stark unsere religiösen Vorstellungen in jahrtausendealten Überlieferungen begründet sind und daß wir diese nicht als Glauben von »Heiden« abwerten dürfen, als den Glauben von Menschen, die nichts von Religion verstünden, die eigentlich gar nicht »gläubig« seien. Das alles trifft nicht zu. Die Ägypter waren gläubige Menschen, und wir können von ihnen eine Menge von dem verstehen lernen, was uns beschäftigt, wenn wir vom Jenseits hören und auch ein bißchen träumen.

5. Ikonographie in Gegensätzen

5.1 Weltgericht und Seligkeit

Die Erwartung einer endgültigen Zeitenwende sollte für uns alle nicht von Furcht geprägt sein, sondern in erster Linie von Zuversicht und Hoffnung, obwohl wir in der christlichen Botschaft auch etwas von Weltuntergangsstimmung spüren, von dem großen Endgericht oder Weltgericht, so daß man den Eindruck haben kann, daß Erwartung und Furcht doch nicht ganz so weit auseinander liegen. Natürlich ist niemand begeistert über die Aussicht auf ein solches Gericht. Aber wir müssen uns eines klarmachen: Das Weltgericht ist »nur« als das Gegenstück zu der Seligkeit zu sehen, auf die alle setzen, die alle ersehnen, das Weltgericht mit dem Urteil über die »Bösen« oder, wie das Bild sagt, über die, die auf der »linken Seite« stehen. Beides gehört in der Bildsprache der Apokalyptik zusammen: eine grandiose Zeichnung der Seligkeit, der ewigen Heimat der Gerechtfertigten, der Heiligen in der Nachbarschaft Gottes, *und* auf der anderen Seite die ewige Pein der Verdammten und Verurteilten. Es scheint, als würde sich beides notwendigerweise ergänzen: Die Medaille hat zwei Seiten.

Aber es ist eben bei der Zeichnung der negativen Perspektiven der Unterwelt nicht so, auch wenn es uns zunächst so scheinen mag, daß die Künstler geradezu eine »Begeisterung« darüber entwickeln, was da an Gräßlichem auf den Menschen zukommt, als hätten sie eine sadistische Lust daran, die Schrecklichkeiten der Verdammnis um ihrer selbst willen zu schildern, als würden sie eine perverse Phantasie ausleben. Das jedoch dürfen wir weder von den Höllendarstellungen im Mittelalter sagen noch von den entsprechenden Darstellungen, die die Ägypter bereits entwickelt haben. Letztere jedenfalls sind nicht dazu da, im Bereich der Lebenden nicht mehr kontrollierbare, übermäßige Ängste auszulösen: Sie sind ja auch nicht dazu da, von lebenden Menschen betrachtet zu werden! Sie werden vielmehr in Gräbern angebracht, und derjenige, der dort Zutritt hat und diese Bilder sieht, ist der Tote. *Er* soll sich gewissermaßen »abschotten« lassen von dem, was lebensfeindlich ist, um dann um so eindringlicher die Seligkeit und die Rechtfertigung zu erfahren. So haben es jedenfalls die alten Ägypter gesehen.

5.2 Die Totenfresserin und ihr »Gegenbild«

Ich möchte gern an ein Bild anknüpfen, das wir bereits betrachtet haben (**Abb. 15**), und auf ein Wesen aufmerksam machen, das zu dieser anderen, negativen Seite des Geschehens gehört. Dieses Untier wird in der Forschung, wie bereits erwähnt, als die »Fresserin« oder die »Totenfresserin« bezeichnet, wobei aber auch von dem »Totenfresser« gesprochen werden kann. Es ist ja überhaupt nicht einsichtig, daß das unbedingt eine weibliche Figur sein soll! Immerhin scheint das Höllentier gelegentlich mit Zitzen dargestellt zu sein. Man hat aber vielleicht mehr Anlaß, von der »Totenfresserin« zu sprechen, weil die Gestalt in äußerlicher Nachbarschaft zu einer Göttin steht, die im Bereich der Lebenden eine sehr wichtige Rolle spielt, worauf ich gleich noch eingehen werde. Dies Tier, das hier sein Maul aufsperrt, aber nicht unbedingt in dieser Pose gezeichnet werden muß, soll die strafende Instanz zum Ausdruck bringen. Wenn es dem Verstorbenen nicht gelingt, ein Gleichgewicht zwischen seinem Tun und dem Anspruch an ihn zu erzielen, wenn das Herz also nicht auf gleicher Ebene wie die Maat, die Gerechtigkeit, zu stehen kommt, dann greift dieses Untier zu und verschlingt den Verstorbenen. Die Szene des Verschlingens wird aus magischen Gründen nicht ins Bild gesetzt, aber es genügt, daß das Untier hier seinen Platz hat – sozusagen als warnendes Signal.

Das Fabelwesen, dieser »Höllenhund«, wie man vielleicht sagen kann, besteht aus drei Tieren: aus einem Krokodil, einem Nilpferd und einem Löwen. Es hat ein Vorderteil wie ein Krokodil, das Hinterteil eines Nilpferds und den Rumpf eines Löwen. Es ist also eine Mischgestalt, ein Fabelwesen, das durch solche geballte Macht den ganzen unheilvollen Einfluß symbolisieren soll, der von den bösen Mächten ausgeht. Den Bibelkennern sind alle drei Tiere als Symboltiere bestens bekannt. Sie kommen vor allem im Buche Ijob (38–41) zur Geltung. Dort gibt es unter anderem die Beschreibungen eines Tieres, das wir mit einem überdimensionalen Krokodil zusammenführen können und das Leviatan genannt wird. Außerdem finden wir die Charakteristik eines Tieres, das einem ebenfalls überdimensionalen Nilpferd ähnlich ist und Behemot heißt. Dazu kommt dann noch die Beschreibung des Löwen als des mächtigsten und gefährlichsten Tieres der Wüste, so daß sich hier wirklich Potenzen miteinander verbinden, die die Allgewalt des Chaos ausdrücken. Das Ijob-Buch benennt im übrigen diese Tiere gerade aus dem Grund, um zu zeigen, daß der biblische Gott absoluter Herr ist, auch über die mächtigen Untiere, daß diese Chaosmächte ihm nie und nimmer etwas anhaben können, und so letzten Endes auch dem geschlagenen Ijob nicht. Das muß dieser »nur« einsehen, was aber verständlicherweise angesichts der ihm zugefügten Schicksalsschläge furchtbar schwierig ist!

Diese Symbolsprache zu entdecken ist immer ein Abenteuer. Erst in den letzten Jahren ist es gelungen, durch Vergleichsmaterial aus dem Alten Orient gerade diese Bildelemente im Ijob-Buch richtig zu deuten: Sie symbolisieren die geballte Macht chaotischer Gefährdung des Lebens.

So ist es auch mit diesem Tier: Es verkörpert den »Bösen« in der Unterwelt, der allerdings letzten Endes auch nur als Vollzugsorgan, als Vollstrecker des Willens des Osiris agiert. Es ist nicht so, als wäre der »Höllenhund« der Teufel und der Herr der Unterwelt. Das haben die Ägypter nie behauptet. Osiris war immer der einzige und alleinige »Chef« der Unterwelt, und der »Höllenhund« ist ihm gefügig. Jedoch gehört er zum Gesamtbild dazu.

All das bewegt sich auf der Ebene der Phantasie, einer schöpferischen Phantasie, und diese braucht häufig auch das Gegenteil, um eine bestimmte Hoffnung positiv zu qualifizieren. Man könnte das eine »Ikonographie in Gegensätzen« nennen. Gerade das Reden in Gegensätzen verleiht häufig dem Eindruck einer bestimmten Aussage oder eines bestimmten Bekenntnisses schärfere Konturen. In diesem Fall geht es um das Bekenntnis, daß es dem Menschen eigentlich bestimmt ist, in der Rechtfertigung zu überleben, und nicht nur das, sondern ein neues Leben an der Seite des Sonnengottes zu führen. – Das sind Grundgedanken, die wir auch im alttestamentlichen Bereich wiederfinden und die zudem ins Christentum hineinweisen. Letzten Endes geht es immer darum, daß Gott allein den Menschen rechtfertigt und daß dieser Gott auch von Haus aus den Willen hat, dem Menschen das Heil zu schenken.

Diese Totengerichtsszene kennt also den »Höllenhund«, die »Fresserin« oder den »Fresser«. Ich möchte noch das positive Ge-

Abbildung 19

genstück aus dem Bereich der Lebenden heranziehen (**Abb. 19**). Es ist die Göttin Toeris, auf den ersten Blick ebenfalls ein Schreckenstier, aber die Ägypter haben das ganz anders empfunden. Es handelt sich hierbei um eine Dekoration auf einem Skarabäus der ältesten Art, also aus der Mittleren Bronzezeit. Ins Auge fallen natürlich das bekannte Lebenszeichen und darunter das Schutzzeichen als Ergänzung. Die Frauen haben dies Amulett vor allem während der Schwangerschaft in der Hoffnung auf eine glückliche Geburt bei sich getragen. Die Gottheit hier ist ebenfalls ein Symboltier oder Fabelwesen. Es hat in unserem Beispiel ausnahmsweise den Kopf eines Krokodils, im übrigen aber die Gestalt eines Nilpferds, allerdings mit Löwenfüßen. Wir haben also durchaus eine Entsprechung zu dem Wesen, das wir »Fresserin« oder »Fresser« nennen. Toeris ist aber als Patronin der Schwangeren eben eine weibliche Gottheit. Deshalb hat man aufgrund der äußeren Ähnlichkeit das weibliche Geschlecht wahrscheinlich auch auf die »Fresserin« übertragen, die aber der Toeris äußerlich keineswegs in allem gleicht. Die ikonographische Verteilung der Tiergestalten bei der Toeris und bei der sogenannten »Fresserin« ist nicht identisch. Die Toeris hat häufig einen Krokodilpanzer auf dem Rücken und einen Nilpferdkopf, während das Höllentier meistens mit einem Vorderteil nach Art eines Krokodils ausgestattet ist. Die »Totenfresserin« hat dadurch gewissermaßen Anteil an den Vorstellungen von der »verkehrten Welt«.

5.3 Das »Schlagen der Feinde« in der Unterwelt

Auch wenn uns diese Gestalten vielleicht abstrus erscheinen, so müssen wir uns doch klarmachen, daß die Vorstellungen von der Hölle und den negativen Befindlichkeiten dort den Menschen von damals außerordentlich zu schaffen gemacht haben. Wir können es uns nicht ersparen, einmal etwas in diese schreckenerregenden Bilder hineinzuschauen, wohl wissend, daß sie Ausgeburten der Phantasie sind, aber auf dem Hintergrund: »Bei Gott ist alles anders.« Solche Andersartigkeit des nicht berechenbaren Weltgerichts hat man auch im Bereich des Schreckens ins Bild zu bannen versucht.

Die Ägypter haben schon seit den ältesten Zeiten ihr Interesse auch jener Welt zugewandt, die das Schicksal der Verurteilten und der Verdammten betrifft. Die Verdammten der anderen Welt sind Geschlagene, und nicht nur das, sie schlagen sich selber, sie vernichten sich selber. Die Ägypter haben das in eine schemenhafte Szenerie eingebracht, die Vorstellungen entstammt, die wiederum aus dem Bereich der Lebenden entnommen sind (**Abb. 20**). Links thront Osiris, der von seinen Feinden durch den Schutzschild einer Schlange abgeschirmt wird. Hinter drei, das heißt »vielen«, bereits geköpften Gestalten, deren Arme auf dem Rücken zusammengebunden und die dadurch als »Feinde« gekennzeichnet sind, steht eine Figur in der Pose des »Niederschlagens der Feinde«, die wir vor allem von Tempelwänden her kennen. Schon auf der Narmer-Palette, einem der frühesten Dokumente ägyptischer Königsideologie, finden wir dieses Motiv, das sich durch die ganze ägyptische Geschichte hindurchzieht und zeigt, daß der Pharao die Chaosmächte »im Griff hat«.

Abbildung 20

Dieses »Schlagen« ist ja auch ein theologischer Begriff geworden, der als Vorstellung vom »schlagenden Gott« in das Alte Testament eingezogen ist. Wahrscheinlich liegt sogar dem Ausdruck Pesach (Pascha) das Bild des »schlagenden Gottes« zugrunde, des Gottes, der das Böse schlägt und auf solche Weise das Heil bewirkt, der die Finsternis überwindet und das Lebensgefährdende ausgrenzt. In diesem umfassenden Sinn ist das »Schlagen« durch die Fülle der Plagen auch beim Auszug aus Ägypten gemeint. Die Illustrationsfolge will ja nichts anderes, als die Fähigkeit Gottes dokumentieren, das Unheil zu »schlagen«. Das hebräische Wort für »verderben« *(ŠḤT)* hängt semantisch und auch etymologisch mit dem ägyptischen Wort für »schlagen« *(sḫ)* zusammen, so daß eine gewisse Andeutung dieser überragenden göttlichen Qualität bereits in dem Ausdruck »Pesach« verborgen ist. Das »Schlagen der Feinde« wird also auch im Jenseits vollzogen. Die Symbolik wirkt somit über das Diesseits hinaus.

Man könnte die »schlagende« Gestalt aber auch einmal versuchsweise mit einem anderen Akzent versehen und sie zu den Verurteilten rechnen. Es ist ja in der Tat so, daß die Aufseher oft aus dem Potential der »Geschlagenen« genommen werden. Wir kennen das etwa aus den Schreckensszenarien der Konzentrationslager, wo Häftlinge als Aufseher und Henker in Dienst genommen wurden. Menschen, die ins Abseits gestoßen werden, zerfleischen sich ihrerseits: Das ist eine Vorstellung, die wiederum aus dem Erfahrungsbereich der Lebenden genommen wurde.

Die dem gleichen Thema folgende **Abb. 21** zeigt quer-»liegende« geköpfte Figuren. Das demonstriert, daß diese andere Welt den Verdammten tatsächlich jede Lebensmöglichkeit abspricht. – Die Ägypter haben in der Tat all ihre Phantasie aufgeboten, um die Strafen in der Unterwelt vor Augen zu führen!

5.4 Die »Hölle« als Gottesferne

Dabei ist es sehr wichtig, zu sehen, daß eine reiche materielle Grabausstattung das Schicksal der Verdammten nicht unbedingt wenden kann. Wenn wir im Neuen Testament das Gleichnis vom reichen Prasser und vom armen Lazarus hören (Lk 16,19–31), so hat auch dies motivgeschichtlich seine Vorläufer. Es herrschte nämlich der Glaube vor, daß in der anderen Welt ein gewisser Aus-

Abbildung 21

gleich stattfindet und daß dann diejenigen, die im Leben Unrecht getan haben und das Totengericht nicht bestehen, mit Strafen überhäuft werden. Und umgekehrt wird dem Armen, der gerecht sein wollte und gerecht war, die Seligkeit zuteil.

Der Verlust des Sonnenlichtes war vielleicht die empfindlichste Bestrafung: nicht Anteil haben können an der Helligkeit. Das entspricht ja auch »moderneren« Vorstellungen von der sogenannten Hölle, wenn man diese nicht ohnehin ganz aus dem Bewußtsein entfernt, was ja manche Theologen auch empfehlen. Aber wenn man den Bildcharakter im Auge behält, weiß man ganz anders damit umzugehen und weiß, daß es einfach das Kontrastbild zu dem sein soll, was Seligkeit bedeutet, und im Grunde dann doch auch die Vorstellung von der »Seligkeit als Lebensfülle« mit Konturen versieht. »Gottesferne« wäre es eigentlich, was mit Hölle gemeint ist. Die Ägypter haben das auch so gesehen: fern sein vom Prinzip des Lebens, dort sein, wohin das Sonnenlicht nicht kommt und die Welt in ihr Gegenteil verkehrt ist. Man könnte auch sagen: ein Gegenhimmel, ein Ort, wo kein Leben und schon gar keine Lebensfülle greifbar ist. Das haben die Ägypter durch ihre Vorstellungen von der Fesselung und von der Einsperrung des Menschen zum Ausdruck gebracht.

Unter den Strafen spielt das Feuer vielfach eine große Rolle. Das Feuer ist etwas, das die Ägypter unglaublich gefürchtet haben, obwohl der feurige Sonnengott Re ja eigentlich der ist, der die Pflanzen sprießen läßt und der überhaupt das Leben fördert, was ja denn auch tagtäglich Bewunderung auslöst. Re ist aber auch der Gott, der »brennt«, der »verbrennen« kann. Die Unbarmherzigkeit der Sonne spürt man in einem Land wie Ägypten, vor allem in der Wüste, besonders intensiv. Die Ägypter wußten also sehr wohl, daß die Macht dieses Gottes menschliche Vorstellungen weit übersteigt. So ist die Sonne auch hier ein Bild für die überdimensionale Kompetenz des höchsten Gottes, der eben auch »anders« sein kann. Das Feuer ist eine überaus gefürchtete Wirklichkeit, und im Bereich der Verdammten faßt es denn auch zu und »frißt« diese. Schon in den Pyramidentexten, den ältesten religiösen Texten Ägyptens, spürt man diese Symbolik, die Totenbücher führen sie aus, und im »Amduat«, also jenem Werk, das von der Unterwelt handelt, ist die Rede von dem »Feuersee«, einer merkwürdigen Örtlichkeit als Ausgeburt der Phantasie. Im »Feuersee« werden die Verdammten endgültig vernichtet. – Der Weg zu Höllenvorstellungen im Mittelalter scheint hier nicht weit, obwohl keine unmittelbare Kontinuität anzunehmen ist. Das Bild entspringt einer beinahe archetypischen Vorstellung von dem, wie es auf der anderen Seite des Lebens aussieht, auf der total anderen Seite. Und die Darstellungen überbieten sich geradezu darin, diese Örtlichkeit zu zeigen, wie die Verdammten in dem Feuersee schwimmen und keinerlei Kontakt mehr zum Leben haben.

Allerdings ist es ein sehr interessanter Zug, daß der Feuersee dazu dient, den Verdammten endgültig jede Aussicht auf Restitution zu rauben, während er für diejenigen, die den Weg der Rechtfertigung antreten dürfen, so etwas wie ein Reinigungs-, ja sogar ein Erfrischungsort ist. Wir kommen diesen Vorstellungen nur auf halbem Wege nahe, indem wir Höllenfeuer und Fegefeuer unterscheiden. Für die christliche Tradition, die sich so herausgebildet hat, sind das zwei verschiedene Vorstellungswelten, aber beides ist Feuer: das reinigende Feuer des Fegefeuers und die endlose Pein des Höllenfeuers. Hier haben wir ein ursprünglich geschlossenes, wenn auch spannungsreiches Bild auseinanderdividiert. – Die Ägypter haben beides zusammengesehen und gemeint: Dasselbe Feuer ist

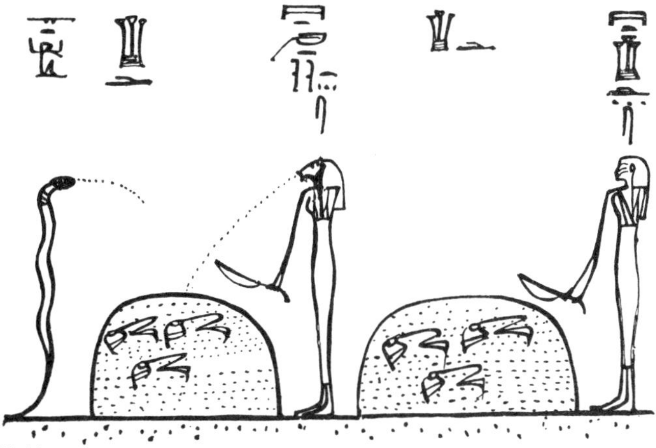

Abbildung 22

für die einen zur Vernichtung, für die anderen aber zur Reinigung, ja sogar als »See« zur Kühlung da. Das ist ein Bild – man kann es nicht oft genug betonen! –, ein Bild, keine faßbare, greifbare Wirklichkeit! Der Aufenthalt im Feuersee ist somit ein Bild für den, der der Reinigung und Regeneration teilhaftig wird, und wiederum ein Bild für das »Kontrastprogramm«, für diejenigen, die sich die Gottesferne zum Prinzip gemacht und dem wahren Leben abgeschworen haben.

Es gibt nicht nur Feuerseen, sondern auch mit Feuer gefüllte Gruben (**Abb. 22**). Auch das sind keine Bilder für die Lebenden. Sie sollen keinen Schrecken erzeugen, sie sind keine Vorwegnahme von Horrorfilmen, sondern sie sollen dem Toten zeigen: Bei dem rechtfertigenden Gott ist es anders, und wer sich an den lebenspendenden Gott hält, der braucht all dies nicht zu befürchten. Der Tote soll sich dessen bewußt werden und so unbeschadet und unangetastet in die andere Welt eingehen. Das wird auch durch diese Szene illustriert. In den Feuergruben, die die Ägypter *ḥ3dw* nannten, bewegen sich die schemenhaft dargestellten Verdammten. Figuren mit Messern in der Hand und giftspritzende Schlangen verstärken den Eindruck des absolut Negativen: Es gibt keinerlei Chance für die Verdammten, aus diesem Szenario zu entrinnen.

Die Menschen können auch mit »Feuerköpfen« ausgestattet werden, wie wir das auf **Abb. 23** sehen, wo die Köpfe der Menschen als Fackeln dargestellt sind.

Abbildung 23

Es gibt darüber hinaus die Idee der Flammeninsel, aber dann auch ein Bild, das wir ebenfalls bei den Höllenvorstellungen im Mittelalter finden, daß nämlich die Verdammten in Kesseln schmoren (**Abb. 24**). Hier scheint die negative Befindlichkeit der einzige Aspekt zu sein, für die Gerechten ist die Flammeninsel jedoch anscheinend das Gegenteil, ein »Ort der Seligen« (Hornung). Eine Verdichtung solch unterschiedlicher Erlebniszonen und -weisen ist bei der polaren Sichtweise der Ägypter durchaus nichts Ungewöhnliches. Bei unserem Hang zu logisch-begrifflicher Trennung haben wir mit einer solchen »bildlichen Dialektik« eher unsere Schwierigkeit.

Abbildung 24

5.6 Die Superschlange Apophis und ihre Verwandten

Natürlich treten auch immer wieder Schlangen auf, über deren negative Symbolik ich noch ein paar Worte sagen will. Eine riesige Schlange ist die Apophisschlange, die das Symbol der Vernichtung und der Zerstörung darstellt, aber keineswegs dem Osiris ebenbürtig ist. Sie ist wirklich die Verkörperung des absolut Schlechten und des Bösen. Ihr zur Seite stehen die gefährlichen Schlangensymbole der ägyptischen Totenliteratur.

In diesem Zusammenhang ist es interessant, auf das Schicksal der Königin Kleopatra (VII.) zu verweisen. Von ihr wird ja erzählt, daß sie sich durch den Biß einer Giftschlange das Leben genommen habe. Man hat das früher als eine Art Apotheose empfunden, als hätte sie durch diese Todesart zu einer neuen, göttlichen Existenz gefunden. Aber ein Studium der Symbolik führt dazu, daß man diesen Tod eher negativ interpretieren muß, daß ihr Ende eigentlich als eine »Verkehrung« dargestellt wird. Alle Pharaonen trugen ja eine Uräusschlange, eine sich aufbäumende Kobraschlange, an der Stirn als Symbol der Abwehr des Bösen. Bei Kleopatra aber wendet sich die Schlange nun gegen sie selbst. Kleopatra wird ein Opfer des Angriffs der Schlange. Dieses Schicksal hat man – das heißt die römische Propaganda! – ihr gewissermaßen als Strafe zugedacht. So ist Kleopatra als diejenige in die Tradition eingegangen, die sich selbst gerichtet hat, weil sie der Schlange als des Symboltieres der Abwehr und des Schutzes und damit der Königssymbolik nicht mehr gerecht geworden ist.

5.7 Die Hölle als »Kontrastprogramm«

Ich will mit diesem Szenario keine Horrorvorstellungen kultivieren oder gar rechtfertigen, sondern die Szenen sind eine Art »Kontrastprogramm« zu dem, wie es »eigentlich« im Jenseits ist oder sein soll. Angesichts derartiger Vorstellungen verstärkt sich beim Ägypter der Eindruck: »Dort will ich nicht hin, dort darf ich nicht hin, dort werde ich nicht hinkommen. Das ist die Welt des Bösen. Ich möchte bei Osiris bleiben und vor ihm das Totengericht bestehen.« Dieser positive Zustand wird durch den erhofften Rechtfertigungsprozeß allen, die sich eines sozialen Engagements rühmen dürfen, in Aussicht gestellt. Ich erinnere an klassische Formulierungen wie: »Ich habe dem Hungrigen Brot gegeben und dem Durstigen Wasser.« Das ist in Ägypten bis in die ältesten Zeiten zurückzuverfolgen. Wenn der Tote sich bewußt ist, daß er gerade diese Ansprüche erfüllt hat, dann kann in dem anderen Leben gar nichts passieren. Diese Gewißheit wird durch die ständige Wiederholung der Szene mit der Barke, auf der der thronende Osiris sitzt, verstärkt. So stellt man sich das andere Leben vor: bei Gott sein, in Ruhe *und* Bewegung – all das, was wir an Sehnsüchten haben, übersteigernd. Die menschliche Phantasie reicht im Grunde nicht aus – das wußten die Ägypter längst –, diese andere Seite, die den Menschen erfüllt, bewegt, ihm Zuversicht schenkt, auszumalen.

Wir wollen zum Abschluß noch einen kurzen Blick auf unsere eigene christliche Existenz werfen. Natürlich geht unsere christliche Hoffnung auf Rechtfertigung aus. Unsere christliche Hoffnung setzt auf den Gott, der immerzu lebendig macht. Insofern besteht eigentlich überhaupt kein Bruch in der Welt der Hoffnungen von einst und jetzt. Die ägyptische Sehnsucht – weitaus bildreicher und symbolkräftiger, als wir ahnen –, die in den erhaltenen Bildfolgen auf uns gekommen ist, ist unverzichtbar für unser christliches Vorstellungsgut geworden – ob wir das wollen oder nicht. Die Phantasie der Gläubigen von einst beflügelt auch die Phantasie der Gläubigen im Laufe der Geschichte bis in unsere Tage. Und darum müssen wir auf den geradezu archetypischen Kontext zu sprechen kommen: die Zeichnung der Hölle als ein »Kontrastprogramm« zur Zeichnung der Seligen.

Was uns über das hinaus, was uns die altägyptische Kultur und Religion zu vermitteln vermag, in der Botschaft Jesu nahekommt, ist der unbedingte und erklärte Wille Gottes, daß die Vernichtungsstrategie, wie sie unsere Phantasie gestaltet, nicht seine Absicht ist, im Gegenteil: daß jeder Mensch, jeder Mensch ohne Ausnahme, wünschenswert ist, daß die Kleinsten wie die Größten – nach irdischem Maßstab – von Gott anders beurteilt werden als von uns Menschen, daß *sein* Gericht ein anderes Gericht ist, als sich je menschliche Phantasie ausmalen kann, daß *seine* Barmherzigkeit und Güte anders ist, umfassender, unerschöpflicher, als wir es uns träumen lassen.

Da mag man der Meinung sein, daß wir solche Horrorszenarien nicht mehr brauchen, und ich kann diejenigen verstehen, die all diese Höllenvorstellungen ad acta legen und gar nicht mehr von der Hölle sprechen mögen. Aber ich muß jedenfalls davor warnen, daß wir blindlings und vielleicht zu euphorisch den Eindruck zu erwecken suchen, als wäre diese heile Welt schon greifbar. Wir werden zu deutlich damit konfrontiert, daß die »Kontrastprogramme« überall in der Welt ihre Rolle spielen, daß die menschliche Lebenspraxis – und eben nicht nur die Phantasie! – zu den übelsten Dingen in der Lage ist. Das darf nicht aus dem Bewußtsein verschwinden. Aber gerade weil es das gibt, geht unsere innere Sehnsucht danach, daß unsere Zukunft – auch und gerade die Zukunft nach dem Tod – Gott anheimgestellt sein muß. Wir vertrauen in der Folge der Botschaft Jesu darauf, daß diese Erneuerung und die Lebensfindung kommt, die anstelle des Chaos die göttliche Sinnhaftigkeit setzt. Jesus ermuntert uns und bestärkt uns durch seine Botschaft darin, daß es diese andere Welt gibt, die durch seine Person bereits eröffnet wird.

Es kann aber nicht um einen Bruch mit der Vergangenheit gehen. Wir können nicht die Hoffnungen von unzähligen gläubigen Menschen aus früherer Zeit einfach ausklammern, sondern die Hoffnung dieser Menschen wird von Jesus aufgenommen und weitergeführt. Der Mensch bedarf des Vertrauens, er muß seinen Weg im Vertrauen gehen, nicht in der Angst. Gott ist ein Gott der Lebenden, nicht ein Gott der Toten. Und so können wir darauf vertrauen, daß die Menschen, die für uns »tot« sind, in Gott weiterleben.

II. Israels Vorstellungen vom Leben vor und nach dem Tod

1. Die Nachwirkungen ägyptischer Jenseitsvorstellungen auf dem Boden Palästinas

1.1 Das Jenseits als Problem für Saturierte?

Wir werden uns jetzt in einem zweiten Teil mit den Vorstellungen befassen, die man sich auf dem Boden Palästinas vom Leben nach dem Tod machte. Dabei stellt sich – im Zusammenhang mit den vorhergegangenen Überlegungen – zunächst einmal die Frage, ob und gegebenenfalls wie sich ägyptisches Gedankengut in Kanaan und somit letzten Endes in Israel ausgewirkt hat. So wollen wir uns noch einmal, nachdem wir uns ausführlich auch mit den negativen Bildern befaßt haben, die das ägyptische Jenseits mitbestimmt haben, dessen positiven Aspekten zuwenden und noch einen Blick auf die Darstellung dieser merkwürdigen anderen Welt werfen. Die Jenseitsvorstellungen, wie sie aus Ägypten bekannt geworden sind, haben natürlich ihre Blütezeiten gehabt, die mit dem politischen und wirtschaftlichen Zustand des Landes zusammenhängen: Je gesicherter das Land politisch gewesen ist, um so mehr konnte man sich auch Gedanken über das Weiterleben machen. Daß da ein innerer Zusammenhang besteht, möchte ich nicht bestreiten. Die Frage, wie es wohl im anderen Leben sein wird, ist tatsächlich eine Frage, die man in Zeiten, wo es einem besonders gutgeht, stellt. Offenbar ist es den Kulturen, die gewissermaßen von einem Tag in den anderen hinein leben und nicht den Planungen wirtschaftlich gutsituierter Völker ausgesetzt sind, weniger darum zu tun, ein anderes Leben im Jenseits zu programmieren. Da geht es um den nächsten Tag und um die nächste Stunde. So möchte man fast meinen, die Frage nach dem »Danach« sei eine mehr »luxuriöse« Frage, eine Frage, die nicht unmittelbar auf den Nägeln brennt, eine Frage, die nicht dringlich entschieden werden muß, jedenfalls nicht von denen, die andere existentielle Probleme ihres Lebensschicksals zu lösen haben und sich so anders zurechtfinden müssen als die, die wohlsituiert sind.

Aber damit machen wir uns die Sache zu einfach. Ich möchte die Frage nach dem Jenseits und nach dem Weiterleben nicht nur denen überlassen, deren wirtschaftliche Voraussetzungen derartige Betrachtungen erleichtern. Letztlich muß jeder sich dieser Frage stellen, und wir haben ja schon darüber nachgedacht, welche Dringlichkeit sie gerade aufgrund eines schweren Schicksals – wie etwa eines Ijob – annehmen kann.

1.2 Das ägyptische »Binsenfeld« als Gefilde der Seligen

Ich möchte nochmals eine besonders geglückte Vorstellung aus Ägypten an den Anfang setzen. Diese Szene (**Abb. 25**) gehört zu

Abbildung 25

den ansprechendsten der ägyptischen Kunstgeschichte, und wir wollen uns an ihr beim Übergang von Ägypten nach Palästina orientieren. Es ist die vielen Ägyptenreisenden bekannte und auch in vielen kunstgeschichtlichen Handbüchern zu findende Darstellung aus dem Grab einer wohl prominenten und vermögenden Persönlichkeit in der Nekropole von Deir el Medineh, der Arbeitersiedlung, die nicht weit vom »Tal der Könige« und vom »Tal der Königinnen« entfernt liegt. Wir kennen den Namen dieses Mannes: *Sennedjem*. Das heißt wörtlich: »derjenige, der jemanden beglückt«. So trifft vielleicht der Name mit der Aufgabe zusammen. Sein Grab ist üppig dekoriert, und die Farben haben sich in erstaunlicher Frische erhalten. Mir geht es im folgenden um den theologischen Gehalt der außerordentlich reichen Symbolik, die wir hier antreffen.

Wir haben hier eine Rückwand des Grabes vor Augen, die eine Reihe von Szenen aufweist, die in Registern untereinander angeordnet sind. Allesamt dienen sie der positiven Zeichnung der anderen Welt. Vielleicht etwas ausführlicher als erwartet haben wir uns mit den Negativa befaßt – dem Schicksal der Verdammten, deren Feuerqualen und dergleichen mehr. Jetzt soll unser Blick wieder stärker dem Schicksal der Seligen gelten, und das findet sich hier in besonders eindrucksvoller Form dargestellt.

Die Rundung oben ist übrigens in Anknüpfung an den Sonnenlauf gewählt, wie das auch für die Stelen gilt, die oben abgerundet gefertigt werden, weil sie gestalthaft und inhaltlich etwas vom kosmischen Ablauf widerspiegeln wollen. Auch hier gilt, daß der Verstorbene in Gemeinschaft mit dem höchsten Gott den Weg durch die Unterwelt antreten will. Der höchste Gott Re wird dementsprechend oben im Bogenfeld in seiner Barke dargestellt, verherrlicht von zwei sogenannten Sonnenaffen. Die Fahrt des Sonnengottes durch die Unterwelt ist geradezu die Garantie dafür, daß es mit dem Toten »aufwärtsgeht« – wortwörtlich genommen! –, daß er in den Ablauf der Fahrt über den Nachthimmel aufgenommen wird, um dann am Morgen wieder mit verstärkter Kraft und neuer Vitalität mit dem Sonnengott den Weg über den Taghimmel antreten zu können.

Die darunter folgenden Register geben im Grunde einige Interpretationshilfen, wie es denn in dem anderen Leben zugeht. Auf der linken Seite des ersten Registers knien Sennedjem und seine Gemahlin und verehren die Götter, die die beiden auf ihrem Weg durch die Unterwelt besonders unterstützen sollen. Daß die Fortexistenz im Jenseits meist kein Geschick ist, das einen einzelnen allein betrifft, auch das ist eine Bemerkung wert. Es geht nicht nur um ein individuelles Weiterleben, sondern in Ägypten will der Tote mit seinen Vertrauten und Angehörigen zusammensein und mit ihnen die andere Welt erleben. Ein so individualistisches Jenseitsverständnis, wie wir es hier und da anvisieren, kennt der Ägypter nicht.

Dann folgen Szenen, die nur scheinbar den Alltag betreffen. Es kommt bei den folgenden Registern darauf an, die Überfülle dessen, was das Land der anderen Welt erbringt und erbringen soll, ins Bild zu setzen. Das ist natürlich eine symbolische Darstellungsweise, und man sollte nicht einfach von der Identität dieses Bildes mit dem anderen Leben ausgehen, weil die Totenbuchdarstellungen und auch die Dekorationen der Gräber sonst vielfach etwas schemenhaft ausfallen, um damit eben den Unterschied zur Welt der Lebenden anzudeuten. Das ist hier zwar nicht der Fall, aber trotzdem liegt eine intensive Symbolsprache vor. Da gibt es also Getreide in Hülle und Fülle, und die beiden, Sennedjem und seine Frau, beteiligen sich natürlich an der Ernte. »Die Ernte einbringen« – wir kennen diesen Vorstellungszusammenhang ebenfalls: Auch wir warten darauf, daß die »Ernte« eingebracht wird. Ein solches Bild stellt sich hier eben sehr plastisch dar: Korn in Hülle und Fülle, viel mehr, als es der Alltag in Ägypten hergibt, wo ja ohnehin der größte Teil des Landes Wüste ist.

Auch in der folgenden Szene gehören Ackerbau und Viehzucht zu dem, was der Ägypter bildhaft im anderen Leben wiederfinden möchte. Wir sollten uns hier vor einer unmittelbaren Übertragung von Vorstellungen hüten, wenngleich solche Analogien hier und da ja auch bei uns eine Rolle dabei spielen, wie die Vorstellungen vom »Himmel« ausfallen, denn nicht wenige wünschen sich Teile aus ihrem bisherigen Leben für das andere Leben wieder und möchten sie dann in purer Vollendung haben. Ob das nun mit allen anderen Erwartungen, die wir vom Jenseits haben, zusammengeht, das ist zweifelhaft. Solche Erwartungen von einzelnen können sich zudem nicht ohne weiteres auf alle übertragen lassen. Aber es gibt eben die sehr persönlich geprägte Vorstellung von der anderen Welt, und ich beabsichtige nicht, an der Überzeugung zu rütteln, daß auch solche Erwartungen von unserem Gott gehört werden.

Die Ägypter waren überzeugt davon, daß – im Bild gesprochen – im anderen Leben eine Bewirtschaftung der Äcker ohne Komplikationen und damit eine außerordentliche Fülle des Korns möglich ist. Als weitere Illustration dieses »Fast-Schlaraffenlandes« – die Felder müssen immerhin bestellt werden! – folgen dann die überreich mit Früchten behangenen Bäume des Landes und wohl auch exotische Gewächse. Hier trägt der Ägypter zusammen, was ihm aus der Begegnung mit fremden Ländern in Erinnerung ist. Nicht nur die ägyptischen Pflanzen, deren Ertrag allerdings viel größer ist als im irdischen Leben, sondern all das, was reizvolle Exotik bedeutet, wird bei ihm in die Vorstellung einer anderen, unerschöpflichen Welt einbezogen.

Durch die Wasserströme, die hier schematisiert angegeben werden, wird alles gleichsam »zusammengehalten«. Dadurch, daß das Wasser auch im anderen Leben Lebenselixier ist, wird verständlich, daß das Wasser des Jenseits im Grunde der Nil mit seiner mythischen Quelle und seiner ebenso mythischen Mündung ist. Das versteht sich eigentlich von selbst. Denn der Nil ist die Quellader des Lebens in Ägypten, und er regeneriert sich gewissermaßen im anderen Leben, wobei er ohnehin aus dem Urozean mit Wasser gespeist wird. So verschwimmen die Grenzen zwischen Diesseits und Jenseits, so daß das Wasser als Inbegriff der Lebendigkeit in beiden Bereichen eine große Rolle spielt – ein Stereotyp geradezu auch für die neutestamentlichen Vorstellungen. Denken wir nur an das »lebendige Wasser«, das im Johannes-Evangelium eine große Bedeutung innehat und weiterhin in der Liturgie einen wesentlichen Platz einnimmt.

1.3 »Elysium« contra Scheol

Die Ägypter nannten diese Szenerie unter anderem das »Binsenfeld«, wohl im Anschluß an die ins Auge fallenden üppigen Getreidefelder. Möglich ist, daß der Ausdruck ursprünglich eine Übernahme der semitischen Gottesbezeichnung »El« in hieroglyphischer Wiedergabe enthält, also etwa als »Gottesland« zu verstehen ist. Unabhängig von dieser These dürfen wir mit der Möglichkeit rechnen, daß der Ausdruck *schi-jalu* ins Kanaanäische und Hebräische Einzug genommen hat. Die Bezeichnung ist vielleicht die etymologische Grundlage des hebräischen Wortes *scheol,* das die gleichen Grundkonsonanten aufweist: Das ägyptische *schi-jalu* als Bezeichnung der Unterwelt, des Jenseits, des Elysiums, wird in der hebräischen Sprache des Alten Testaments zu *scheol*. Allerdings ändert sich die Bedeutung fundamental. *Scheol* bezeichnet zwar weiterhin die Unterwelt, aber diese wird im Alten Testament mit keinerlei positiven Zügen ausgestattet. Da will man nicht hin! *Scheol* ist der Ort, wo selbst die Präsenz Gottes in Zweifel gezogen wird. Sie wird im alttestamentlichen Schrifttum zwar hier und da angedeutet – wir werden das noch im einzelnen prüfen –, aber aufs Ganze gesehen hat *Scheol* einen negativen Beigeschmack.

Schon hier zeigt sich eine Trennlinie, die zumindest die Literatur des Alten Testaments von der Totenliteratur in Ägypten scheidet. Die Totenliteratur in Ägypten verherrlicht das andere Leben des Seligen, des Gerechtfertigten, und tut sich nicht genug daran, wie wir hier sehen, dies andere Leben in hellen Farben zu zeichnen. Im Alten Testament finden wir, so scheint es, kaum eine Spur solcher Verherrlichung des anderen Lebens. Der biblische Schriftsteller denkt nicht daran, eine Trennlinie zwischen Diesseits und Jenseits zu ziehen. Es gibt für ihn nur eine diesseitige Welt. Wenn Gott diese Welt erneuert, wird eben *diese* Welt erneuert und nicht eine jenseitige beschworen. Der neue Himmel und die neue Erde der Apokalyptik stehen nicht für ein Jenseits, sondern in erster Linie für ein erneuertes Diesseits.

So ist der erste Eindruck, den man gewinnt, wenn man die biblischen Texte auf ihre Jenseitsvorstellungen hin untersucht, ein wenig ernüchternd. Man fragt sich schon, warum gerade diese uns durchaus ansprechenden und ermunternden Vorstellungen vom anderen Leben, wie wir sie aus der Umwelt Israels kennen, so rigoros unterschlagen werden. Wir werden nach den Gründen zu suchen haben.

Als erstes sei gesagt, daß die Szenerie hier natürlich den euphorischen – und auch magischen! – Vorstellungen Ägyptens entspringt: Das andere Leben wird so vorgezeichnet, daß die Götter gar nicht anders können, als den Verstorbenen in diese Welt hineinzulassen. Der Künstler, der solche Darstellungen gefertigt hat, hat nicht nur eine vage Hoffnung, sondern auch die Zuversicht, daß es dem, dem das Grab zugeeignet ist, gelingt, in diese Welt hineinzugelangen.

1.4 JHWH als Herr des Hier und Jetzt

In der alttestamentlichen Sichtweise – wiederum generell gesprochen – führt sich der Mensch viel deutlicher vor Augen, daß alles und jedes, was er tut, in der Hand Gottes ist, auch die Gestaltung des anderen Lebens: In Israel ist es eigentlich von Anfang an, soweit wir dies literarisch zurückverfolgen können, so, daß der Glaube an JHWH, den Gott des Lebens, zugleich ein Glaube an den Gott ist, der im Diesseits weiterhilft und der das Diesseits gestaltet, der in das Morgen hineinführt und die Geschichte des Menschen begleitet, ohne daß dabei unbedingt von einem Leben nach dem Tod die Rede sein muß. Es geht in der Tat um das Heute, darum, sich heute Gott anzuempfehlen und sich ihm zur Verfügung zu stellen. Das ist die alttestamentliche Devise, und sie läßt dann auch die Frage nach dem anderen Leben zurücktreten. Denn wenn solches Sich-Überlassen, Sich-Überantworten an Gott für den Augenblick gefordert ist, dann erübrigt sich im Grunde die Frage, wie es später weitergeht. Das legt der biblische Schriftsteller ganz in die Hand seines Gottes. Auch dies ist ein Kennzeichen biblischer Religiosität, das sich übergreifend bemerkbar macht. Der Ausdruck für »glauben« – »sich festmachen« in Gott, wie es der Prophet Jesaja artikuliert und nicht weniger deutlich zeitgenössische Schriftsteller – drückt das klar aus, und diese Vorstellung läßt sich auch auf das Leben nach dem Tod übertragen. Sich festmachen in Gott, und zwar jetzt, läßt eigentlich nebenrangig erscheinen, was denn nachher passiert. Da werden die Vorstellungen, die man sich vom Leben nach dem Tod macht, relativiert. Man überläßt seinem Gott die Gestaltung dieser Zukunft. Dies ist mit dem biblischen Konzept von »Glauben« zutiefst verbunden.

1.5 Der Einfluß Ägyptens auf Palästina in der Ramessidenzeit

Das alles hindert nicht, daß man auch in Palästina über das Leben nach dem Tod nachgedacht hat, zumal der ägyptische Einfluß auf Palästina so groß war, daß die Faszination der Nachbarkultur ihre Wirkung nicht verfehlen konnte. Auch das Grab des Sennedjem mit seinem paradiesischen »Umfeld« wurde in der Ramessidenzeit ausgemalt. Die sogenannte Ramessidenzeit, vor allem das 12. Jahrhundert v. Chr., kennt allerdings als geschichtliches Begleitgeschehen, daß auf dem Boden Palästinas die ägyptische Herrschaft Zug um Zug zurücktritt. Sie bleibt in bestimmten Territorien noch für eine gewisse Zeit bestehen, aber die generelle Dominanz Ägyptens über Palästina ist dahin. Zum Ende der Regierungszeit des großen Ramses II., der so lange regiert hat, beginnt bereits der Niedergang der ägyptischen Vorherrschaft über Vorderasien. Alles, was nachher kommt, ist ein gelegentliches Aufflackern dieser alten Vorherrschaft Ägyptens, aber es ist niemals wieder eine solche Dominanz wie unter Ramses II. erzielt worden, und auch zu der Zeit, in der diese Grabmalerei geschaffen wurde, befand sich die ägyptische Vorherrschaft über Vorderasien bereits im Abstieg.

Nun ist es so, daß unter Ramses III., der wohl der Zeitgenosse dieser Darstellungen ist, die sogenannten Seevölker nach Palästina gekommen sind, darunter auch die Philister, die wahrscheinlich aus dem nördlichen ägäischen Raum kamen und sich vorübergehend auf Kreta aufhielten, dann aber mit den Ägyptern in Konflikt gerieten, weil sie auf ägyptischem Boden seßhaft werden wollten. Ramses III. hat eine spektakuläre Auseinandersetzung mit den Philistern und den anderen Seevölkern durchstehen müssen. Es kann sein, daß er dazu beigetragen hat, daß die Philister dann auf dem Boden Palästinas anlandeten und so eben auch in die Geschichte Israels einbezogen wurden.

Ich verweise aus einem ganz bestimmten Grund auf die Philister und deren Präsenz in Palästina, weil sie sich am ehesten an den Orten halten konnten, wo bereits vorher die Ägypter besonders präsent waren. Dies gilt vor allem für die südliche Schefela, wie die Gegend im Alten Testament heißt, also den südlichen Teil der palästinischen Küstenebene, heute in etwa abgedeckt durch den Gazastreifen. Dort hatten die Ägypter seit längerem Kolonisten angesiedelt, und es ist denkbar, daß die Philister in die Fußstapfen dieser ägyptischen Kolonisten traten. Es ist in dem Zusammenhang noch nicht alles geklärt, aber die Wahrscheinlichkeit spricht dafür, daß die Philister die Siedlungen für sich in Anspruch nahmen, die vordem ägyptische Bewohner eingenommen hatten. Die Philister hatten übrigens auch einen Stützpunkt in der Stadt Bet-Schean südlich des Sees Gennesaret und konnten sich dort lange halten, natürlich zum Verdruß des allmählich wachsenden und sich etablierenden nationalen Gefüges in Israel. Mit diesen beiden wichtigsten Schwerpunkten territorialer Art müssen wir rechnen, wenn wir an den Aufenthalt der Philister in Palästina denken. Die Philister haben sich nun, wie die Ausgrabungen in der Schefela gezeigt haben, mit den Methoden vertraut gemacht, die die dortigen ägyptischen Kolonisten anwandten, um ihre Toten zu bestatten.

1.6 Die anthropoiden Särge von Deir el Balach

In Deir el Balach haben wir einen Ausgrabungsort in der Schefela vor uns, der in den letzten Jahren gerade durch die Gestaltung der Be-

Abbildung 26

stattung ins Rampenlicht getreten ist, und zwar haben im 14. und 13. Jahrhundert dort ansässige Ägypter und wohl auch Kanaanäer die Toten in sogenannten anthropoiden, das heißt menschengestaltigen, Sarkophagen (**Abb. 26**) bestattet. Das hat man wahrscheinlich zeitgleich auch in Teilen des ägyptischen Deltagebiets getan und offenbar auch in Bet-Schean. Dabei wurden das Gesicht sowie Teile des Oberkörpers, vor allem Arme und Hände, aus dem Material des Sarkophags – meist Ton – herausmodelliert. Dahinter kann man besonders die Vorstellung erkennen, daß der Tote in das andere Leben hineinschauen soll. Der Sarg selber dient ja der Abwehr von Mächten, die den Übergang in das andere Leben gefährden könnten – eine uralte Vorstellung. Im ganz frühen Ägypten hat man sich mit Tierfellen begnügt, mit denen man den Leichnam umhüllte. Später aber hat man sich scheinbar wirksamere Sicherungen ausgedacht, bis hin zu den monumentalen Pyramiden. Solche einfachen anthropoiden Sarkophage haben, wie gesagt, dazu noch den Sinn, daß man aus der schützenden Hülle gewissermaßen in die andere Welt schauen kann. Dabei kann man natürlich darüber streiten, inwieweit es sich um symbolische Darstellungen der Gesichtszüge handelt oder um porträthafte Versuche. Letztere gewinnen in Ägypten – allerdings wesentlich später – immer mehr Raum, wenn wir an die sogenannten Mumienporträts der griechisch-römischen Zeit denken.

Das Schauen des Toten in die andere Welt ist ein Element, das eine kunstgeschichtliche Nachwirkung hat. Auch die christliche Kunst hat es aufgenommen. Die bekanntesten und frühesten Ikonen weisen in die gleiche Richtung, wenn wir an die Gesichter mit den großen, weitgeöffneten Augen denken. Auch sie deuten etwas von diesem verklärten Blick an, den der Verstorbene gewinnt und der davon herrührt, daß der Tote tiefere Einsichten über das eigentliche Leben hat. Diese Idee hält sich in der Ikonenmalerei dann auch durch – denken wir etwa an die Beispiele, die wir im Katharinenkloster bewundern können, oder auch an Werke der koptischen Kunst. Da setzt sich die Grundform des Mumienporträts als »Idealporträt« fort, das wiederum einen Vorgänger in der berühmten Totenmaske des Tutanchamun hat.

Ich habe das Beispiel von Deir el Balach genannt, weil es vielleicht das sprechendste Beispiel für das Nachwirken ägyptischer Vorstellungen auf kanaanäischem Boden ist, soweit wir ihrer habhaft werden können. Auch die Philister sind später mit solchen Bestattungsbräuchen in die Fußstapfen der Ägypter getreten. Man kann diesen Eindruck natürlich vertiefen und insgesamt auf die Bildung der Stadtstaaten in Palästina mit den damit verbundenen Sitten und Gebräuchen schauen. Immer wieder wird man die außerordentliche Nachwirkung ägyptischer Religiosität auf dem Boden Palästinas spüren und nachweisen können, und das unabhängig davon, wie die Bibel sich artikuliert. Aufs erste haben wir also eigentlich eine unterschiedliche Wahrnehmungsweise. Kanaan birgt durch die lange ägyptische Präsenz eine ganze Menge von ägyptischen Bestattungsbräuchen und von Vorstellungen vom Leben nach dem Tod, während die Bibel – das Alte und das Neue Testament – in Sachen Beschreibung dessen, was »danach« kommt, sehr zurückhaltend ist und auch hinsichtlich der Vorbereitung dieser anderen Welt wenige Instruktionen bereithält. Es geht vielmehr um die Bewältigung des Augenblicks, der Stunde, der Gegenwart, die ganz Gott anheimgestellt werden soll.

1.7 Die Silber-»Amulette« von Ketef Hinnom

Ich möchte mich noch einem weiteren Beispiel zuwenden, und zwar einem Beispiel aus dem Beginn der jüdischen Geschichte in Palästina, das heißt aus der jüdischen Geschichte im engeren Sinn, also der nachexilischen Zeit. Aus dieser Periode haben wir einen spektakulären Grabfund aus Jerusalem zu verzeichnen, und zwar aus Ketef Hinnom, einer Grabanlage bei der schottischen Andreaskirche im Süden der Stadt. Das Hinnomtal – mit diesem Begriff hängt auch die Bezeichnung Gehenna zusammen, also »Unterwelt« – ist von Israel nicht sonderlich geschätzt worden; man hat dort Elemente alter Kulte fremden Ursprungs lokalisiert. In diesem Tal hat man auch eine an westlicher Kultur orientierte Grabanlage geschaffen, deren Ursprung noch aus spätvorexilischer Zeit – vermutlich aus dem Ende des 7. Jahrhunderts – stammt, deren Ausstattung aber exilischer und nachexilischer Herkunft zu sein scheint.

In dieser Anlage, die noch nicht vollständig ergraben und erfaßt ist – es handelt sich um eine ganze Reihe von Gräbern –, fanden sich Beigaben, also etwas ganz Außerordentliches und Ungewöhnliches: Beigaben in großer Zahl in jüdischen Gräbern! Aufs erste verträgt sich das überhaupt nicht mit dem, was das Alte Testament nahelegt. Aber die Archäologie deckt immerzu auch Perspektiven auf, die von der Bibel nicht weitergegeben und vermittelt werden. Man muß immer wieder beides zusammensehen: die nichtbiblische, durch die Archäologie und die Religionsgeschichte erfaßbare Welt und die biblische Perspektive. Beides zusammen liefert uns erst einen Gesamteindruck.

In einem dieser Gräber fand man auch zwei zusammengerollte Silberstreifen von nur wenigen Zentimetern Länge (**Abb. 27**). Auf diesen Silberstreifen sind Texte in althebräischer Schrift, und zwar – darauf hat man sehr früh aufmerksam gemacht – ein Gegenstück zum sogenannten Priestersegen aus dem sechsten Kapitel des Buches Numeri. Diese Silberstreifen müssen als Amulette gelten, die man den Toten mitgegeben hat – neben einer ganzen Reihe von Schmucksachen, Schnitzwerken und weiteren Amuletten, so wie sie in Ägypten üblich sind, aber in diesem Fall wahrscheinlich auch in Übernahme von Praktiken Phöniziens. Phönizien stand ja immer in engster Beziehung zu Ägypten, so daß es als das an ägyptischen Funden reichste Land dieser Region bezeichnet werden kann.

Das Grab enthält also die beiden Silberstreifen mit einer Variante des sogenannten Priestersegens. Da heißt es zum Beispiel: »Es segne dich JHWH, und er behüte dich. Es lasse JHWH leuchten sein Angesicht über dir und sei dir gnädig.« Wir kennen diesen Segenstext, der auch auf dem zweiten Silberstreifen erscheint: »Es segne dich JHWH und behüte dich. Es lasse leuchten JHWH sein Angesicht über dir und setze dir Frieden.« Es gibt also auch innerhalb dieser beiden Fassungen leichte Unterschiede. Diejenigen, die sich auf die Suche nach Unterschieden zwischen dem Text der beiden Silberstreifen und dem biblischen Text von Num 6,24–26 machen, werden ebenso fündig werden, so daß man nicht mehr wie am Anfang der Erforschung dieser Befunde sagen kann, hier sei endlich einmal ein außerbiblischer Text mit dem gleichen Wortlaut wie in der Bibel gefunden worden. Der Wortlaut ist zwar verwandt, aber beide, sowohl der biblische Text wie auch der Text dieser Silberstreifen, gehen auf liturgischen Gebrauch zurück. Man darf davon ausgehen, daß dieser Priestersegen, der aaronitische Segen, wie man auch sagt, sein Vorbild in der israelitischen Liturgie hat und dort rezitiert wurde. Aber was soll nun dieser Priestersegen in einem Grab? Man muß doch wohl damit rechnen, daß er dem Toten als Wunsch mitgegeben worden ist, daß JHWH ihn auch in einem anderen Dasein segnen möge. Es waren also Leute unter denjenigen, die das Grab angelegt haben – Leute, zu denen möglicherweise auch

Abbildung 27

der Verstorbene selbst gehörte –, die doch eine Jenseitsvorstellung gehabt haben, eine Idee vom anderen Leben, für die nicht alles »aus« war und die gedacht haben, daß dieser Gott, der hier und jetzt für sie da ist, auch noch einmal im anderen Leben besonders tätig wird. Das waren also jenseitsorientierte Leute, die sich da im Judentum zusammenfanden, diese besondere Bestattungsweise wählten und die Beigabe hinzufügten, diese Segensformulierung, offenbar mit dem Wunsch, daß JHWH sein Angesicht auch über den Verstorbenen leuchten lassen möge.

Das ist jetzt nicht mehr nur Magie! Gewiß, Magie ist nicht nur etwas abgrundtief Schlechtes. Es ist nicht nur ein »Amulett-Denken« – man spricht in der Wissenschaft gern von den Silber-»Amuletten« von Ketef Hinnom und meint dann eben diese Formulierungen, die für einen gläubigen Israeliten ganz ungewöhnlich scheinen. Denn wir haben in der Bibel vorrangig die Stimme der Gemeinde Israel und des Judentums vor uns, die die Ägypter nicht sehr schätzte, die zu Ägypten auf Distanz ging, die das Eigenleben, die nomadische Vergangenheit Israels – soweit wir davon sprechen können – herausstellen wollte, eben das unbedingte Sichverlassen auf den Gott Israels, die aber nicht das durchaus menschliche Bedürfnis, das Interesse an der anderen Welt, zur Geltung bringen wollte. Das war die eine Partei, die sich in der Bibel offenkundig vorrangig Ausdruck verschafft hat. Auf der anderen Seite stehen diejenigen, die meinten, die andere Welt habe etwas mit Gott zu tun, und die auch darüber etwas wissen und etwas dazu beitragen wollten, daß auch diese andere Welt in ihrem Sinn gestaltet wird.

So müssen wir das Auseinanderklaffen verstehen. Wie trotzdem beides zusammengeht, das werden wir weiter zu eruieren versuchen. Das Hoffen auf eine glückliche andere Welt in Verbindung mit einem sich im Augenblick, im Heute Überantworten an Gott – wie kann beides miteinander versöhnt werden? Die Bibel gibt auch dazu Anregungen, obgleich sie in ihrer Grundlinie einer Jenseitsspekulation im Sinn des Sennedjem und seiner Landsleute keinen Raum gibt.

2. »Verklärung« – auf ägyptisch und auf hebräisch

2.1 Ein »anderer« Friedhof

Die Silberstreifen aus Ketef Hinnom, die wir zuletzt betrachtet haben, gehören zu den ältesten Schriften des Judentums im engeren Sinn, die auf uns gekommen sind. Wir haben ja das Problem, daß wir Texte des Alten Israel oder des frühen Judentums nur zu einem Bruchteil auf vorchristliche Zeit zurückführen können. Die Qumran-Texte haben uns hier zwar wesentlich weitergeführt und eine Menge Textmaterial bereitgestellt, das uns dabei hilft, den Werdegang der biblischen Texte nachzuvollziehen. Aber auch die Qumran-Texte sind noch weit von der Geschichte des Alten Israel und auch vom Beginn des Judentums entfernt. Es ist also ein Glücksfall der Archäologie, daß wir mit diesem »Doppeltext«, wenn ich so sagen darf, diesen beiden Silberröllchen und ihrer althebräischen Aufschrift, einen etwas größeren Textzusammenhang vor uns haben, der nicht nur religiöser Natur ist, sondern auch zu biblischem Textmaterial in Beziehung steht, nämlich zu dem sogenannten Priestersegen, der den beiden christlichen Konfessionen gut bekannt ist und ein schönes Beispiel für die Übernahme eines israelitischen Segensspruches ins Christentum darstellt.

Ich habe bereits angedeutet, daß die Tatsache, daß dieser Segen auf zwei Silberlamellen, auf zwei Silberröllchen, aufgetragen und in ein Grab gelegt worden ist, Anlaß zu der Frage gibt, ob ein solcher Segen nicht auch über den Tod hinaus von Bedeutung ist. Jedenfalls dürfen wir diese Anschauung für diejenigen postulieren, die diese etwas absonderliche und abgelegene Grabstätte ausgestattet haben. Sie liegt ja nicht im Rahmen der klassischen Friedhofsgegend in unmittelbarer Nähe des Zweiten Tempels und damit natürlich auch des davor existierenden Salomonischen Tempels. Es ist ein Friedhof, eine Gräberreihe eigener Natur, möglicherweise bewußt in Distanz zu der großen, bekannten, ehrwürdigen Friedhofsgegend angelegt, vielleicht aus dem Bewußtsein heraus, daß auch andere, nichtisraelitische, nichtjüdische Vorstellungen, Vorstellungen also, die nicht primär aus dem Raum Israels kommen, ihre Berechtigung haben können. Es mag sein, daß manche Menschen dafür ein Gespür hatten und sich sagten: Uns kann es nicht ganz gleichgültig sein, wie es nach dem Tod weitergeht. Und sie verbanden dann diese Überzeugung mit ihrem traditionellen jüdischen Glauben, daß JHWH, der Gott der Geschichte, den Menschen in diesem Leben begleitet und daß man zu ihm ja sagen kann und muß, daß man sich in ihm »festmachen« muß, um das Leben zu bestehen, aber sie waren auch der Ansicht, daß es ja nicht verkehrt sein könne, den Blick darüber hinaus zu richten. Dieser Blick darf von dem Glauben, so meinten sie, begleitet sein, daß Gott auch über den Tod hinaus Leben schenkt. Eine solche Einstellung muß ja keineswegs einen Bruch mit der Tradition bedeuten, sondern versucht nur, eine Brücke zum Jenseitsglauben der umliegenden, besonders der ägyptischen und phönizischen Welt herzustellen. Dieser Glaube besagt: Gott ist auch in der anderen Welt präsent, und wir bitten darum, daß der Tote über den Tod hinaus in den Genuß des segenspendenden Gottes kommt.

2.2 Die »Leibhaftigkeit« heiliger Texte

Ich weise hier noch auf einige andere Umstände hin, die in unserem Zusammenhang von Belang sind. Der Ausgräber der Stätte Ketef Hinnom, Gabriel Barkay, meint, man könne den Umstand, daß hier neben anderem Schmuck, der wohl in großer Nähe zu phönizischem Kunsthandwerk steht, diese Silberröllchen beigefügt worden sind, so deuten, daß den Toten ähnlich wie in ägyptischen Gräbern Texte mitgegeben wurden. Das sei hier in Israel in einer »Ausnahmeregion« geschehen. Barkay weist darauf hin, daß in der ägyptischen Spätzeit den Toten ja auch kleine Papyrusröllchen mit kurzen Texten auf den Körper gelegt, etwa in die Mumienbinden miteingewickelt worden seien, so daß auch hier eine enge Beziehung zwischen dem Körper, der Körperlichkeit, und dem Wunsch nach Weiterleben zum Ausdruck gekommen sei. Dieser Wunsch habe sich also nicht nur in den monumentalen Anlagen, nicht nur in den Dekorationen der Gräber oder in den Totenbüchern manifestiert, sondern man habe bewußt die unmittelbare Berührung mit dem Körper gesucht: eine weitere Zuspitzung der magischen Vorstellung, daß der Körper durch Berührung mit diesen Texten eine weitere Sicherung seiner Zukunft im Blick auf sein Unversehrtsein erfährt. So meint Barkay, das könne gegebenenfalls auch der Grund dafür gewesen sein, die Texte mit den Varianten des Priestersegens, wie wir sie hier vorliegen haben, den Toten mitzugeben.

Barkay geht sogar noch ein Stückchen weiter und bezieht ausdrücklich Formulierungen aus dem Buch Exodus (Ex 13) und dem Buch Deuteronomium (Dtn 6) ein, wo gefordert wird, daß bestimmte Bibeltexte von jedem Juden am Körper getragen werden sollen, damit er sich daran »erinnert«, das heißt sie sich vergegenwärtigt. Dabei handelt es sich insbesondere um das sogenannte »Schma Israel«, Erinnerungen an den Auszug aus Ägypten und die damit gegebene Verpflichtung, sich Gott gegenüber in allem als gehorsamer Diener, der seinen Gott über alles liebt, zu erweisen. Solche Anweisungen, die im Buch Exodus und im Buch Deuteronomium konzentriert sind, werden traditionsgemäß im Judentum beim Gebet, natürlich insbesondere im Angesicht der Klagemauer, verwirklicht. Die Gebete, deren Text sich in zwei kleinen Kästchen befindet, werden mit Gebetsriemen – den Tefillin – am Handgelenk und an der Stirn befestigt. Sinn ist, daß die zentralen Anforderungen an den gläubigen Juden wortwörtlich, so wie es in der Bibel steht, an Stirn und Handgelenk erfahrbar sein sollen – in nächster Nähe zum Menschen und seiner Leiblichkeit. Sie sollen gewissermaßen mit ihm »verschmolzen« werden: So eng soll der Bibeltext mit dem Menschen zusammengesehen werden. Das geht über unsere Vorstellungen weit hinaus, weil wir die Bibel eben nur lesen oder vielleicht biblische Texte singen; aber daß sie so mit dem Menschen assoziiert, mit seiner »leibhaftigen« Natur zusammengeführt werden, das ist ein uns wohl etwas fremder Gedanke, aber er soll doch die nötige Reverenz der Christen finden.

Gabriel Barkay geht sogar davon aus, daß die im Judentum verbreitete gottesdienstliche Praxis, zentrale Texte an Handgelenk und Stirn zu befestigen, auf die Sitte beschrifteter Grabbeigaben zurückgeht, die ihrerseits bereits in Ägypten ihre Vorläufer hat, wenn dort Papyrusröllchen mit heiligen Texten am Körper angebracht werden. Das hat also schon enorme religionsgeschichtliche Konsequenzen, wenn man in dieser Richtung weiterdenkt.

Ich will nun nicht einfach sagen, Gabriel Barkay habe mit seinen Überlegungen ins Schwarze getroffen. Man kann darüber diskutieren, ob das wirklich religionsgeschichtlich stimmig ist, und könnte beispielsweise einwenden, daß diese beiden Texte auf den

Silberlamellen ja keine Texte aus dem Buch Exodus oder dem Buch Deuteronomium sind, sondern Varianten aus dem sogenannten Priestersegen aus dem Buch Numeri enthalten.

Auch sonst muß man nicht unbedingt eine Kontinuität fordern, als sei die Praxis der Tefillin, also der Gebetsriemen, so einlinig abzuleiten. Da kann es im Vorfeld durchaus andere Beweggründe und Praktiken gegeben haben. Aber mir erscheint die Idee wichtig, die wohl im ägyptischen Raum und im Judentum gleichermaßen favorisiert wird: Heilige Texte werden mit der Körperlichkeit so eng verbunden, weil ihnen eine Kraft zugetraut wird, die dem menschlichen Körper, dem menschlichen Leben eine besondere Qualität über die Zeit hinweg gibt. Es geht darum, daß der Mensch, der gestorben ist, unter dem Zeichen seines Gottes weiterlebt, und zwar mit Hilfe der geradezu »aufdringlichen« Nähe von heiligem Text – ich sage bewußt nicht: Bibeltext – und Körperlichkeit.

2.3 Eine Schale aus Bet-Schemesch

Ich möchte mich nunmehr einem weiteren Dokument zuwenden (**Abb. 28**). Es ist wiederum eine Zeichenfolge in althebräischer Schrift, also in kursivhebräischer Schrift. Diese Schrift ist die Vorläuferin der sogenannten Quadratschrift, die heute noch in Israel als Druckschrift üblich ist. Die althebräische Schrift weist nicht die systematisierte, geordnete Form wie die Quadratschrift auf, die ja auch ihren Namen nach diesem harmonischen Gestaltungsbild bekommen hat.

Die drei Buchstaben, die hier stehen, sind – von rechts nach links – das Alef, das Chet, also das emphatische *h*, und das Kaf. Diese drei Buchstaben stehen nach Auskunft des Herausgebers der Inschrift auf einer Schale, die in Bet-Schemesch gefunden worden ist, und zwar wiederum in einer Grabanlage. Natürlich haben sich

Abbildung 28

Spekulationen daran geknüpft, was denn eine solche Inschrift auf einer Schale bedeuten könne. Gabriel Barkay liest die Inschrift so, daß Alef und Chet das hebräische Wort für »Bruder«, *'ach*, bilden, an das das Suffix der 2. Person sg. mask. angehängt ist, wodurch sich die Bedeutung »dein Bruder« ergibt. Aber was soll eine Inschrift »dein Bruder« auf einer Schale, die noch dazu in einem Grab deponiert ist? Gabriel Barkay meint, daß diese Schale zunächst im praktischen Leben eine Rolle gespielt habe, und zwar in sozialen Aktionen. Man habe, um notleidende Mitbürger zu versorgen, eine solche Schale aufgestellt, in die dann die oder jene Gabe hineingelegt worden sei. Die Inschrift bedeute also *»Für* deinen Bruder« und sei somit im Sinn sozialer Aktivitäten zu verstehen. Man habe das Gefäß dann auch in die Grabanlage eingebracht, weil das Gedenken an den »Bruder« eben doch ein Vorgang sei, der auch für das Leben nach dem Tod von Bedeutung sein könne.

Ich gestehe offen, daß mir diese Deutung nicht besonders gefällt. Sie setzt einfach zuviel voraus an Gegebenheiten, an Praktiken der sozialen Versorgung, von der wir wiederum nicht so sehr viel wissen, trotz einschlägiger Hinweise im Buch Deuteronomium, daß man auch den Armen in die Gesellschaft hineinnehmen müsse. Wahrscheinlich hat Gabriel Barkay aufgrund solcher sogenannter deuteronomischer Sozialbestimmungen gemeint, die Inschrift so verstehen zu dürfen – und wohl auch, weil ihm kein anderes Wort einfiel, das man für *'ach* hätte einsetzen können.

2.4 »Ach« – »Bruder« oder »Seele«?

Man kann diese Dinge aber auch anders deuten. Alle, die etwas mit den »Wirkkräften« des Menschen aus ägyptischer Sicht vertraut sind, wissen, daß es dort nicht nur den vogelgestaltigen Ba gibt, der zwischen Himmel und Erde den Kontakt hält, weil er aus dem Grab heraustreten kann. Es gibt auch nicht nur den Ka als Ausdrucksform für den »ganzen« anderen Menschen, der schon von Geburt an mitgeschaffen wird, der auf der Töpferscheibe mitabgebildet werden kann, der sich dann auch in der Figur wiedererkennt und in der Statue manifestiert. Der Ka ist also eine andere, über den Tod hinaus gültige Wirkkraft.

Es gibt aber in Ägypten nicht nur diese beiden Wirkkräfte, sondern eben auch den Ach. Die Bezeichnung lautet genauso wie das hebräische Wort für »Bruder«. »Ach« meint die verklärte Seele, also den Menschen, wie er im anderen Leben ist, beziehungsweise wie man ihn sich vorstellt. Es wäre also möglich, daß unser kurzer Text das ägyptische Wort für den Menschen meint, der im anderen Leben zu Hause ist. Dieser ägyptische Begriff »Ach« ist hier möglicherweise mit dem hebräischen Suffix zusammengeführt, das im Ägyptischen ähnlich lautet, so daß etwa die folgende Übersetzung denkbar wäre: »Für deine Verklärung« oder »für deine Existenz im anderen Leben«. *Dafür* ist diese Schale gedacht!

Die Inschrift brächte also zum Ausdruck: Das, was auf dieser Schale symbolisch dargebracht wird, ist gedacht und bestimmt für das andere Leben. Man könnte also ganz einfach sagen: »Für dein Weiterleben!« Das ist ein frommer Wunsch, der sicher von Leuten formuliert wurde, die sich mit den ägyptischen Gepflogenheiten vertraut zeigten und ihnen etwas Positives abgewonnen hatten, die sich der Überzeugung anschlossen, daß es nicht gleichgültig sein kann, wie es mit dem Menschen weitergeht. Vielleicht ist ein Ideal, das davon schwärmt, nur aus dem Augenblick heraus sich auf den Geber von Leben und Tod einzulassen und nur im Heute zu leben, doch nicht so »menschlich« und entspricht menschlichen Erwartungen nicht in dem Maße, wie man vielleicht postulieren möchte. Es ist nun einmal so: Der Mensch möchte sein Interesse auch der »anderen« Welt, dem Leben nach dem Tod, zuwenden. Das ist legitim, und es kann niemandem verwehrt werden, sich darüber Gedanken zu machen, erst recht, wenn sich große Kulturvölker in diesem Bereich so sehr engagiert haben.

Meiner Meinung nach kann unser Text so verstanden werden, obwohl er sehr kurz ist und weiterhin gewiß zu Fragen Anlaß gibt. Also: »Für deinen Ach«, oder, wie man auch sagen könnte: »Mögest du verklärt werden!« Denn dann haben wir eine exakte Formel, wie sie bereits in den sogenannten Pyramidentexten Ägyptens greifbar ist. Dort lautet die Formel auf ägyptisch *jꜣḫ=k*: »Mögest du verklärt werden!« Es ist also denkbar, daß hier einfach eine klassische ägyptische Wunschformel, vergleichbar etwa unserem »requiescat in pace«, übernommen worden ist: »Mögest du verklärt werden!« – »Mögest du ruhen in Frieden!« – eine Möglichkeit, die sicher zur Diskussion zu stellen ist.

2.5 *Noch ein »Bruder«?*

Ein weiteres Dokument (**Abb. 29**) entstammt ungefähr der gleichen Zeit – nämlich etwa 700 v. Chr. – wie das eben angesprochene. Die Beispiele sind also etwas älter als der längere Text aus Ketef Hinnom. Auch hier haben wir es mit ganz knappen Hinweisen zu tun, die naturgemäß der Forschung allerlei Rätsel aufgeben. Das Dokument ist bei Grabungen am Südosthügel Jerusalems, am Ofel, gefunden worden. Die sogenannte Davidstadt hatte ihren Platz auf dem Ofel, also südlich des Salomonischen Tempels. Die Grabungen, die unter dem leider sehr früh verstorbenen, berühmten israelischen Archäologen Yigael Schiloh stattgefunden haben und die erst gegen Ende der achtziger, Mitte der neunziger Jahre publiziert worden sind, haben unter anderem ein Gefäßfragment zutage gefördert, das sich wohl unterhalb des Halses eines Kruges befunden hat, wie das auf der Zeichnung auch angegeben ist (man kann ja mit Hilfe der Form der Scherben gemäß bestimmter Regeln die Gestalt eines solchen Kruges rekonstruieren).

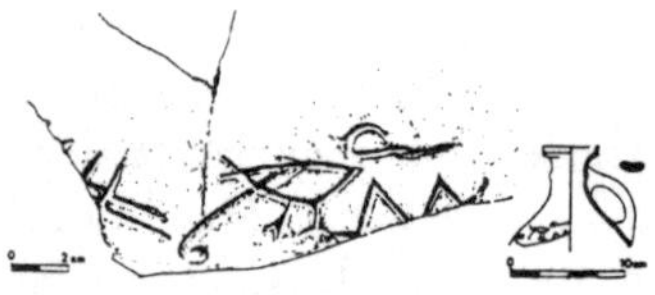

Abbildung 29

Das Fragment zeigt eine merkwürdige Konstellation von Zeichen. Manche, auch die Herausgeber, auch der Ausgräber selber, konnten damit nichts anfangen. Es scheint zunächst ein richtiges Gewirr: in der Mitte ein Vogel, rechts eine Zickzacklinie, auf der linken Seite – sich etwas mit dem Vogel überschneidend – ein Zeichen, das schon etwas näher an althebräische Schrift heranführt und das sich auch am schnellsten hat identifizieren lassen, und zwar als Lamed, als *l.* Daran schließt sich ein etwas fragmentarisches weiteres Zeichen an, das wohl ein Alef ist. Was dann folgt, ist so gut wie gar nicht mehr zu erkennen. Es ist ganz oben links nur noch ein kleiner Rest wahrzunehmen, und man kann nur raten, zu welchem althebräischen Buchstaben er gehört. Wie paßt das nun einigermaßen zusammen? Kann man daraus ein sinnvolles Gefüge erstellen?

Eine Stellungnahme in jüngster Zeit hat hier einen sinnvollen Zusammenhang zu erkennen versucht und kam zu dem Ergebnis, daß eine Bilingue vorliegt, also eine zweisprachige Inschrift, genauer: eine ägyptisch-hebräische Inschrift – ein absolut einmaliger Fall, daß wir in Palästina/Israel eine Inschrift haben, in der wir sowohl ägyptische Hieroglyphen als auch althebräische Buchstaben vorfinden. Die Konsequenzen sind noch nicht genügend erfaßt und auch in der Literatur noch nicht hinreichend bedacht.

Die Idee jedenfalls, daß es sich um eine Bilingue handelt, ist richtig, und ich stimme ihr grundsätzlich zu, nicht aber der Deutung, die gegeben worden ist. Ich will diese jedoch zunächst erläutern: Man meinte, daß die Zickzacklinie wohl die ägyptische Hieroglyphe *n* sei, wenn auch etwas unbeholfen gezeichnet. Das ägyptische *n* sieht tatsächlich so aus wie eine gezackte Wellenlinie. Das besondere Vogelzeichen, das im Ägyptischen den Lautwert »Ach« haben kann, hält der Autor für die Abkürzung eines Personennamens, wie zum Beispiel Ach-hotep, oder vielleicht sogar für die Abkürzung eines biblischen Namens: Achi-tob (1 Sam 14,3 u. ö.).

Nach dieser Auffassung könnte der ägyptische Text dem hebräischen genau entsprechen: Das Lamed wäre mit dem hieroglyphischen *n* zu vergleichen, und beides drückte die Präposition »für« aus, was ja auch ganz korrekt ist. Das ägyptische *n* kann »für« bedeuten und das hebräische Lamed gleichfalls. Das folgende Zeichen wäre ein Alef und würde dem ersten Buchstaben des Wortes »Ach« der ägyptischen Inschrift entsprechen. Dabei sollte es sich aber wieder um die Umschreibung für »Bruder« handeln, und in beiden Fällen – in der ägyptischen wie in der hebräischen Fassung – sei jeweils der Name Achi-tob oder ein ähnlicher abgekürzt worden. »Für Achi-tob«. Der ganze Krug, in den man etwas zur Versorgung des Toten in der anderen Welt hineingegeben habe, wäre somit eine Stiftung – etwa für den verstorbenen Achi-tob – gewesen.

2.6 *»Für den Seligen!«*

Wir brauchen jedoch keinen Personennamen zu unterstellen. Wir können die Sache viel einfacher lösen, wenn wir daran denken, daß das Wort »Ach« nicht unbedingt den »Bruder« bezeichnen muß, sondern auch in der biblischen Sprache als Fremdwort für den verklärten Menschen stehen kann. Wenn wir davon ausgehen, daß »Ach« auch »verklärter Mensch« bedeutet, dann haben wir eine bessere Lösung an der Hand. Dann können wir nämlich sagen: Die hieroglyphische Kombination aus *n* und dem sogenannten »Ach«-Vogel bedeutet einfach: »Für den verklärten Menschen«. Der Krug ist für den Verklärten, für den Verstorbenen – zu seiner Verklärung – gedacht, also für seine Rechtfertigung, für seine Seligkeit. Wir könnten auch sagen: »Für den Seligen«.

Genau das gleiche wäre dann unter Umständen mit dieser fragmentarischen hebräischen Inschrift gemeint: *l='ach* – falls der Buchstabenrest zu einem Chet gehört, was denkbar ist. Das würde dann also auch bedeuten: »Für den Verklärten«, also nicht »für den Bruder« und auch nicht »für Achi-tob« oder so ähnlich. Es wird kein Name genannt, sondern einfach ein Wunsch ausgesprochen. Was in dem Gefäß ist, das soll der Verklärung dienen, also eigentlich ganz einfach: Der Tote soll davon leben. So wie in Ägypten immer wieder Gefäße, auch mit Inhalt, in die Gräber hineingegeben werden, so wäre man hier in Jerusalem dieser Praxis gefolgt und hätte Gefäße mit oder ohne Inhalt – nur mit Aufschrift, was ja genügt – dem Toten mitgegeben, damit er auf imaginäre Weise, um nicht zu sagen: magische Weise, an den Dingen Anteil hat, auch im Leben nach dem Tod versorgt wird. Selbst wir geben manchmal dem Verstorbenen etwas mit und denken ja auch ein wenig: Vielleicht begleitet es ihn noch über den Tod hinaus. Gerade diese Idee ist bei den Ägyptern enorm entfaltet und bei den Nachbarn sicher ansatzweise weitergepflegt worden, ist es doch ein sehr menschlicher Brauch.

So hat man den Krug möglicherweise als eine Hilfestellung für das Weiterleben aufgefaßt, und man kann die Inschrift vielleicht so deuten, wie ich es ausgeführt habe. Daß dabei auch Fragen offenbleiben, ist selbstverständlich, und man wüßte natürlich sehr gern, ob der nur ansatzweise vorhandene Buchstabe wirklich ein Chet ist, ob also wirklich das Wort »Ach« dasteht, das eben nicht nur »Bruder«, sondern auch »Verklärter« bedeuten kann, so daß sich dann als Aussage ergäbe: »Für deine Verklärung«.

2.7 Die »Ägypterpartei« und ihre Kontrahenten

Was ergibt sich aus dem bislang Gesagten? Diese Wunschvorstellung würde ja der anderen, zuvor zitierten sehr nahe kommen. Beides wären fromme Wünsche für den Verstorbenen. Am letzten

Beispiel ist natürlich besonders interessant, daß eine ägyptische und eine althebräische Fassung miteinander verbunden zu sein scheinen. Das läßt möglicherweise einen Rückschluß auf die Gruppe zu, die sich dieser Zeichen bedient hat. Die Hieroglyphen sind nicht sehr elegant ausgeführt. Es ist jemand, der sich zwar in etwa damit auskennt, aber keine besondere Fertigkeit in der Zeichnung der Hieroglyphen erlangt hat, jemand, der natürlich aus dem hebräischen Bereich stammt und sich diesbezüglich etwas orientiert, vielleicht einen Sprach- und Schreib-»Kurs« mitgemacht hat. Er wollte aber sicher damit ausdrücken, daß seine Familie oder seine Sippe es stärker mit ägyptenfreundlichen Kreisen in Israel hält, die in der Bibel ja auch zum Zuge kommen.

Die Bibel ist allerdings vorrangig ägyptenkritisch angelegt. Es gibt zwar einige Texte, die eine gewisse Sympathie mit Ägypten erkennen lassen, aber neunzig Prozent der Bibel sind in ägyptenkritischer Manier abgefaßt. Die Endredaktion hält es viel stärker mit den Juden, die sich im Osten, in Mesopotamien, aufgehalten haben, und alle diejenigen, die aus dem mesopotamischen Exil kommen, prägen im Grunde nach der Konzeption des Judentums das neue Israel. An diejenigen, die nach Ägypten geflüchtet sind, hat man kaum noch gedacht.

Das alles hat seine Geschichte. In Israel gab es eine proägyptische und eine ägyptenkritische Partei. Zur Zeit des Propheten Jeremia wird das ganz besonders augenfällig, denn Jeremia wird von der proägyptischen Partei verfolgt, so scheint es jedenfalls, und ins Gefängnis geworfen, aus dem ihn dann nur eine besonders soziale Tat eines Dieners des Königs Zidkija errettet hat (Jer 38,1–13). Jeremia ist dann auch von denen nach Ägypten verschleppt worden, die wohl glaubten, damit ein gutes Werk zu tun: vielleicht von den Anhängern der Ägypterpartei, die ihn nicht in die Hände der Babylonier fallen lassen wollten. Die Zusammenhänge sind bis heute nicht geklärt.

Ich will damit nur andeuten, daß es – religionsgeschichtlich gesehen – eine durchaus kräftige und repräsentative »Ägypterpartei« gegeben hat, eine Information, die wir weitgehend durch die Religionsgeschichte und kaum mit Hilfe der Bibel gewinnen und die auch zum Verständnis dieser Bilingue, der zweisprachigen Inschrift, beiträgt, indem wir jetzt sagen können: Diese »Partei« wollte – wie die Ägypter – ihren Totenkult pflegen und damit auch in Israel Anerkennung finden.

Wir dürfen über solche Bemühungen nicht den Stab brechen. Dieses Judentum war ein »frühliberales« Judentum, ja, wir können im Anschluß an unsere heutigen Verhältnisse sagen: ein Judentum, das nicht orthodox war, sondern sich dem »Westen« öffnete – wir kennen diese Erscheinung allenthalben. Ein solches »liberales« Judentum hat sich also bereits damals in Jerusalem entwickelt und begann sich dadurch darzustellen, daß es mit der »westlichen« Kultur – und das war eben die ägyptisch-phönizische – Freundschaft geschlossen hat, trotz aller üblen Erfahrungen, die – aus der Tradition stammend – noch in Erinnerung waren.

3. Der »dunkle« Psalm

3.1 Psalm 49 – Plädoyer für ein Leben vor *dem Tod?*

Zwei althebräische Inschriften haben uns auf die Spur gebracht, in Israel nach Erwartungen zu fragen, was das Leben nach dem Tod angeht, und das trotz des allgemein vorherrschenden Eindrucks, daß im sogenannten Alten Testament kaum ein gutes Wort über diese andere Welt zu finden ist. Vielmehr möchte man lieber der Totenwelt entgehen, ihr entfliehen, auf keinen Fall in einer jenseitigen Sphäre zu Hause sein, so wie sie die Nachbarkulturen verherrlichen. Möglicherweise ist das ein Zeichen für den tiefen Graben, der sich da auftut – zwischen der Jenseitshoffnung, insbesondere in Ägypten, und einer Diesseitigkeit, wie sie im »Alten Testament« oder der »Älteren Bibel« proklamiert wird.

Daß die Dinge aber nicht so einfach auseinanderdividiert werden können, war bereits bewußt geworden, denn es ist nur zu menschlich und verständlich, daß man sich fragt, wie es weitergeht. Im Alten Testament gibt es natürlich auch israelitische Interpreten, die nicht nur Negatives über diese andere Welt sagen, sondern hier und da Worte finden, die uns zeigen, daß es so etwas wie eine Diskussion im Hintergrund gegeben hat. Glaube, »Sich-Festmachen in Gott« – so weit, so gut. Das ist nach wie vor entscheidend und wichtig, ist die alleinig bekenntnishafte Position, aber diese schließt ja nicht unbedingt aus, daß nach dem Tod eine andere Welt beginnt, ein anderes Leben ansetzt, das nach wie vor unter göttlicher Direktive steht und das nicht einfach aus dem Bewußtsein gestrichen werden sollte.

Vielleicht hängt das Erstarken derartiger Vorstellungen mit der zunehmenden Konsolidierung in Israel zusammen. Man lebt ja nicht mehr wie in der Frühzeit in sich ständig verändernden Situationen. Man muß nicht jeden Moment neue Herausforderungen bestehen. Es gibt immer wieder ein Wohnen in Jerusalem, das relativ sicher ist. Solche Phasen kennt die politische Geschichte Israels natürlich, bei allem Auf und Ab, das die Geschichte gerade für

Israel immer wieder bereitgehalten hat. Aber solche Phasen relativer Sicherheit konnten natürlich die Frage aufkommen lassen: Kann sich dieser Zustand des Wohlseins nicht fortsetzen? Muß nicht mit Fug und Recht eine andere Lebenszone mit einer positiven Lebensqualität erwartet werden dürfen – über die Grenze des irdischen Daseins hinaus, die etwa die Propheten so kompromißlos gezogen haben? Kann es nicht doch sein, daß bei aller Hoffnung, die man im diesseitigen Leben auf Gott setzt, eben jene Schwelle auch von Gott gestützt wird und so einen Übergang in eine andere Welt ermöglicht, in der alle Hoffnungen in Erfüllung gehen, die auf Erden nicht befriedigt werden? Solche Fragestellungen sind legitim, und wer wollte diejenigen hindern, die sie unverblümt zum Ausdruck bringen?

Nur ist das Alte Testament nicht gerade eifrig darin, sich auf diese Frage einzulassen. Die literarische Überlieferung scheut davor zurück, die Frage nach dem anderen Leben zu eilfertig positiv zu beantworten. Unsere Aufgabe ist es, nach weiterführenden Spuren zu suchen, danach also, ob das Alte Testament nicht doch hier und da erkennen läßt, wie es weitergehen könnte. Wir werden die Frage und die Antwort nicht allein dem Neuen Testament überlassen dürfen. Nicht der explizite Gedanke an die Auferstehung mit Christus kann uns dabei als Wegweisung dienen, so richtig und wichtig und für unseren Glauben entscheidend eben dieses Bekenntnis zur Auferstehung ist. Aber es darf uns nicht davon abhalten, auch im Alten Testament nach Elementen solcher Vorstellungen von einem Leben, das dem Menschen von Gott neu geschenkt wird, zu suchen. Vor allen Dingen wird es uns darum gehen, die Kontinuität zu erkennen, was uns davor bewahren wird, einen Graben zwischen dem Alten und dem Neuen Testament aufzureißen. Nichts ist so gefährlich und negativ nachwirkend, als einen solchen »garstigen« Graben immer wieder zu beschreiben und zu ziehen. Es ist möglich, in der »Älteren Bibel« solche Spuren der Hoffnung auf ein jenseitiges Leben zu finden.

Wir wollen eine Stelle im Alten Testament zu Rate ziehen, die im berühmten Psalm 49 zu finden ist. Es ist dies ein Psalm, der außerordentliche Schwierigkeiten in sich birgt, vielleicht einer der Psalmen, die am schwersten zu deuten sind. Man hat ihn deshalb auch den »dunklen« Psalm genannt. In ihm geht es um den Tod und das Schicksal des Menschen angesichts des unausweichlichen Todes, von dem niemand verschont wird, weder Reiche noch Arme. Der

Dichter des Psalms will in das Bewußtsein bringen, daß es hier keine Ausnahme gibt. Will er darüber hinaus etwas sagen über das, was nach dem Tod geschieht? Diese Frage möchten wir verfolgen und herausbekommen, ob sich nicht doch ein »Wahrzeichen« oder dergleichen dafür finden läßt, daß auch ein Weiterleben nach dem Tod als Möglichkeit einbezogen wird.

Es gibt eine Monographie des Schweizers Pierre Casetti, die sich ausschließlich mit diesem Psalm 49 befaßt. Das Buch trägt den bezeichnenden Titel: »Gibt es ein Leben vor dem Tod?« Der Autor versteht den Psalm so, daß hier ein Plädoyer, geradezu ein Bekenntnis zu einem Leben *vor* dem Tod vorliegt. Er meint, daß der Psalmdichter alles tut, um dem Eindruck entgegenzutreten, daß es nach dem Tod eine erfüllte oder erfüllende Zeit gäbe.

3.2 Die Bedeutung interkultureller Wörter

Zunächst möchte ich eine Brücke bauen: zwischen dem außerbiblischen Zeugnis für den Glauben an eine Art »Verklärung« des Menschen – wir erinnern uns an die Wünsche, die da ausgesprochen sind – und dem Psalm 49. Ich möchte noch einmal daran erinnern, daß in diesen Wünschen »Du mögest verklärt werden!« oder »Für deine Seele!« ein Ausdruck verwendet wurde, der gleichlautend mit dem hebräischen Wort für »Bruder« anzusetzen ist, eine Wortbedeutung, die so im hebräischen Wörterbuch bisher nicht auftaucht. Das Wort »Ach« bedeutet nicht nur »Bruder«, sondern meint als Fremdwort im Hebräischen eben auch die »Seele«, und zwar insbesondere die Seele des Verstorbenen als Umschreibung für den Menschen, der einen verklärten Leib bekommen soll, als besondere Wirkkraft, die – in ägyptischer Sicht – über den Tod hinaus von Bedeutung ist.

Wir können diesen Vorgang ohne weiteres in unserem Sprachschatz nachvollziehen. Uns allen ist das Wort »Requiem« geläufig: »Requiem aeternam dona eis, Domine«, heißt es am Anfang der Totenliturgie. Auch wer des Lateinischen nicht mächtig ist, weiß, daß es um den Wunsch für einen Verstorbenen geht. Und gerade unser »requiescat in pace« entspricht im wesentlichen dem, was dieser Wunsch, mit dem wir uns im vorhergehenden Kapitel befaßt haben, in der hebräischen Fassung meint. Auch dort hat man aus einer fremden Sprache ein Wort, einen Ausdruck entnommen und in die eigene Sprache herübergenommen, so wie wir aus dem Lateinischen den Ausdruck »Requiem« oder »requiescat in pace« herübernehmen. Daraus muß man nicht schließen, daß alle Lateinisch verstehen. Genausowenig muß man davon ausgehen, daß damals alle Ägyptisch konnten. Aber die ägyptische Kultur konnte sich präsent machen, und man konnte sich ihrer Faszination nicht entziehen. Wenn in einem so ungeheuren Ausmaß, in nächster Nähe, über Jahrtausende hinweg ein Totenkult betrieben wird, dann bleibt das nicht ohne Eindruck auf die Nachbarkultur. Man konnte sich dagegen wehren, aber nicht alle positiven Erscheinungen darin leugnen, abwerten oder gar ausschließen.

3.3 Ps 49,8: Nochmals »Ach« – und »Weh«?

Der Psalm ist hier in der – durchaus problematischen – Fassung der Einheitsübersetzung wiedergegeben:

1 *[Für den Chormeister. Ein Psalm der Korachiter.]*
2 *Hört dies an, ihr Völker alle,*
vernehmt es, alle Bewohner der Erde,
3 *ihr Leute aus dem Volk und vom Adel,*
Reiche und Arme zusammen!
4 *Mein Mund spreche weise Worte;*
was mein Herz ersinnt, sei voller Einsicht.
5 *Ich wende mein Ohr einem Weisheitsspruch zu,*
ich enthülle mein Geheimnis beim Harfenspiel.

6 *Warum soll ich mich in bösen Tagen fürchten,*
wenn mich der Frevel tückischer Feinde umgibt?
7 *Sie verlassen sich ganz auf ihren Besitz*
und rühmen sich ihres großen Reichtums.
8 *Loskaufen kann doch keiner den andern*
noch an Gott für ihn ein Sühnegeld zahlen
9 *– für das Leben ist jeder Kaufpreis zu hoch;*
für immer muß man davon abstehn –,
10 *damit er auf ewig weiterlebt*
und niemals das Grab schaut.

11 *Denn man sieht: Weise sterben;*
genauso gehen Tor und Narr zugrunde,
sie müssen andern ihren Reichtum lassen.

12 *Das Grab ist ihr Haus auf ewig,*
ist ihre Wohnung für immer,
ob sie auch Länder nach ihren Namen benannten.
13 *Der Mensch bleibt nicht in seiner Pracht;*
er gleicht dem Vieh, das verstummt.

14 *So geht es denen, die auf sich selbst vertrauen,*
und so ist das Ende derer,
die sich in großen Worten gefallen. [Sela]
15 *Der Tod führt sie auf seine Weide wie Schafe,*
sie stürzen hinab zur Unterwelt.
Geradewegs sinken sie hinab in das Grab;
ihre Gestalt zerfällt,
die Unterwelt wird ihre Wohnstatt.

16 *Doch Gott wird mich loskaufen aus dem Reich des Todes,*
ja, er nimmt mich auf. [Sela]
17 *Laß dich nicht beirren, wenn einer reich wird*
und die Pracht seines Hauses sich mehrt;
18 *denn im Tod nimmt er das alles nicht mit,*
seine Pracht steigt nicht mit ihm hinab.
19 *Preist er sich im Leben auch glücklich*
und sagt zu sich:
»Man lobt dich, weil du dir's wohl sein läßt«,
20 *so muß er doch zur Schar seiner Väter hinab,*
die das Licht nie mehr erblicken.

21 *Der Mensch in Pracht, doch ohne Einsicht,*
er gleicht dem Vieh, das verstummt.

Bevor ich den ganzen Psalm in den Blick nehme und zu deuten versuche, wollen wir uns zunächst einmal mit V. 8 befassen, der in dieser Wiedergabe folgendermaßen lautet:

Loskaufen kann doch keiner den andern,
noch an Gott für ihn ein Sühnegeld zahlen.

Das ist aufs erste verständlich: Niemand kann mit Geld oder Leistungen sein Leben oder das Leben eines Freundes, eines anderen Menschen verlängern oder gar von Gott die Sicherheit über ein Verweilen im anderen Leben erkaufen. Wie sehr allerdings hier die Übersetzungen auseinandergehen, kann die Wiedergabe desselben Verses aus dem schon zitierten Buch von Pierre Casetti zeigen. Er überträgt V. 8 folgendermaßen:

Weh! Nicht ein einziger kann ›sich‹ loskaufen,
Keiner kann Gott sein Lösegeld geben.

Der Sinn geht nicht so weit auseinander, aber man fragt sich schon, wie es zu dieser unterschiedlichen Wiedergabe kommt. Das Problem hängt am hebräischen ersten Wort. Da steht nämlich unser schon verhandeltes Wort »Ach«. Die Einheitsübersetzung versteht unter *'ach* »Bruder«, so wie es die Tradition immer wieder getan hat, und meint, daß es eine ständige Wendung gewesen sei, von »dem einen und dem Bruder« – im Sinn: »von dem einen und dem anderen« – zu sprechen. So kommt die Übersetzung zustande: *Loskaufen kann doch keiner den andern.* »Der andere«, das wäre also der Bruder. Die Einheitsübersetzung und auch ihre Kommentare erklären nicht, weshalb das Wort *'ach* hier am Anfang steht.

Die Übersetzung von Pierre Casetti ist da etwas konsequenter und schreibt am Anfang: *Weh!* Hier wird also das Wort »Ach« mit *Weh!* übersetzt. Dieses »Ach!« ist ja beinahe schon lautmalerisch, und wir gebrauchen es auch als Ausruf, als sogenannte Interjektion des Erstaunens oder des Zweifelns, des Verzweifelns vielleicht.

Weh! Nicht ein einziger kann ›sich‹ – das ergänzt Pierre Casetti – *loskaufen,*
Keiner kann Gott sein Lösegeld geben

Das Ganze hängt somit an der Wiedergabe des Ausdrucks »Ach«. Wenn wir aber jetzt aufgrund dessen, was wir bereits kennengelernt haben, das Wort »Ach« mit »Seele« wiedergeben – also weder mit »Bruder« noch mit »Weh!« –, dann müßte man folgendermaßen übersetzen:

Eine Seele kann niemand loskaufen …

Das Wort »Seele« ist bewußt an den Anfang gerückt. Die zweite Zeile ist korrekt, aber die erste muß eben beginnen: *Eine Seele,* natürlich insbesondere: *seine Seele – seine Seele kann niemand loskaufen.* Das ist eine Möglichkeit, den schwierigen Vers unter der Annahme, daß hier ein Fremdwort vorliegt, zu erklären. Denken wir an »Requiem« oder »requiescat«! Leider hat die Forschung bis zur Stunde zu wenig darauf geachtet, daß es auch solche interkulturellen Wörter gibt.

Allerdings sind mit diesem Problem die Probleme des Psalms keineswegs erledigt, denn er steckt voller sprachlicher semantischer Schwierigkeiten. Die Einheitsübersetzung gibt hiervon nur einen schwachen Eindruck. Da steht dann beispielsweise zu V. 15: Der hebräische Text ist »stark verderbt«. Aber das ist euphemistisch ausgedrückt: Gerade in V. 15 ist fast jedes Wort umstritten. Jedes Wort! Das läßt aber doch Beobachtungen zu, die man verstehen kann, ohne daß man in die Feinheiten der hebräischen Sprache eindringt. Ich will jedenfalls versuchen, einen Eindruck davon zu vermitteln, nachdem ich etwas über die Struktur des Psalms insgesamt gesagt habe, soweit das möglich ist, ohne die sprachlichen Details bis ins letzte auszuforschen.

Nun die hier für uns nötigen – und möglichen – Informationen für das Verständnis!

Die Überschrift lautet: *Für den Chormeister. Ein Psalm der Korachiter.* Solche Überschriften werden gern gewählt, um eine – allerdings nachträgliche – Zuordnung solcher Psalmentexte zu versuchen. Die Korachiter waren eine Gemeinschaft von Tempelmusikern, die vor allem in der nachexilischen Zeit am Zweiten Tempel tätig gewesen sind. Ob nun die Tempelmusiker so zu verstehen sind wie die Musiker, die etwa in Ägypten Klagetexte begleiten und singen, das ist eine andere Frage. Wir sprachen ja bereits von dem blinden Harfner, der Klagelieder mit seinem Instrument unterstützt und diese Klagelieder singt.

Worüber führt der Autor Klage? Wir können dem nähertreten, indem wir uns einige Zäsuren im Text vor Augen führen. Zunächst einmal hat dieser Psalm eine Art Einleitung, die in den V. 2–5 zu finden ist, wobei der V. 5 ja auch das Harfenspiel erwähnt:

Ich wende mein Ohr einem Weisheitsspruch zu,
ich enthülle mein Geheimnis beim Harfenspiel.

Eine Art Einleitung in das, was jetzt kommt! Allerdings sind auch die V. 6–10 so etwas wie ein Proömium oder ein gesungener Prolog des Psalmdichters – man müßte vielleicht sagen: eines Psalmbearbeiters. Denn der Grundstock dieses Psalms, so lehrt uns die Forschung, ist in den V. 11–15 zu suchen. Der Psalm wäre also mit einer Einleitung und dann auch noch mit diesem Prolog beziehungsweise Proömium versehen und fände dann im Anschluß an den

Grundstock noch eine abschließende redaktionelle Kommentierung, und zwar in den V. 16–21, durch denjenigen, der uns den Psalm in der uns heute vorliegenden Gestalt überliefert hat. Wir müssen uns mit dem Gedanken vertraut machen, daß Psalmen nicht einfach aus einem Guß entstanden sind. Auch Kirchenlieder bekommen ja gelegentlich einige Strophen hinzu und können umgedichtet werden! Das haben solche liturgischen Texte an sich, daß sie zwar eine Zeitlang, manchmal sogar sehr lange, kontinuierlich erhalten bleiben, aber daß man an ihnen auch weiterdichtet. So ähnlich ist es mit diesem Psalm, denn er hat ja ein Thema zum Inhalt, das Menschen immer wieder beschäftigt.

Das ist eigentlich auch die Ursache dafür, daß die sprachlichen Probleme so groß sind, und der letzte, der entscheidende Grund, denn das Thema läßt die Menschen nicht in Ruhe. Man kann sich gut vorstellen, daß man gerade einem Wortlaut gegenüber tätig wurde, der ja auf den ersten Blick jede Hoffnung zu nehmen scheint, daß es irgendwie gut weitergeht. Da hat wahrscheinlich sogar der Psalmvers 15, bei dem, wie gesagt, so gut wie jedes Wort textkritisch unsicher ist, Anlaß gegeben zu versuchen, das Ganze doch positiver zu wenden: Ausdruck des menschlichen Bemühens, aus einer negativen, resignativen Sichtweise Positives zu machen.

3.5 Schlechte Nachrichten für Reiche – und für Weise

Nachdem wir uns ein wenig den Aufbau und das Wachstum dieses Psalms im Gesichtsfeld der neueren Forschung vor Augen geführt haben, möchte ich etwas zur Charakteristik sagen, soweit dies hier erforderlich ist. Ich muß jetzt nicht ausführlich den Wortlaut der Einleitung reflektieren: Einer, der aus der »Weisheit«, das heißt aus dem altorientalischen Bestreben zur Vermittlung von Lebenshilfe, kommt, möchte seinen Eindruck von dem wiedergeben, was alle Menschen betrifft, alle Völker, *alle Bewohner der Erde.* Das Wort, für das hier die Übersetzung »Erde« gewählt wurde, steht für ein äußerst seltenes hebräisches Wort, dessen wirkliche Bedeutung noch immer nicht geklärt ist, aber *Bewohner der Erde* hört sich sehr gefällig an; es ist jedoch keineswegs sicher, daß das auch so in dieser semantischen Festlegung gemeint ist. Auf jeden Fall möchte der Sprecher alle darauf aufmerksam machen, daß das, was er zu sagen hat, nicht nur für bestimmte Kreise gilt, sondern daß Große und

Kleine, Reiche und Arme unter eben das unabänderliche Gesetz fallen, das er hier ausdrücken möchte. Das ist das Ergebnis seiner Weisheit.

Wir finden hier auch Anklänge an die Sprache des Predigers Kohelet, und in der Tat ist es wohl so, daß sich zumindest auf der letzten, der jüngsten Ebene, also auf der Ebene des Bearbeiters, des Redaktors unseres Psalmtextes Gedanken finden lassen, die auch im Buch des Predigers auftreten, der ja auch skeptische Äußerungen von sich gibt.

Hören wir die gesungene, beim Harfenspiel vorgetragene Frage in V. 6:

Warum soll ich mich in bösen Tagen fürchten,
wenn mich der Frevel tückischer Feinde umgibt?

Das ist kein Verfolgungswahn eines wirtschaftlich ins Abseits gedrängten Menschen. Auch die folgenden Verse enthalten eher eine tröstliche Auskunft für jemanden, der feindlich gesinnte Leute um sich sieht, die sich an irdischen Besitz klammern und diesen auch über die letzte Schwelle hinaus einsetzen wollen. Im Grunde möchte der Dichter hier deutlich machen, daß menschlicher Besitz keinerlei Garantie für ein Weiterleben ist. Wenn wir unser Textverständnis von V. 8 einbringen, daß keiner *seine Seele loskaufen* kann, dann ist das eine speziell für Reiche ernüchternde Auskunft. Vor allen Dingen richtet sich das ganz gezielt gegen die Jenseitsspekulationen der Ägypter und wohl auch gegen die Zeitgenossen, die es wie die Ägypter halten und pompöse Grabdenkmäler errichten wollen, wie man das gerne getan hat, Gräber wie Häuser, wie Paläste ausgestalten, in der Hoffnung, daß der Tote sich dann noch an wunderbaren Dekorationen erfreuen und Texte lesen kann, daß ihm diese wie auch die Amulette, mit denen er sich hat behängen lassen, das andere Leben garantieren. Dagegen scheint sich der Dichter hier zu wenden. Im übrigen haben wir auch in Ägypten gesehen, daß diese Hoffnung nicht unwidersprochen blieb. Gerade die »Harfnerlieder« zeigen ja eine gewisse Skepsis dem üblichen pompösen Totenkult gegenüber. So etwas kommt hier zum Ausdruck. Reiche wie Arme werden das Grab schauen.

Der Prolog führt uns hin zum Grundstock des Psalms, den Versen 11–15. Da kommt unverhüllt zum Ausdruck: Auch Weise sterben. Das ist ein Schlag ins Gesicht der Weisheitslehrer, die meinen, ihre Weisheit mache sie unsterblich. Solche Vertreter gab es auch in der Antike. Sie vertraten die Überzeugung, daß ihr Name bestehen bleibt und ihre Persönlichkeit über den Tod hinaus existiert, wie auch immer. Dagegen steht die nüchterne Einsicht, die auch der Prediger, Kohelet, teilt: Weise sterben, und genauso geht der Tor, der Narr, der Widerpart des Weisen, zugrunde. Beide werden das Grab als ihr *Haus* (V. 12) akzeptieren müssen. – Daß Gräber wie Häuser sind, ist aus ägyptischem Raum gut bekannt. Auch der Psalmdichter hat das Grab als ein Wohnhaus aufgefaßt, aber alle Ausstattung fehlt hier. Für den Psalmdichter gibt es im Jenseits keine Wohnung mit vielen Räumen, keine freundliche Aufnahme und kein gesichertes Weiterleben:

Der Mensch bleibt nicht in seiner Pracht;
er gleicht dem Vieh, das verstummt. (V. 13)

Es gibt also nicht einmal einen Unterschied zwischen Mensch und Tier!

3.6 Der Tod als Hirte

Aber der Psalmdichter – beziehungsweise der Redaktor – läßt gleich einen Hoffnungsschimmer aufleuchten, wenn wir in V. 14 lesen:

So geht es denen, die auf sich selbst vertrauen,
und so ist das Ende derer,
die sich in großen Worten gefallen.

Damit läßt er offen, was mit denen geschieht, die nicht dieses übersteigerte Selbstvertrauen im Hinblick auf ein anderes Leben artikulieren, sondern die möglicherweise eine andere Grundhaltung gegenüber dem, was kommt, zum Ausdruck bringen. Der Verfasser sagt es nicht ausdrücklich, aber ich denke, daß er hier anklingen läßt, was es heißt, wenn ein Mensch sich seinem Gott überläßt, ihm nicht irgendwie vordiktiert, wie es weitergeht, sondern es ihm einfach überläßt, wie er uns Menschen über die letzte Schwelle hilft. Was dieser Gott für uns vorbereitet hat, sollte nicht Gegenstand andauernder, vielleicht hier und da quälender Überlegungen sein, sondern man sollte sich einfach seinem Gott, seinem Tun, seinem Entscheiden anheimstellen. Für diese Grundidee möchte der Psalmbeter möglicherweise werben. Freilich kann er nicht verkennen und verdecken, daß immer wieder die Frage aufkommt, wie es weitergeht. Das ist menschlich, und ich glaube, daß das auch im Psalm, und zwar in V. 15, zum Ausdruck kommt. Die Einheitsübersetzung bietet hier den Text:

Der Tod führt sie auf seine Weide wie Schafe,
sie stürzen hinab zur Unterwelt.
Geradewegs sinken sie hinab in das Grab;
ihre Gestalt zerfällt,
die Unterwelt wird ihre Wohnstatt.

Zu dieser Wiedergabe bemerkt die Einheitsübersetzung, wie bereits erwähnt, lediglich, daß der hebräische Text hier »stark verderbt« sei. Das können wir an der Übersetzung erkennen, die Casetti zu V. 15 liefert:

Der Tod weidet sie, und man unterdrückt sie,
Gefügig (sind sie) am Morgen – und ihr Fels?
(Er soll bereit sein) die Scheol zu zermürben,
von der Wohnung aus, die er hat?!

Eine Deckungsgleichheit können wir nicht erkennen! Ein weiterer Vorschlag, der in ganz enger Anlehnung an den Text gewonnen wird, lautet folgendermaßen:

Wie Schafe sind sie in die Scheol gesetzt.
Der Tod weidet sie.

Sie – das sind natürlich die Menschen, gleich welcher Herkunft. Scheol ist die Unterwelt. So weit, so gut. Das ist eine Deutung, der man unmittelbar folgen kann: Der Tod als Schäfer ist nicht nur der »gute Hirte«. Wir kennen das früher häufig gebrauchte Bild vom Sensenmann, der ja auch über die »Felder« zieht.

Des weiteren möchte man vorschlagen:

... und es herrsch(t)en über sie Rechtschaffene am Morgen.

Diese Formulierung wirkt relativ optimistisch, und das Ganze macht auch den Eindruck, als wenn hier etwas positiv gedeutet werden sollte.

3.7 *Doch noch Hoffnung?*

Was den letzten Teil von V. 15 anbelangt, gehen die Meinungen weiterhin völlig auseinander. Es bieten sich zwei Möglichkeiten an. Entweder deutet man das erstgenannte Wort *Fels* folgendermaßen: *Und ihr Fels (ist da)* – gemeint wäre mit diesem Bild Gott selber: als Fels, als Ausdruck der Hoffnung, als Hort der Sicherheit; *und ihr Fels* – der Fels der Menschen – *(ist da), die Scheol* – also die Unterwelt – *zu verderben,* und zwar: *von seiner Wohnung* – oder: *seinem Palast – her.* Das würde die Zuversicht bedeuten, daß Gott letzten Endes die Scheol, die Totenwelt, »aus der Welt« schaffen wird. Das entspräche dann in etwa dem, was in V. 16, also dem ersten Vers des »Kommentars«, steht: *Doch Gott wird mich loskaufen aus dem Reich des Todes ...* Dies ist eine zuversichtliche Aussage, und so meint die »Übersetzerrichtung«, man könne auch den V. 15 etwas positiver interpretieren. – Hier zu einem überzeugenden Ergebnis zu kommen ist schon ein heilloses Unternehmen!

Daneben bleibt noch die andere Möglichkeit, der offenbar auch die Einheitsübersetzung zuneigt. Denn dann ergibt sich die Variante, eine Aussage über das Schicksal der reichen Toren in der Unterwelt zu vermuten: Sie steigen in das Grab hinab, und ihre Gestalt ist dazu da, zu zerfallen, die Scheol ist ihre Wohnung.

Für uns genügt es zu wissen, daß wir in der Einheitsübersetzung eine Übersetzertradition finden, die das Ende nochmals betont: Reiche und Arme werden gleich behandelt und vom Tod gewissermaßen in diese Finsternis entlassen. Eine andere Übersetzertradition, die offenbar positiver über den Wortlaut denkt, möchte zum Ausdruck bringen, daß doch noch ein Hoffnungsschimmer besteht, daß Gott die Menschen, die da unten sind, von der äußersten Bedrohung erlöst, ganz im Sinn von V. 16.

Wir wollen ein solches Ringen um den Wortlaut als ein Ringen in Israel verstehen, ein Ringen um ein glaubwürdiges Umgehen mit der Hoffnung, daß es weitergeht. Unser Kommentator ist am Ende der Meinung, daß Gott den Menschen über die letzte Schwelle begleitet, und Gott wird ihn auch vor dem Hinabstürzen in das Dunkel bewahren. Davon ist der »Psalmdichter«, so wie er uns in diesem *ganzen* Psalm vor Augen tritt, überzeugt. Und das ist auch das, was uns Mut geben kann, diesen Psalm nachzusprechen. In ihm kommt die menschliche Not über unser Nichtwissen darüber, wie es nach dem Tod mit uns weitergeht, zu Wort.

4. Die Scheol – ein Bild für Tod und Not?

4.1 Die Scheol *als »Unterwelt«*

4.1.1 Formprobleme als Signal

Der 49. Psalm, ein israelitisches Zeugnis der Vorstellungen vom Leben vor, in und nach dem Tod, ist insbesondere dunkel in V. 15. Die Einheitsübersetzung liefert uns eine Wiedergabe des Verses, die keineswegs unumstritten ist. Sie läßt den Eindruck aufkommen, als sei mit dem Abstieg in die Unterwelt alles am Ende, als gebe es keinerlei positives Zukunftssignal, für wen auch immer. Es sieht also nach einem Verdikt über jede Jenseitshoffnung aus. Wenn wir den Text jedoch anders beurteilen und die Vorschläge zur korrekten Wiedergabe ernst nehmen, die noch im Raum stehen, kann er durchaus einen positiven Hintergrund offenbaren, nämlich den, daß der Tod zwar die Reichen und die Armen begleitet, sich dabei aber gewissermaßen wie ein Hirt ihrer annimmt. Darin könnte das Bild vom Hirten als eines schützenden Bewachers enthalten sein. Nach dieser Version wäre der Text etwa wie folgt zu verstehen: ... *sie herrschen in der Unterwelt bis zum Morgen,* oder vielleicht sogar: ... *sie steigen hinab in die Unterwelt, um am Morgen wieder aufzuerstehen.* Das ist eine Bildsprache, die religionsgeschichtlich sicher interessant wäre, weil sie uns unmittelbar mit dem zusammenführt, was bereits die Ägypter über das Schicksal der Verstorbenen sagten: daß sie zwar in diese andere Welt hinabsteigen, aber auch wieder den Weg zur Erneuerung und zum Leben finden. Das Wort »Morgen«, das im Urtext steht, hebräisch *boqär,* stünde dann für aussichtsreiche Zukunft und für neues Leben.

Wir wollen uns allerdings noch etwas weiter auf die Schwierigkeiten des Textes einlassen: Das Wort für »Morgen«, *boqär,* klingt so ähnlich wie das Wort für »Grab«, *qäbär.* Man muß nur zwei Konsonanten umstellen. Deswegen hat die Einheitsübersetzung hier auch die Wiedergabe gewählt: *Geradewegs sinken sie hinab in das Grab.* Eine solche Wiedergabe paßt dann natürlich auch besser zu dem angeblich negativen »Effekt« des ganzen Verses. Aber die Übersetzung ist sehr unsicher.

Ich möchte eigentlich bei dem bleiben, was ich schon ausgedrückt habe: Unser Text verrät etwas von der Gratwanderung, auf die sich Menschen begeben, wenn sie über das künftige Leben nachdenken. Die einen sind der Meinung: Dies Leben erschöpft sich am Ende der Tage, und was dann kommt, das weiß nur Gott allein. Die anderen bringen ganz bewußt und energisch zum Ausdruck, daß das andere Leben tatsächlich ein Neuwerden ist und den Menschen, wie auch immer, in eine neue Sphäre des Bewußtseins und des Lebens bei Gott hineinführt. Im Grunde sind das ja die Schwankungen, die den Menschen in seinen Erwartungen sein ganzes Leben lang begleiten: Auf der einen Seite weiß er um die irdischen Grenzen des Lebens; auf der anderen Seite hofft er, daß es mit dem menschlichen Bewußtsein, seinem »Geist«, seinem »Ich« irgendwie weitergeht. Eigentlich ist es genau diese Gratwanderung, die sich in der Dunkelheit des Verses 15 ausdrückt. Wie man auch immer übersetzt – für beide Varianten gibt es gute Gründe.

4.1.2 ... hinabgestiegen in die Unterwelt

Ich möchte noch einige weitere Hilfestellungen zum Verständnis geben, indem ich ein Wort herausgreife und besonders betrachte, nämlich das Wort für die Unterwelt. Da können wir nämlich im Alten Testament Beobachtungen zusammentragen, die uns auf ganz dichte Weise vor Augen führen, wie die Menschen in Israel diese Sphäre beurteilt haben. Die einen halten nichts von der *Scheol* – so heißt die Unterwelt ja auf hebräisch – und wünschen dem Menschen nicht, daß er dort zu Hause sein soll. Die anderen sind doch der Meinung, daß mit *Scheol* etwas Wichtiges vor Augen tritt, wenn auch Genaues, Exaktes nicht bekannt ist. Man hat sich gefragt: Was bedeutet eigentlich die Wendung »hinabsteigen in die Unterwelt«? Das ist eine Formulierung, die auch unser Psalm möglicherweise gebraucht: »herabsteigen« heißt auf hebräisch *YRD,* im Gegensatz zu *ᶜLY,* »heraufsteigen«. »Herabsteigen in die Unterwelt« ist ein Terminus technicus für »sterben«. Wir kennen diesen Ausdruck auch aus der Bildsprache des Credo: »hinabgestiegen in das Reich des Todes«. Auf den ersten Blick ist dies eine Doppelung gegenüber dem, was kurz zuvor gesagt wird: »gekreuzigt, gestorben und begraben«. Warum dann noch einmal: »hinabgestiegen in das Reich des Todes«? Das scheint doch nur eine bildhafte Umschreibung für das Sterben zu sein, jedenfalls nach der Vorstellung des Alten Testaments.

Allerdings kommt bei der Wendung »hinabgestiegen in das Reich des Todes« noch etwas anderes hinzu, und das ist ein außerbiblischer Aspekt. Wer steigt denn – nach der Vorstellung der Ägypter – hinab in das Reich des Todes? Das ist der Sonnengott selber, der sich herabbewegt und hinabsteigt in die Tiefen, der sich dann aber natürlich auch wieder aus der Tiefe erhebt. Wir sehen, daß hier im Credo eine Vorstellung aufgegriffen wird, die ihren Ansatz nicht nur im Alten Testament hat, sondern besonders in der außerbiblischen Religionsgeschichte, indem das Sterben als etwas gedeutet wird, was sich mit Gottes Hilfe zu einer Neubelebung gestaltet. Denn Jesus ist als »Sohn Gottes« derjenige, der mit seinem Gott den Abstieg in die Unterwelt und den Aufstieg aus ihr vollzieht. Das Credo fährt ja auch unmittelbar fort: »auferstanden von den Toten«, so daß wir in diesem Bild »hinabgestiegen in die Unterwelt« ein Zwischenglied zwischen der Rede vom Sterben und der Rede von der Auferstehung haben. »Hinabgestiegen in das Reich des Todes« verbindet also biblisches Reden mit der außerbiblischen Rede vom höchsten Gott, der sich herabbewegt, der herabsteigt, um wieder aufzuerstehen. Im Glauben an Jesus wird dieses »Menschheitsbekenntnis« – so kann man durchaus sagen – unter Einschluß dessen, was Israel meint, zur Sprache gebracht.

4.1.3 Die Bedeutung des Begriffes Scheol

Ich möchte dem letztgenannten Aspekt noch durch eine konkretere Betrachtung des Ausdrucks *Scheol* etwas nachgehen. Das Wort begegnet natürlich nicht nur in Psalm 49,15, sondern kommt im Alten Testament sechsundsechzigmal vor, wobei die Septuaginta diesen Ausdruck etwa sechzigmal mit »Hades« übersetzt, einer Bezeichnung, die wir aus der griechischen Mythologie kennen. Die griechischen Übersetzer waren also der Meinung: »Scheol« entspricht »Hades«, jedenfalls im wesentlichen. Sonst wählt die Septuaginta den Ausdruck *thanatos*, »Tod«, aber dieser ist mythologisch längst nicht so befrachtet wie der Ausdruck »Hades«.

Ich möchte zunächst einige andere Vorschläge diskutieren, ohne philologisch allzusehr ins Detail zu gehen. Woher kommt der Ausdruck *Scheol*? Wie ist er von Haus aus zu verstehen? Welche Vorschläge stehen im Raum? Ich will drei der bisher erbrachten Vorschläge besonders hervorheben.

Ort der Befragung
Ein erster Vorschlag sieht vor, den Begriff von der hebräischen Basis *Š'L* abzuleiten. Das Verbum *scha'al* heißt »fragen«. Demnach wäre *Scheol,* wenn die Nominalbildung nachvollziehbar ist, der »Ort der Befragung«. Man hätte dann eine Analogie zu Befragungsvorgängen, wie man sie beim Totengericht unterstellen könnte, das wir in Ägypten kennengelernt haben. Allerdings: Woher wissen wir, daß es eine solche Befragung gegeben hat? Müssen wir uns da nicht vor Augen führen, daß wir immer wieder von Bekenntnissen des Toten hören, von dem sogenannten »negativen Sündenbekenntnis«, aber doch nicht eigentlich von einer Befragung im strengen Sinn? Es knüpfen sich an diese Ableitung doch kritische Einwände, denn im Alten Testament ist auch sonst nirgendwo von einer Befragung des Toten in der anderen Welt die Rede. Warum soll gerade das für das Wort *Scheol* charakteristisch sein? Fragen bleiben.

Ort der totalen Öde
Ein anderer Vorschlag geht davon aus, daß man ein hebräisches Wort nur um den letzten Konsonanten, das *l,* ergänzen müsse. So etwas gibt es: Gelegentlich kann ein *l* an bestimmte Worte herantreten, um eine besondere Hervorhebung auszudrücken, z. B. beim Wort Karmel. Dieser Gebirgsname geht zurück auf das Wort *käräm* »Weinberg«. Das *l* ist also eigentlich nur eine Verstärkung des Wortes für »Weinberg«; der »Karmel« ist eine besonders fruchtbare Gegend. Es gibt auch noch andere Beispiele für das angehängte *l.* – Die eigentlich zugrunde liegende Wurzel wäre in unserem Fall die Basis *Š'Y.* Mit dieser Basis verbunden ist ein bekanntes Wort, das Wort für »Öde«, das im Hebräischen »Schoah« lautet. Das ist im Alten Testament der Ausdruck für eine außerordentlich chaotische Erscheinung und eine heute vielfach verwendete Alternative zum Ausdruck »Holocaust«. »Schoah« bedeutet also die totale Zerstörung oder die totale Vernichtung. Auch diese Deutung hat eine gewisse Attraktion für sich: *Scheol* bestünde demnach aus dem Wort für »Öde« und dem verstärkenden *l* am Ende. Man kann aber auch hier kritische Rückfragen stellen, denn das Wort »Schoah« ist mit einer anderen Vokalisation versehen, die man lautgeschichtlich nur schwer mit *Scheol* verbinden kann. Es stehen also lautgesetzliche Probleme im Hintergrund, die uns die Zustimmung erschweren. Aber diese Deutung wird – mangels besserer Lösungen – eben auch vertreten.

Ort des Nichtseins

Eine dritte Möglichkeit will ich ebenfalls noch benennen: Nach dieser Theorie besteht *Scheol* aus der Relativpartikel *sch*^{e} und der Verneinung *'al*. Dementsprechend wird *Scheol* dann gedeutet: »wo ein Nichtsein ist«, »was nichts ist«. Allerdings liegen auch hier sofort die Bedenken auf der Hand. Ich kann aus der hebräischen Negation *'al* nicht so ohne weiteres ein Nomen machen, das »Nicht-Sein«, »Nichtexistenz« oder dergleichen bedeutet. Ich kann auch nicht so ohne weiteres davon ausgehen, daß ein Nomen, das so tief und fest im alttestamentlichen Wortschatz verankert ist, auf eine solche Kurzform eines Relativsatzes zurückzuführen ist.

Ort Gottes

Deswegen möchte ich bei meinem Vorschlag bleiben, weil es für mich bislang keine überzeugendere Lösung gibt. Erinnern wir uns also nochmals an das wunderbar ausgestattete Grab des Sennedjem aus der Zeit der Ramessiden in Deir el Medineh mit der Ernteszene und der wunderschönen paradiesischen Umgebung und natürlich der Fahrt des Sonnengottes in Begleitung der Verstorbenen, des Sennedjem und seiner Frau, durch die jenseitige Welt. Wir haben schon festgehalten, daß die Szene eine paradiesische Welt in all ihrem Überfluß zeichnet, daß sie als ägyptische Version des Elysiums gelten kann. Wir haben auch gesagt, daß diese Szene von den Ägyptern als »Binsenfeld« bezeichnet wurde. In der ägyptischen Sprache sieht das in Umschrift so aus: *š-j*^{3}*lw*, gesprochen: *schi-jalu*. (Das Zeichen 3 entspricht dem hebräischen Alef.) *š* ist das »Feld«, der »Raum« oder das »Gebiet«; *š-j*^{3}*lw* übersetzt man als »Binsengebiet«. Aber was soll das heißen? Man könnte natürlich an die überaus fruchtbaren Felder denken, wo das Korn außergewöhnlich hoch steht.

Neuerdings hat sich eine ergänzende Lösung empfohlen. Es handelt sich nämlich bei *j*^{3}*lw* möglicherweise um eine ägyptische Wiedergabe des semitischen Wortes *ilu*, »Gott«. *ilu* kennen wir aus der hebräischen Gottesbezeichnung 'El oder 'Elohim oder aus der arabischen Gottesbezeichnung Allah, was ja – mit der Verstärkung des Ausdrucks *ilu* – nichts anderes heißt als »der einzige Gott«. In den alten semitischen Sprachen lautet die Bezeichnung für »Gott« also *ilu* oder einfach *il*. Nun besagt die neuere Theorie, daß das semitische Wort für »Gott« in ägyptischer Transkription *j*^{3}*lw* gelautet haben könnte. Das ist durchaus nachvollziehbar. Lautgeschichtlich gibt es dagegen nichts einzuwenden. Mit *schi-jalu* wäre also das »Gebiet Gottes« oder das »Gottesland« gemeint.

So haben es allerdings die Ägypter gesehen: daß dort Gott zu Hause ist und daß dort das Paradies ist, die jenseitige Welt. Sie entsprachen damit dem Verlangen und den Sehnsüchten der vielen, die sich über das Leben nach dem Tod Gedanken machen und deren Hoffnung auf eine heile, paradiesische Welt gerichtet ist, und haben das, wie wir sahen, in einer außerordentlichen Vielfalt und Liebe zum Detail entfaltet.

Scheol als »Gottesland«: Ich halte das für die ursprüngliche Bedeutung. Wir müßten dann jedoch annehmen, daß *Scheol* in der hebräischen Sprache ein Fremdwort ist, und zwar für das Elysium, wie es die Ägypter betrachtet haben. Im Alten Testament ist *Scheol* aber keineswegs das Elysium. Unser Psalm 49,15 hat zum mindesten in der Schwebe gelassen, wie denn diese Welt beschaffen ist. Ist sie tatsächlich die Erfüllung aller Hoffnungen, oder birgt sie eventuell ein Quantum Unsicherheit oder sogar Gefahr oder Trostlosigkeit in sich?

4.1.4 Der Kontext von Scheol

Himmel und Scheol

Wenn man die anderen Belegstellen für *Scheol* im Alten Testament zu Rate zieht, kann man zunächst einmal feststellen, daß der Begriff *Scheol* gelegentlich mit präpositionalen Ausdrücken versehen wird; »hin zur *Scheol*« heißt es zuweilen. Etwas ausdrucksvoller ist das Beiwort »unterste *Scheol*«. In Deuteronomium 32,22 etwa werden JHWH die Worte in den Mund gelegt: *In meiner Nase ist Feuer entbrannt. Es lodert bis in die unterste Totenwelt ...* – In Psalm 86,13 heißt es: *Du hast mich der untersten Totenwelt entrissen.* – Vor allem aber ist interessant, daß ein Gegenbegriff zu Scheol *schamajim,* »Himmel«, ist. Man sagt also nicht so ohne weiteres »Himmel und Erde« – das kommt natürlich auch vor, zum Beispiel in Gen 1, aber es gibt das andere Begriffspaar: »Himmel und *Scheol*«. Der Himmel ist oben, die *Scheol* ist unten. Wenn wir sagen, der Himmel sei »oben«, so ist das ja – nebenbei bemerkt – auch ein Bildwort. »Oben« ist zu einem Bildwort für den Bereich genommen worden, wo Gott wohnt und wo eben das Erstrebenswerte, beispielsweise in einer Vision, zu Hause ist, wonach wir uns ausrichten: den Kopf erheben, nach oben schauen, das heißt Zuversicht haben, auf das Leben hingeordnet sein. Im Alten Orient galt das Nach-unten-Schauen oder das Nach-unten-orientiert-Sein keineswegs als eine positive Grundhaltung. Nach oben schauen, nach oben orientiert sein: Dies positive Bild liegt auch den Textstellen zugrunde, die den Kontrast zwischen »Himmel« und *Scheol* ausdrücken.

Die Grube

Die Hebräer haben im übrigen für die Unterwelt nicht nur den Ausdruck *Scheol* gebraucht, sondern auch einen anderen, der sehr viel nüchterner und weniger mit Vorstellungen befrachtet erscheint. Sie nannten die Unterwelt einfach die »Grube«: »in die Grube fahren« – eine, wie man zugeben muß, außerordentlich wenig attraktive Wendung! Da wird der hebräische Ausdruck *bor* gebraucht oder auch *schachat.* Natürlich ist auch »Grube« ein Bildwort, weil es mit dem Herabsteigen besser assoziiert werden kann. Herabsteigen in die Grube! *Scheol* und *bor* oder *schachat* können nebeneinander verwendet werden. Unser Psalm 49,15 erwähnt möglicherweise beides. Textstellen, wo *Scheol* mit dem Wort für *bor*, »Grube«, zusammengeführt wird; sind Jes 14,15: *Doch in die Unterwelt wirst du hinabgeworfen, in die tiefste Grube,* Ps 30,4: *Herr, du hast mich herausgeholt aus dem Reich des Todes, aus der Schar derer, die in die Grube hinabsteigen, mich zum Leben gerufen,* und Ps 88,4 f.: *Denn meine Seele ist gesättigt mit Leid, mein Leben ist dem Totenreich nahe. Schon zähle ich zu denen, die hinabsteigen in die Grube ...*

Es gibt den Ausdruck »herabsteigen in die Grube« so wie »herabsteigen in die Unterwelt« etwa bei Jes 38,18: *Ja, in der Unterwelt dankt man dir nicht, die Toten loben dich nicht; wer in die Grube hinabsteigt, kann nichts mehr von deiner Güte erhoffen,* und bei Ez 26,20: *Ich stoße dich zu denen hinab, die in die Grube gestiegen sind, zum Volk der Vorzeit.* »Herabsteigen in die Unterwelt« oder »in die Grube« ist ein Bildwort für das, was wir auch im Credo vor uns haben, aber dort eben angereichert durch die Vorstellung des Abstiegs des Sonnengottes in die Unterwelt, was von vornherein einen außerordentlich positiven »Beigeschmack« hat.

4.1.5 Die Scheol *als Anti-Elysium*

Gottesferne

Welche theologische Bedeutung ergibt sich aus diesem Befund, wenn wir die Verwendung von *Scheol* im Alten Testament betrachten? Der negative Eindruck überwiegt in der Tat. *Scheol* meint die Gottesferne, ja auch die Todesangst. *Scheol* meint den Raum, wo Gott nicht ist. Hier können wir wieder Jes 38,18 heranziehen oder auch Ps 88,11–13: *Wirst du an den Toten Wunder tun, werden Schatten aufstehn, um dich zu preisen? Erzählt man im Grab von deiner Huld, von deiner Treue im Totenreich? Werden deine Wunder in der Finsternis bekannt, deine Gerechtigkeit im Land des Vergessens?* Auch Ps 115,17 meint: *Tote können den Herrn nicht mehr loben, keiner, der ins Schweigen hinabfuhr.* Überall kommt zum Ausdruck, daß man nicht in die *Scheol* will. Daß dann auch die Bitte an Gott geht, doch von dieser Welt, wo Gott nicht ist, verschont zu bleiben, ist nur zu verständlich. Wir finden diese Bitte etwa in Ps 6,6: *Denn bei den Toten denkt niemand mehr an dich. Wer wird dich in der Unterwelt noch preisen?* Oder in Ps 30,10: *Was nützt dir mein Blut, wenn ich begraben bin? Kann der Staub dich preisen, deine Treue verkünden?* So versteht man unter *Scheol* den Ort, wo man auf gar keinen Fall hin möchte und von dem man verschont bleiben möchte. Gott wird gebeten, den Menschen davon fernzuhalten.

Strafgericht über Israel und über Fremdvölker

Scheol wird gelegentlich auch als Ort des Strafgerichts aufgefaßt. Das entspricht natürlich schon etwas stärker Vorstellungen, die auch in Ägypten greifbar sind, wie wir gesehen haben. Allerdings nur, wenn man die Perspektive auf den Gesamtbereich des Jenseits ausdehnt, denn es geht ja um den Ort, wo über die Frevler und die, die mit ihrem Tun vor der Göttin Maat, der Göttin der Gerechtigkeit, bestehen wollen, Gericht gehalten wird, und es kann – wie dargelegt – passieren, daß jemand versagt und den Qualen der Unterwelt überantwortet wird. Ähnliches scheint sich auch in dem Ausdruck *Scheol* und seinem Gebrauch im Alten Testament wiederzufinden, wenn man etwa das Schicksal der Rebellen Datan und Abiram in Num 16,28 ff. betrachtet. Auch als Drohwort für ganz Israel wird der Begriff *Scheol* eingesetzt: Wenn es sich in seiner Verstocktheit nicht ändert, wird es dann eben auch diesem Strafgericht Gottes, das heißt dem Aufenthalt in der *Scheol*, überantwortet. Derartiges finden wir etwa in Jes 5,14: *Darum sperrt die Unterwelt ihren Rachen auf, maßlos weit reißt sie ihr Maul auf, so daß des Volkes Pracht und Reichtum hinabfährt, der ganze lärmende, johlende Haufen.*

Es gibt auch die Möglichkeit, daß über fremde Völker, die Israel schaden oder geschadet haben, ein Urteil abgegeben oder ein Drohspruch ausgesprochen wird, so etwa über Babel: Der König von Babel soll in die Unterwelt fahren, heißt es in Jes 14,4–21, einer ausführlichen Drohweissagung über den Herrscher von Babylon:

> *Das Totenreich drunten gerät in Erregung, wenn du hinabkommst. Deinetwegen weckt es die Totengeister auf, alle Fürsten der Erde, alle Könige der Völker läßt es aufstehen von ihren Thronen. Sie alle rufen dir zu: Auch du bist nun kraftlos geworden wie wir, jetzt bist du uns gleich. Hinabgeschleudert zur Unterwelt ist deine Pracht samt deinen klingenden Harfen. Auf Würmer bist du gebettet, Maden sind deine Decke.* (Jes 14,9–11)

Über Tyrus als Repräsentanten des mit Israel konkurrierenden Phönizien finden wir in Ez 26 ein vernichtendes Urteil. In V. 20 heißt es:

> *Ich stoße dich zu denen hinab, die ins Grab gesunken sind, zum Volk der Vorzeit. Ich weise dir einen Wohnsitz zu in den Tiefen der Erde, in der ewigen Einöde bei denen, die ins Grab gesunken sind.*

In einem Urteil über das Schicksal Ägyptens insgesamt in Ez 29–32, zu den Völkersprüchen gehörig, wird prophezeit, daß auch Ägypten den negativen Bereichen der Unterwelt anheimfallen werde, und sogar über den Pharao, von dem die Ägypter ganz selbstverständlich sagten, daß er natürlich zum Elysium, zum Paradies gelangt, lesen wir im Alten Testament etwas ganz anderes; beispielsweise ist in Ez 31 davon die Rede, daß der Pharao nichts Besseres verdient als den Aufenthalt in der Unterwelt, in der *Scheol*. Der Text vergleicht den Pharao mit einer Zeder des Libanon, die nun umgehauen wird:

> *Welcher der Bäume von Eden glich dir an Größe und Pracht? Und doch wirst du zusammen mit den Bäumen von Eden in die Unterwelt gestürzt. Dort wirst du mitten unter den Unbeschnittenen liegen, unter denen, die vom Schwert erschlagen*

wurden. So geht es dem Pharao und seinem ganzen Gefolge – Spruch Gottes, des Herrn. (Ez 31,18)

Die Scheol als Ausdruck innerer Not
Im bildsprachlichen Gebrauch überwiegt also sicher der negative Eindruck. Man wünscht, daß die Frevler dorthin gelangen, dort verbleiben und den Menschen nicht mehr schaden. *Scheol* kann sogar auch die Not des Beters selbst ausdrücken; zum Beispiel sagt der Beter in Ps 88 von sich selber: Ich bin eigentlich in der Unterwelt, ich fühle mich vollständig verlassen von allen guten Geistern, ich bin in der Finsternis. So heißt es in V. 6f.: *Ich bin zu den Toten hinweggerafft, wie Erschlagene, die im Grabe ruhen; an sie denkst du nicht mehr, denn sie sind deiner Hand entzogen. Du hast mich ins tiefste Grab gebracht, tief hinab in finstere Nacht.* – Von dieser existentiellen Bedrohung wird noch die Rede sein.

Es treten aber auch noch verwandte Bilder auf: »Die Stricke der Unterwelt umfassen mich«, heißt es zum Beispiel in Ps 18,6.

4.1.6 Der »Zugriff« Gottes auf die Scheol

Ich möchte – trotz dieser »massiven« und scheinbar ein ganz eindeutiges Bild vermittelnden Textbelege – nicht versäumen, den bildsprachlichen Gebrauch auch noch daraufhin zu befragen, ob nicht doch auch im Alten Testament eine positive Interpretation spürbar wird. Im Buch Jona ist zwar von der Isolation, die den Propheten befällt, die Rede, und von seinem dreitägigen Aufenthalt in den »Tiefen«, im Bauch des Fisches – dies aber als Vorzeichen der Errettung. Hier kommen bereits andere Stimmen zu Wort, die sich nicht einfach damit zufriedengeben, die andere Welt nur negativ zu klassifizieren.

Im Laufe der Geschichte Israels hat man der *Scheol* immer mehr positive Züge gegeben. In späteren Texten heißt es etwa, daß JHWH, der Gott Israels, auch in der Unterwelt sein kann, daß es also ein Hineinwirken Gottes auch in diesen Bereich gibt. Beispielsweise in Ijob 26,6: *Nackt liegt die Unterwelt vor ihm, keine Hülle deckt den Abgrund,* oder im Buch der Sprüche 15,11: *Totenreich und Unterwelt liegen offen vor dem Herrn, wieviel mehr die Herzen der Menschen,* hat man den Eindruck, als sei die *Scheol* für den Eingriff Gottes offen. Es heißt sogar ausdrücklich, daß Gott in diesem Bereich tätig wird, daß es im Grunde in der gesamten

Wirklichkeit überhaupt keinen Sektor gibt, der von Gott ausgespart wäre. In Amos 9,2 lesen wir in einer anscheinend relativ späten Fassung: *Wenn sie in die Totenwelt einbrechen: meine Hand packt sie auch dort. Und wenn sie zum Himmel aufsteigen: ich hole sie von dort herunter.* In Ps 139,8 wird ebenfalls betont, daß es auch für den Gott Israels einen Zugang zur *Scheol* gibt. Allerdings sagt das Alte Testament nichts Näheres darüber, wie denn Gott in der *Scheol* präsent ist.

4.1.7 Der »Gott der Lebenden«

Wir wollen nach diesem Durchgang durch das Alte Testament festhalten, daß die überwiegende Zahl der Belegstellen kritisch über die Unterwelt spricht, über diesen »Raum« nach dem Tod. Ich wiederhole noch einmal, daß das gesamte Interesse Israels dem Erleben der Gegenwart gilt, daß Gott ein Gott der Lebenden und nicht der Toten ist. Die Nachwirkung dieser Grundidee spüren wir auch im Neuen Testament: »Was sucht ihr den Lebenden bei den Toten?« (Lk 24,5). Die Überzeugung, daß Gott ein Gott der Lebenden ist und nicht der Toten, ist in Israel verankert. Deshalb interessiert eigentlich nicht so sehr das, was nach dem Tod kommt. Das jedenfalls sind die Zeugnisse, die das Alte Testament hergibt.

Daneben müssen wir jedoch den Glauben des Volkes berücksichtigen, der nicht unbedingt im Alten Testament seinen Niederschlag gefunden hat. Wir haben auf die Grabanlagen hingewiesen, die die Archäologie bearbeitet hat, und da wird auch aufgrund der Inschriften deutlich, daß es im Volk durchaus den Glauben an ein Weiterleben gegeben hat. Aber warum wird im Alten Testament so massiv gegen überzogene Jenseitserwartungen Stellung bezogen? Man wollte nicht in denselben Sog geraten, den gerade das Nachbarvolk Ägypten so offensichtlich demonstriert hat, und das in einem Überschwang sondergleichen. Das ganze Leben des Ägypters stellt sich im Grunde so dar, als wäre es ein einziges Sorgen um ein Leben nach dem Tod. Da baut man Pyramiden, da baut man großangelegte Gräber. Da gibt man dem Toten unendlich viel mit, damit ihm ja nichts passiert. Man schreibt Wünsche an die Grabwände, man dekoriert, man malt aus, man gibt Gaben mit. Man gibt Totenbücher, Jenseitsführer mit und strapaziert dieses magische Bemühen. Das ist durchaus verständlich, aber man strapaziert das Bemühen so, daß eigentlich am Ende eine Massierung von Skrupeln im Raum steht: Habe ich genug getan, um das Leben nach dem Tod abzusichern? Habe ich alles ausgeschöpft, was menschliche Phantasie sich ausdenken kann? Solche Zweifel haben bei den Ägyptern sicher Ängste hervorgerufen.

Das Alte Testament will diesen Ängsten nicht nachgehen, sie jedenfalls nicht weiter vertiefen. Im Gegenteil: Das Vertrauen auf Gott soll die Angst vor dem, was kommt, überflüssig machen. Das wird auch denen im Volk entgegengehalten, die sich so gern nach dem Modus und nach der Praxis der Ägypter auf ein Weiterleben nach dem Tod einstellen und wenigstens ein bißchen davon nachahmen wollen. Die biblischen Texte treten für den Gott ein, der jetzt eingreift, auf den man sich jetzt verläßt. Psalm 49 drückt in V. 16 schön aus, daß Vertrauen auf Gott darauf setzt, daß Gott schon *seinen* Weg gehen wird, um den Menschen aus diesem trostlosen Bereich wegzugeleiten, weil dieser Gott etwas für den Menschen übrig hat. *Was* er für den Menschen übrig hat, *wie* er ihm eine Zukunft schenkt, das ist ausschließlich Gottes Sache. Sich darüber Gedanken zu machen, gut, das kann man tolerieren, aber sich im Detail auszudenken, wie es ist, und vielleicht sogar die Dinge gestalten, dirigieren wollen, das ist einfach nicht des Menschen Sache. Sich auf diesen Gott einlassen, hier und jetzt, das ist entscheidend, im Bewußtsein, daß dieser Gott eben auch dabei hilft, die letzte Hürde zu nehmen, und den Menschen auch danach nicht allein läßt. Das ist das Entscheidende, das uns die biblischen Texte sagen. Wir brauchen uns nicht in Ängsten zu verrennen, wir brauchen nicht in ständiger Abwehrhaltung gegenüber der *Scheol* dazusitzen und zu trauern, sondern das Sich-Verlassen auf Gott ist das Entscheidende. Dieser Gott wird uns in Bereiche seines Lebens einführen, für die es keine menschlichen Maßstäbe gibt.

4.2 Die Scheol *als Existenzerfahrung*

4.2.1 Gottvertrauen – sogar in der Scheol?

Man kann es drehen und wenden, wie man will. Die Literatur des Alten Testaments weiß nichts von positiven Akzenten im Zusammenhang mit der Rede von der *Scheol*. Die älteren Texte sind in diesem Punkt ganz eindeutig. Sie lassen nicht die geringste positive Gewichtung zu. Bei den jüngeren Texten könnte man hier und da meinen, daß die *Scheol* doch ein Raum sei, wo Gott Zugriff haben könnte – ein Raum, in den man aber natürlich nicht gelangen will und der sicher nichts »Attraktives« an sich hat, der aber nicht vollständig von der Präsenz Gottes ausgeschlossen werden kann. Hiernach gewinnt man den Eindruck, daß der Mensch des Alten Testaments sich am Ende nach vielem Hin und Her doch nicht dazu entscheiden kann, Räume aus der göttlichen Befugnis total auszuklammern, daß ihm doch auch das Sehnen der Menschen rundum etwas beigebracht hat, was ihm selbst zum eigenen Bedürfnis geworden ist – trotz aller Skepsis Ausschau zu halten nach dem, was »danach«, nach dem Tod, kommt, zu erwägen, ob es für den Menschen nicht doch eine Sphäre gibt, die ihn bei seinem Gott sein läßt, und zwar ohne daß er von all dem bedrängt und belastet wird, was man sonst mit der *Scheol* als Ort der Gottesferne verbunden hat.

4.2.2 Die Scheol *als diesseitige Erfahrung*

Um hier weiterzukommen und um den Vorstellungen des Alten Testaments gerechtzuwerden, ohne sie im Blick auf die Rede von der Auferstehung im Neuen Testament vorschnell abzuwerten, müssen wir uns noch einmal in die Bildsprache hineinvertiefen. Denn Bildsprache ist die Art und Weise, wie der Mensch über die Grenzen seines irdischen Erfahrungsbereichs hinweg Vorstellungen gestaltet, wie er sein Schicksal ausmalt. Die Bildsprache im Alten Testament verwendet traditionelle Ideen von der Unterwelt und vermeidet jedwede positive Zeichnung. Aber es kommt etwas hinzu, was außerhalb des Alten Testaments – vor allen Dingen in der westlichen, der ägyptischen und phönizischen, Kultur – nie so ausgeprägt erscheint: daß nämlich das Bild der Unterwelt auch gewählt wird, um bereits eine gegenwärtige Erfahrungsdimension zu zeichnen. Diesen Aspekt haben wir bereits gestreift: Was dem Menschen *jetzt* Leidvolles geschieht, wird also nicht bloß in eine andere, dem Menschen unzugängliche – noch unzugängliche – Welt »verdrängt«, sondern was *Scheol* ist, das ist für den biblischen Menschen etwas Erfahrbares, und zwar etwas, was das gegenwärtige Leben in seinem Auf und Ab kennzeichnet. So kommt es, daß das Bild von der gottfernen, leidvollen Unterwelt gewählt wird, um die Situation des verzweifelten Menschen zu konturieren. Die Bilder der Psalmen legen davon ein beredtes Zeugnis ab, daß es diese Erfahrung gibt. Wenn Menschen sich von der Welt allein gelassen fühlen, ja wenn sie selbst ihren Gott nicht wahrnehmen, wenn sie in ihrer Isolation zu »verkommen« scheinen, dann fühlen sie sich so wie in der *Scheol*, wie in der Unterwelt.

Wir müssen also bedenken, daß es nicht um eine »Jenseitsspekulation« geht, wenn Israel über die Unterwelt nachsinnt und den Ausdruck *Scheol* gebraucht, sondern in erster Linie um etwas Gegenwärtiges, Diesseitiges. Auch daran erkennen wir, daß die Jenseitsspekulationen auf dem Boden Israels kaum Widerhall finden. Sie sind nicht brennend interessant und entsprechen nicht der unmittelbaren Bedürfnislage des Menschen. Deswegen wird gerade das, was für andere, vor allen Dingen die westlichen Kulturen, so wichtig zu sein scheint, insofern draußen gelassen und ausgeblendet, als man sich nicht in Details verliert, sondern den existentiellen Bezug herausstellt: Es geht mich etwas an, wenn ich von *Scheol* rede, und zwar jetzt und heute. Darum beschreibt der alttestamentliche Mensch seine Not vor Gott und den Menschen in traditionellen Bildern, die teilweise von der Umwelt übernommen werden.

4.2.3 Die Scheol *und das »Chaos«*

Dabei hört man Weiteres heraus: Der Mensch, der die *Scheol* auf Erden erfährt, erfährt auch das, was andernorts und außerhalb des Alten Testaments als chaotisch charakterisiert wird. Es gibt also so etwas wie eine Nähe der *Scheol*-Vorstellungen zu den vielseitigen und verbreiteten Ideen vom Chaos. Ich will hier nur das eine hervorheben: Die Schöpfungsvorstellungen des Alten Orients, vor allen Dingen Ägyptens, setzen immer wieder mit der Charakteristik eines chaotischen Urzustands ein, einer Vorwelt sozusagen, in der es keinerlei Leben gibt, einer Vorwelt, die als Bedrohung erscheint und die immer wieder auch als solche erscheinen kann, selbst nachdem das Schöpfungsgeschehen »über die Bühne gegangen« ist. Der ägyptische Mensch hat verschiedentlich in seinen literarischen und in anderen künstlerischen Produktionen zum Ausdruck gebracht, daß die chaotische Macht den Menschen ständig herausfordert, und zwar auch dann noch, wenn er im Lebensraum steht und von Gott immer wieder mit Leben beschenkt worden ist. Das Beschenktsein mit Leben ist noch kein »Garantieschein«, um vor den Angriffen des Chaotischen gefeit zu sein: eine Idee, die man in und außerhalb Ägyptens weiterverfolgen kann.

Darum müssen wir uns nicht wundern, wenn die Beschreibung der *Scheol* mit Bildern geschieht, die ansonsten der Charakteristik des Chaos vorbehalten sind. Der Beter, der sich in Not befindet und sich an seinen Gott mit einem Aufschrei wendet, ob es nun Ijob ist oder der Psalmbeter im Klagelied: er versteht seine Situation als eine chaotische. Ich erinnere hier nur an den berühmten Psalm 130, der mit der Klage »Aus der Tiefe rufe ich zu dir . . .« beginnt. »Aus der Tiefe« ist nicht einfach nur eine Metapher, die man beiseite schieben oder schnell in unser Gedankengut übertragen kann, sondern es handelt sich um einen mythologischen Ausdruck. Die »Tiefe« ist im Grunde die Wassertiefe, der Ort, wo eigentlich die *Scheol* zu suchen ist. Im Bild gesprochen und analog zum Weltbild der Alten, ist eben diese Unterwelt ganz unten und von chaotischen Wassern umgeben. Das ist ja mit ein Grund dafür, daß man die Gegenwart Gottes dort in Zweifel gezogen hat. Die *Scheol* wird von dem Klagenden als scheinbar ausweglose Tiefe empfunden: »Aus der Tiefe«, *De profundis.*

So können wir verstehen, daß sich der klagende Beter an seinen Gott wendet, er möge ihn doch vor dieser *Scheol* bewahren. Damit meint er zunächst konkret seine augenblickliche, gegenwärtige Not. Er möchte aus der Bedrängnis gerettet oder befreit werden und denkt dabei nicht so sehr an ein Leben nach dem Tod. Das ist zwar nach unserem Verständnis eingeschlossen, und wir richten vielleicht unwillkürlich sofort darauf den Blick. Deswegen wird der Psalm *De profundis* ja auch gern im Zusammenhang mit der Bestattungsliturgie gebetet, aber eigentlich gehört er dort primär nicht hin, sondern er gehört in den Raum des Lebens, wo Menschen sich in Not an ihren Gott wenden.

4.2.4 Die Befreiung

Was »danach« kommt, was nach dem Tod kommt, ist im Alten Testament jedenfalls nicht primär Gegenstand des Denkens und des Nachdenkens. Es wird gewissermaßen »draußen« gelassen. Hier und da meldet es sich, und wenn es sich meldet, das Bild von der anderen Welt, dann eben in Zusammenhang mit den augenblicklichen Nöten, die der Mensch zu durchstehen hat, und er bittet Gott, daß er ihn retten oder befreien möge. Wir müssen uns dieses Vokabular etwas vergegenwärtigen, das im Alten Testament gebraucht wird, um die Befreiung von dieser drängenden Not des

Augenblicks auszudrücken. Da gibt es eine Reihe von bildhaften Wendungen, die allesamt nicht in erster Linie darauf zielen, die Befreiung vom negativen Raum der *Scheol* nach dem Tod zu erbitten, sondern sie zielen darauf, die *Scheol* der Gegenwart, das, was uns jetzt bereits belastet, beiseite zu schaffen. Was Gott später tut, ist seine Sache, ist ihm überlassen, aber zunächst einmal möge er die Erscheinungsformen der *Scheol*, die *jetzt* spürbar sind, beseitigen.

»Herausreißen«

Es gibt einen Ausdruck, der mit der hebräischen Basis *NṢL* verbunden ist. Diese Basis wird im sogenannten *Hif^cil* oder Kausativ gebraucht und heißt »herausreißen«: »herausreißen« aus der Bedrohung – ein sehr plastischer Ausdruck. Gott möge den Menschen aus der Not und der Bedrängnis herausreißen! Daß auch hier wieder bildhafte Wendungen begegnen, ist bezeichnend. Es wird nicht systematisiert, es wird nicht dogmatisiert und lehrhaft gesprochen, sondern es wird lebensnah empfunden: Wenn man in der »Patsche« sitzt, möchte man gewissermaßen herausgerissen werden, so plötzlich, so schnell wie irgend möglich. Diese Bitte geht folglich an Gott: Er möge den Menschen »herausreißen«.

Das paßt natürlich auch zu einem Ausdruck, den wir bereits kennengelernt haben: daß der Mensch, wenn er in Not ist – nicht nur, wenn er stirbt! –, gewissermaßen in die Tiefe »hinabsteigt«. Es geht also um eine Bewegung von oben nach unten. Der Mensch fährt gewissermaßen schon in die Grube, um diesen plastischen Ausdruck zu verwenden, und daraus möchte der Mensch befreit werden – nicht irgendwann, sondern jetzt oder zumindest alsbald. Das entspricht einer sehr menschlichen Bedürfnislage, daß er die unmittelbare, gegenwärtige Not nicht »verdrängen« oder verlagern kann. Sie steht im Vordergrund, nicht die Not des Todes und das, was danach kommt. Denn der Gott, der einmal »herausgerissen« hat – und darum geht es ja –, der wird auch über die letzte Hürde helfen. Er wird den Menschen retten, weil er schon einmal gerettet hat. Wir kommen auf das Phänomen der Erinnerung an den rettenden Gott noch zurück. In Israel ist dieser Aspekt ganz besonders wichtig.

»Herausführen«

Auch im nächsten Terminus kommt gerade das Phänomen der befreienden Erinnerung zur Geltung: *YṢ'* heißt »herausgehen« und – wiederum im sogenannten Kausativstamm – »herausgehen lassen«:

Gott läßt herausgehen. Auch das ist ein plastischer Ausdruck: Gott läßt den Menschen aus seinem Elend »herausgehen«. Dieser Ausdruck wird gern gewählt, um die Herausführung aus Ägypten zu charakterisieren. Genau diese Herausführung aus Ägypten ist ja ein Thema, das Israel immer wieder beschäftigt hat, das geradezu formelhaft verdichtet werden konnte: Gott, der den Menschen herausgeleitet, herausführt. Die Bedrückung in Ägypten und die Befreiung aus Ägypten sind so etwas wie ein Modellfall für Lebenserneuerung überhaupt. Für den israelitischen, für den jüdischen Menschen ist die Erinnerung an die Befreiungstat in Ägypten zu einem positiven Stereotyp der Hoffnung geworden angesichts von allem, was Israel zunächst völlig zu vernichten scheint, also etwa auch angesichts der Erfahrung des Exils – ein gewaltiger Einschnitt in der Geschichte Israels! – oder auch im Blick auf spätere Katastrophen, ja es gilt für manche – wenn auch umstritten – sogar für den Holocaust, für die Schoah: daß Gott den Menschen so wie in Ägypten befreien kann. Daß das gerade angesichts der Schoah ein außerordentlich problematisches Bekenntnis geworden ist, darf man auf keinen Fall übersehen. Denn viele haben gerade angesichts der Schoah den Glauben an einen befreienden, rettenden Gott verloren.

Wir können aber zu einer anderen Sprache finden, zu einer Sprache, die etwa von einem Fortbestehen des Volkes redet oder von einem Fortbestehen der Erwartungen, die der Mensch sich bewahrt, wenn er auf die Menschlichkeit – und nicht ausschließlich auf die Unmenschlichkeit! – schaut: Es existieren hier verschiedene Modelle, die nicht unbedingt das Wort »Gott« im Munde führen.

Bleiben wir zunächst bei der Erinnerung an die Befreiung und Herausführung aus Ägypten! Sie ist für israelitisches und jüdisches Selbstbewußtsein eine Art Grunddatum, das sich auch auf das Leben und das Verhältnis zu Not und Tod übertragen läßt. Ich nenne bewußt beides zusammen: Not und Tod. Das sind gewissermaßen verschwisterte Erfahrungen im Leben des Menschen.

»Retten«

Ein anderer Ausdruck wäre etwa: aus dem Elend »gerettet« und befreit werden, und zwar in einer schon übertragenen Bildsprache. Hierfür kann der Ausdruck *YŠ*ᶜ gebraucht werden. Auch dies Verb wird gern im Hifᶜil verwendet, *hošia*ᶜ, und bedeutet im umfassenden Sinn »retten« und »befreien«. Dieser Ausdruck ist ja deswegen von großem Interesse, weil auch Namenbildungen von ihm geprägt sind. Nicht zuletzt der Name Jesu ist mit dieser Wurzel gebildet worden: Jesus als Inbegriff des Retters und des Befreiers. Diese Basis ist im Judentum fest verankert und bringt eine verdichtete Form von Rettung und Befreiung zum Ausdruck, die über die drastische Sichtweise des »Herausreißens« oder die des »Herausgeleitens« hinausgreift. Das ist schon ein Interpretament, ein theologischer Ausdruck, ein Theologumenon, könnte man sagen: die Rede vom befreienden und rettenden Gott.

Es gibt noch andere interessante Formulierungen, wie etwa die, daß der Mensch dem Tod »entrinnt«, sich wie ein Flüchtling gewissermaßen davonmacht und daß Gott ihm bei dieser Flucht, bei diesem Entrinnen behilflich ist.

Oder daß Gott den Menschen »aufsteigen« läßt, sozusagen als Gegenpol zu *YRD*, also zum Hinabsteigen in die Grube, das Heraussteigen, das Emporsteigen, das In-die-Höhe-Steigen. Auch das ist – allerdings weniger häufig – als Ausdrucksform bezeugt und erinnert ebenfalls an die Herausführung aus Ägypten. Auch dieser Ausdruck ist dort beheimatet: »Heraufführen«, in die Höhe begleiten als Gegenbewegung zum Hinabsteigen in die Tiefe, zum *descensus ad inferos.*

»Loskaufen«

Schließlich noch ein Ausdruck, den wir in Psalm 49 kennengelernt haben und der nochmals deutlich macht, wie in der *Scheol*-Erfahrung die Bedürfnisse des Menschen und der Glaube an den rettenden Gott zusammentreffen, denn es heißt in V. 16: *Doch Gott wird mich loskaufen aus dem Reich des Todes, ja, er nimmt mich auf.* Wenn wir das jetzt mit den Augen derer lesen, die die Bildsprache durchschauen, dann werden wir nicht sofort an den physischen Tod denken und allein diesen im Blick haben, sondern wir denken daran, daß – im Bild gesprochen – dieser Tod ja eigentlich auch schon ein Erfahrungsgegenstand für Menschen ist, die in äußerste Bedrängnis geraten. Das ist für den biblischen Beter immer das Nächstliegende und das Wichtigste, daß er zwar in der gegenwärtigen Welt bereits die Bedrängnis der *Scheol* spürt, daß er aber gleichzeitig sagen kann, daß Gott ihn loskauft, löst oder befreit. Das Ganze wird sozusagen eine Sache Gottes. Im Akt und im Vollzug des Glaubens überantwortet sich der Mensch seinem Gott, und der befreit ihn nicht nur jetzt, sondern auch dann, wenn die

Lebenskrise zu ihrem Abschluß kommt. Diese Grundüberzeugung ist nicht nur eine Sache, die später aktuell wird, sondern sie ist bereits im gegenwärtigen Augenblick für den biblischen Menschen wichtig. Es geht darum, sich auf einen Gott einzulassen, der mir jetzt bereits als Befreier und Retter entgegenkommt. Damit erübrigt sich zwar die Frage nicht, wie es einmal am Ende meiner Tage sein wird, aber wir haben gewissermaßen den Schritt auf einen Gott zu getan, der uns sozusagen die Begrenzung unseres Interesses auf uns selbst verlassen läßt und uns eigentlich einen Schritt über uns hinaus schenkt.

4.2.5 Das »Reich Gottes« – heute?

Das ist die Spannung, in der der biblische Beter lebt und in der sich aus seiner Perspektive menschliches Leben darstellt. Auf der einen Seite weiß er, daß die Körperlichkeit ihr Ende hat und daß der Mensch, so wie er ist und wie er gesehen wird und wie er sich darstellt, ein Ende hat. Da macht er sich nichts vor. Da wird auch nichts vorschnell geadelt oder dekoriert, damit der Eindruck des Todes gewissermaßen im Hintergrund verschwindet. Nein, dieses Negative, das Ende des Menschen, wird mit aller Nüchternheit festgestellt. Aber auf der anderen Seite – und das verdanken wir der Übertragungskraft der Bildsprache – ist die Zuwendung des Menschen zu dem lebendigen Gott geeignet, ihn bereits jetzt auf eine Ebene zu stellen, in der er ein anderes Leben im Visier hat, das ausschließlich mit dem Leben Gottes liiert ist, das aber zugleich jenes andere »Desaster« des Menschen – wenn man so will – erträglich macht. Das ist dann nicht mehr das, was den Menschen existentiell durchschüttelt oder in dauernde Verängstigung und Not treiben muß. Das Sich-Festhalten an Gott schafft dieses neue Leben bereits jetzt und nicht erst am Ende unserer Tage: eine Grundidee, die im ganzen Alten Testament wächst und in die Sphäre des Neuen Testaments hineinweist. Nur so ist die Jesus-Botschaft von dem, der Leben ist und Leben schenkt, zu verstehen, weil auch diese Botschaft Jesu ja in die Jetzt-Zeit, in die Gegenwart hineinspricht und das Reich Gottes für diese Zeit, für das Heute ansagt. Nur auf der Basis alttestamentlicher Denkweise ist es verständlich, daß Gott in die aktuelle Wirklichkeit hinein redet und daß der Mensch mit all seinen Kräften sich auf den gegenwärtigen Gott einzustellen hat.

4.2.6 Die Perspektive des Kohelet

Der Prediger, Kohelet, vermittelt in seinem dritten Kapitel entscheidende Aussagen über das Verhältnis des Menschen zu Not und Tod. Es geht ja um die Zeit: *Allem ist eine Zeit. Allen Dingen kommt eine Zeit zu,* heißt es dort (3,1). Das erste Begriffspaar spricht vom Gebären und vom Sterben: Es ist *eine Zeit für das Gebären,* und es ist *eine Zeit für das Sterben.* Das klingt wie eine fatalistische Aussage, als träten Geburt und Tod mit dem Anspruch auf, den Menschen für sich zu vereinnahmen und ihm die Zeit zu setzen, als wäre eine Beschränkung durch diese Ereignisse vorgegeben. Der Kontext dieser Zeitbestimmungen lehrt uns aber, daß es in Wahrheit darum geht anzuerkennen, daß es *Gottes Zeit* ist (vgl. 3,11): Gott bestimmt die Zeit, die dem Menschen in all seinen Schicksalen zukommt, und er füllt sie auch. Gott bestimmt die Zeit der Geburt, und Gott bestimmt die Zeit des Todes.

Auch da könnte man immer noch meinen, das, was hier zum Ausdruck kommt, wäre so etwas wie ein resignatives Eingeständnis: Gott bestimmt Geburt und Tod – was bleibt dem Menschen anderes übrig, als diese Geschicke so zu nehmen, wie sie sind? Es sieht ja beinahe so aus, als könnte der Prediger angesichts dieser unverrückbaren Gewißheit keinerlei Lebensmut oder Zuversicht vermitteln. Aber das Interessante ist, daß der Prediger – und darin ist er hochmodern – uns gerade angesichts des Bestimmtseins durch Gott Devisen an die Hand gibt, die einmal das aufnehmen, was das Alte Testament zuvor zu sagen hatte – bei all seiner Skepsis gegenüber der Unterwelt und angesichts der Not der Menschen –, zum andern bringt der Prediger gerade das mit seinen zeitgenössischen Erfahrungen in Übereinstimmung, wenn er meint: Der Tod, das Sterben wird von Gott »inszeniert« und bestimmt. Daran ist kein Zweifel, daran führt kein Weg vorbei. Ja, es ist sogar so – der Kommentar des Predigers drückt es so aus –, daß sich der Mensch im Grunde gar nicht vom Tier unterscheidet. Beide sind aus dem »Staub der Erde« gemacht und fallen dem Staub wieder anheim. Da gibt es kein Vertun. Aber: Gott interessiert sich für den Staub. Gott hat Interesse an dem Flüchtigen. Der Vers 3,15, der meines Erachtens die Mitte des ganzen Buches dokumentiert, macht das deutlich: *Gott sucht das Flüchtige.* Für Gott ist der Mensch, der sich in der Hinfälligkeit erfährt, wichtig. Er kann aus dem hinfälligen und flüchtigen Menschen etwas machen und schaffen.

Wenn man das in Erinnerung behält, dann verschwinden die Interessen an einem Weiterbestand des Körperlichen, mindestens relativieren sie sich. Natürlich kommen wir davon nie ganz los. Wie sollten wir auch? Wir sind mit dem Körperlichen so verwoben, daß es uns niemals denkbar erscheint, in einer ganz anderen Verwirklichung weiter dazusein. Aber es ist doch schon eine ungeheuer wichtige und nachvollziehbare Einsicht, daß unser Gott, der Gott des Lebens, Interesse hat an der Flüchtigkeit des Daseins – nicht weil er die Flüchtigkeit an sich bejahte. Dieser Gott sucht sie auf. Für ihn ist es nicht unwichtig, daß der Mensch sich als Geschöpf erfährt, daß er sich als Staubkorn begreifen muß. Gerade das, was Menschen nicht mehr interessiert, worüber vielleicht sogar der Stab gebrochen wird, worüber jedenfalls die Zeit hinweggeht, der Augenblick – das ist für Gott wichtig.

Ich halte gerade den Vers 15 aus dem dritten Kapitel für einen Schlüsselvers zum Verständnis des ganzen Buches des Predigers. Der Prediger weiß um die Schicksalsschwere der Not und des Todes. Gerade angesichts dieser Belastung kann er sich an diesen Gott wenden, den er nicht vereinnahmt oder instrumentalisiert, den er als den »anderen« Gott immer wieder herausstellt und bekennt, an den Gott, von dem er meint, daß er auf seine Weise mit dem Menschen verfährt. Dabei wird Gott nicht vorgeschrieben, wie er aus dem Staubkorn etwas macht – das ist nicht mehr Sache des Menschen. Aber Gott hat für diesen Menschen in all seiner Schwäche mehr als nur Sympathie: Er macht sich auf den Weg zu ihm – *Gott sucht das Flüchtige!*

4.2.7 Der Fortbestand der Körperlichkeit

Entrückung

Die Rede vom Interesse Gottes an dem Flüchtigen ist es auch, die noch jüngere Texte im Alten Testament dazu bewogen hat, die Rede vom Körperlichen nicht ganz aus dem Visier zu verlieren. Die apokalyptische Literatur beispielsweise macht sich Gedanken darüber, ob es nicht vielleicht möglich sei, in der Bildsprache von einem Fortbestand des Körperlichen zu sprechen, ohne damit gleichzeitig allzu stark in physische Überlegungen und Vorstellungen einzusteigen. Gerade die apokalyptische Literatur versteht etwa die Idee vom Entrücken eines Menschen durch Gott als eine Illustration für die Gewißheit, daß Gott aus diesem jämmerlichen menschlichen Geschöpf auf seine Weise etwas macht. »Entrücken« wird mit dem biblischen einfachen Begriff des »Nehmens« ausgedrückt: Gott »nimmt« den Menschen, wie zum Beispiel Henoch oder Mose oder auch Elija.

Verklärung

Die Gestalten, die in der Erinnerung Israels eine große Rolle spielen, vor allen Dingen Mose und Elija, werden dann im Nachdenken Israels über die Neugestaltungskraft seines Gottes so verstanden, daß Mose und Elija in einem ganz neuen Leib dastehen oder in einer ganz neuen Konstitution erscheinen können. Nicht zuletzt können wir ja nur so verstehen, wie das Neue Testament in der Verklärungsszene gerade Mose und Elija neben Jesus auf dem Berg, den die Tradition mit dem Tabor verbunden hat, erscheinen läßt. Diese beiden, Mose und Elija, sind gewissermaßen »verklärt«. Wir gebrauchen den Ausdruck »verklärter Leib« oder »verklärt« und meinen damit, daß sie in einer gewissen Weise »klar«, transparent geworden sind. Es sind nicht Gespenster oder dergleichen, sondern sie haben einen von Gott gestalteten Leib, eine Verfassung, die der Mensch nicht mit physikalischen Kriterien umschreiben kann.

Neuschöpfung

Diesem Gedanken müssen wir etwas nähertreten. Denn all unsere Vorstellungen kreisen ja darum, daß wir dem Körperlichen, so wie es ist, etwas mehr »Respekt« auch von seiten Gottes zugestanden wissen möchten. Wir möchten natürlich, daß das, was uns am Körperlichen Freude macht – und was ja auch seinen tiefen Sinn hat –, daß wir das irgendwie hinüberretten, auch im anderen Leben bewahren.

Der Prediger sagt indes deutlich: Bitte greift zu, ergreift, was euch das Leben bietet (9,7–10):

> *Also: Iß freudig dein Brot, und trink vergnügt deinen Wein; denn das, was du tust, hat Gott längst so festgelegt, wie es ihm gefiel. Trag jederzeit frische Kleider, und nie fehle duftendes Öl auf deinem Haupt. Mit einer Frau, die du liebst, genieß das Leben alle Tage deines Lebens voll Windhauch, die er dir unter der Sonne geschenkt hat, alle deine Tage voll Windhauch. Denn das ist dein Anteil am Leben und an dem Besitz, für den du dich unter der Sonne anstrengst. Alles, was deine Hand, solange du*

Kraft hast, zu tun vorfindet, das tu! Denn es gibt weder Tun noch Rechnen noch Können noch Wissen in der Unterwelt, zu der du unterwegs bist.

Das ist seine Antwort: Ihr müßt mitten hineinsteigen in das Leben. Der Prediger hat angesichts des Todes nicht Resignation empfohlen, im Gegenteil! Weil der Augenblick etwas wert ist, müßt ihr zufassen und voll in der Gegenwart leben: Eßt und trinkt und freut euch am Leben!

Ein solches Zugeständnis an die Körperlichkeit ist im Alten Testament gepaart mit der Überzeugung, daß die Körperlichkeit und die Leiblichkeit natürlich ein Ende haben, aber daß Gott auf seine Weise auch aus diesem Körper etwas macht, selbst wenn dieser Körper in seiner physischen Natur zerfällt: Gott macht aus dem Menschen auf seine Weise etwas, er kreiert ihn gewissermaßen neu. Damit regeneriert sich die alte Idee, daß Gott den Menschen aus dem Staub gebildet hat. Wie der Mensch wieder zu Staub zerfällt, kann Gott ihn auch wieder neu aus dem Staub schaffen: Das kann Gott – den Menschen neu schaffen, in *sein* Leben hinein, in diese andere Welt hinein.

Vielleicht gelingt es, gerade auch mit dem Vorstellungszusammenhang der Entrückung dem Ganzen noch mehr plastische Bildhaftigkeit abzugewinnen, indem wir sehen, daß Israel sich vorgestellt hat, daß Gott durch seinen »Zugriff«, durch sein »Nehmen« des Menschen es vermag, diesen Menschen umzugestalten und ihm einen anderen Leib zu geben. Wenn wir in unserem christlichen Sprachgebrauch von der Aufnahme von Menschen in den Himmel sprechen – wenn wir gar von der leiblichen Aufnahme Mariens reden –, dann können wir ja nicht anders, wenn wir das biblisch begründen wollen, als es mit den Bildern von der Entrückung oder vom »Nehmen« Gottes auszugestalten. Wir können uns unter dem »Nehmen« Gottes nur vorstellen, daß er diesen Menschen mit seinem sterblichen Körper »nimmt«, das Staubkorn Mensch, den Haufen Staub, und ihn auf seine Weise neu schafft. Schöpfung wiederholt sich bei Gott. Sie kann sich immer wiederholen. Und der Mensch ist Gott so viel wert, daß er ihn neu schafft.

Diese Gedanken sind für mich überzeugender als irgendeine Idee der Reinkarnation. Es ist nicht ganz einfach, eine derartige Vorstellung im biblischen Konzept unterzubringen. Es wäre ja auch gewissermaßen ein Eingriff in die Kompetenz Gottes. Aber die

Dinge müssen nicht unbedingt in Kontrast zueinander gebracht werden. Es steht Gott völlig frei, den Menschen, sein Ich in einer Weise neu zu schaffen, die durchaus Assoziationen oder Verbindungen zu dem zuläßt, was in diesem Leben bereits erfahren wurde. Wir können da unserem Gott nicht vorgreifen oder ihm ins Handwerk pfuschen, denn seine Kompetenz zum Erschaffen übersteigt alle menschlichen Vorstellungen. Auch die Schöpfung ist ja nicht am Ende. Unser Gott weiß auch dann noch mit dem Menschen etwas anzufangen, wenn dieser Mensch seine Umwelt und seine Welt zerstört hat, so daß er selber gar keinen Weg mehr sieht, wie es einigermaßen positiv weitergehen könnte.

Das gehört meines Erachtens zu den großartigen Einsichten der Bibel, daß man zwar sieht, wie das Geschick des Menschen sich gestaltet – da ist man nüchtern genug. Man sieht den Abstieg in die Unterwelt, man sieht das Zerfallen des Menschen, man sieht den physischen Tod. Trotzdem bleibt der Glaube an einen verändernden Gott, der immer wieder neu kreieren kann, der aus dem Nichts, dem »nichtswürdigen« Staub – so möchte man meinen – neues Leben schaffen kann. *Wie* – das ist seine Sache.

5. Der lebendige Gott

5.1 Umkehrung der Schöpfung?

Wir haben noch das Wort des jüdischen Weisheitslehrers vor Augen, in dem er sich zum Schicksal des Menschen äußert und sagt, daß alles Leben – Mensch und Tier – letztlich zu Staub wird. Er kehrt dabei in gewissem Sinn den Prozeß um, der bereits in Gen 2,7 bei der Erschaffung des Menschen angesprochen wird, daß nämlich der Mensch aus dem »Staub der Erde« gebildet ist. Kohelet, der Prediger, meint: Der Mensch wird auch wieder zu Staub werden.

Auf den ersten Blick stimmt uns das nicht sonderlich hoffnungsfroh, und es scheint ja geradezu ein Votum gegen jede Zukunftserwartung im Sinn eines »Lebens danach« zu sein. Aber wir haben ja beim Prediger schon gesehen, daß er nun – weiß Gott! – kein Mensch war, der dem Leben ohne weiteres Lebewohl gesagt hätte. Im Gegenteil: Seine Freude am Leben, am diesseitigen Leben, gründet auf einer Überzeugung, die für unser Thema entscheidend ist, nämlich daß Gott als Wächter und Hüter des Lebens sich auch des flüchtigen Daseins annimmt. Für unseren Gott ist nach Auffassung des Predigers die Vergänglichkeit ein von Gott geschätztes Gut, auch wenn der Mensch diese Vergänglichkeit als belastend und bedrückend erfährt. Für Gott ist es wichtig, daß die Flüchtigkeit des Menschen nicht einfach abgeschrieben wird, sondern sie hat einen Wert für ihn: Das Staubkorn, das so verachtete, hat einen Stellenwert bei unserem Gott! Das ist etwas, was den Prediger anregt und ihm die nötige theologische Stütze verleiht, sein Urteil über die Zukunft des Menschen zu fällen. Auch wenn es dem Menschen angesichts seiner eigenen Vergänglichkeit nicht angemessen erscheint, in höchsten Tönen von einem Jenseits zu reden, ist es ihm doch vergönnt, im Sinn seines Gottes und dessen Ja zum Leben sich zu dieser Flüchtigkeit zu bekennen, zu sich selber trotz seiner allmählich sich destabilisierenden Existenz ja zu sagen, weil Gott zum Menschen ja sagt, weil für ihn auch das Zeitliche, das Augenblickliche, das Momenthafte, das Vorübergehende etwas gilt.

5.2 *Das unbekannte »Leben«*

Damit haben wir unsere menschlichen Maßstäbe längst überstiegen. Bei all unserem Reden über das künftige Leben müssen wir uns diesen Vorbehalt vor Augen führen, daß unsere Begrifflichkeit von Leben begrenzt ist. Wenn wir in die Welt hineinschauen und zu entdecken suchen, was Leben ist, kommen wir über das Beschreibende nicht hinaus. Selbst die Naturwissenschaft tut sich ja schwer zu sagen, was denn Leben ist. Man kann die Konditionen beschreiben, unter denen Leben entsteht, man kann die chemischen, die biologischen Voraussetzungen nominieren, aber letzten Endes ist es so, daß Leben eben dort ist, wo gelebt wird. Eine solche Tautologie ist eigentlich das Ergebnis der ergründenden Betrachtungen des Lebens, auch von seiten der Naturwissenschaft.

Kein Wunder, daß das Thema die nachdenklichen Menschen und auch die Glaubenden angeht und berührt, berühren muß, daß sie sich die Frage stellen, ob sie nicht vielleicht gerade hier in der Begrifflichkeit von Leben den Schritt über das hinaus machen müssen, was eben nur experimenteller Natur ist. Leben ist für den glaubenden Menschen mehr als das, was sich im Wahrnehmungsbereich an Leben abspielt. Leben ist aufsprießende Vegetation, gewiß, Leben ist animalische Vielfalt, Leben ist das ganze Spektrum der Vitalität in der Schöpfung, Leben ist sicher das, was Menschen ausstrahlen und vermitteln – in der Sprache, in der Kommunikation, im miteinander Sich-Austauschen, im Wahrnehmen ihrer Sinne, ihrer Sexualität: Überall ist Leben. Aber der glaubende Mensch wird sich sagen, daß Leben mehr ist als das, was an Leben wahrgenommen wird. Mit dieser Idee, mit einer solchen Ahnung von einem noch weitergreifenden, noch universaleren und noch tieferen Sinn von Leben haben wir eigentlich auch den Schlüssel, um zu verstehen, was die Bibel mit Leben meint.

5.3 *Der Lebensatem*

Ich möchte an einem Spektrum von Äußerungen in der Bibel etwas von dem zeigen, was sich eigentlich hinter dem verbirgt, was wir an Lebensvielfalt wahrnehmen und ausdrücken. Ich blende – gerade weil die Stelle bereits erwähnt wurde – auf Gen 2,7 zurück, das heißt auf die Nachricht von der Erschaffung des Menschen aus dem

»Staub der Erde«. Der nächste Satz weiß bereits davon, daß Gott dem Menschen den lebendigen Atem eingeblasen habe, hebräisch *nischmat chajjim:* »Odem des Lebens« sagt man auch, »lebendiger Atem«.

Das ist alles andere als naturwissenschaftliche Sprache. Es ist mythologische Sprache, eine Sprache, die wir auch in der Kunst des Alten Orients wiederfinden: Denken wir nur an die Szene mit der Töpferscheibe, wo das Kind – zusammen mit seinem »zweiten Ich«, dem Ka – dargestellt wird und eine weitere Gottheit ihm das Lebenszeichen, das sogenannte Henkelkreuz, an die Nase hält. Daß das Lebenszeichen einem Menschen von einer Gottheit an die Nase gehalten wird, ist eine Szene, die häufig in der ägyptischen Kunst vorkommt, und zwar gerade auch dort, wo es um die Erneuerung des Lebens im Jenseits geht. Auch das ist ein Zeichen dafür, daß sich nicht nur der Mensch Israels, sondern längst zuvor der altorientalische, näherhin der ägyptische, Mensch bewußt war, daß das Leben letzten Endes von den Göttern kommt. Es ist nicht so, daß der Mensch das Leben von sich aus in sich trägt oder daß alles Dasein von sich her lebt, sondern die Welt lebt vom Schöpfer her. Das ist ein tiefgegründetes Konzept im Denken, im Glauben des orientalischen Menschen.

Wir brauchen uns nicht zu wundern, daß die Bibel gerade dies langerprobte Bild aufnimmt, allerdings dafür nicht mehr eine Mehrzahl von Göttern ins Spiel bringt, sondern den einen Gott mit Namen Jahwe, der für Israel der Spender des Lebens schlechthin ist – mit dem Vorbehalt, daß der Schöpfer sich nicht »erschöpft« in dem, was Menschen sich unter Leben vorstellen. Es heißt, daß der Lebensatem dem Menschen eingegeben worden sei, so daß jeder Atemzug des Menschen göttliche Herkunft zum Ausdruck bringt. Eine Idee, die man sich selten vor Augen führt! Jedes Atmen drückt die göttliche »Inspiration« – im wörtlichen Sinn – aus. Aber das heißt nicht, daß dieser Lebensvollzug identisch mit dem Schöpfer sei. Er kommt von ihm, aber der Schöpfer ist noch unendlich viel mehr als das, was im Lebensvollzug von Menschen erfaßt und zum Ausdruck gebracht wird.

Dieser Gedanke soll uns noch ein wenig begleiten, wenn wir jetzt über die uns so geläufige Rede vom »lebendigen Gott« nachdenken. Es ist für uns eine Selbstverständlichkeit, vom lebendigen Gott zu reden. So ohne weiteres haben die Ägypter beispielsweise nicht vom lebendigen Gott gesprochen. Sie konnten zwar sagen, wie es auch die Bibel tut, daß das Leben von Gott kommt, aber was Gott ist, was die Götter sind, über was für eine Qualität sie verfügen, um Leben spenden zu können, das erfahren wir nicht unmittelbar. Das muß schon eine Qualität sein, die Leben und Tod umfaßt, die auch den Tod einschließt als etwas, das bei Gott ist: eine für uns unvorstellbare Wirklichkeit, die Leben und Tod in sich birgt und auch die Möglichkeit zuläßt, daß Leben von Menschen eben als begrenztes Leben erfahren wird, so daß sich Menschen gar nicht vorstellen können, was »ewiges Leben« heißt.

Die Idee, die in Gen 2,7 in bildhafter Form zum Ausdruck kommt, daß menschliches Leben von Gott stammt, findet ihren Nachklang beispielsweise auch in der Benennung Evas als der »Mutter aller Lebendigen« (Gen 3,20). Aber was ist da wiederum mit »Leben« und »lebendig« gemeint? Die Bibel deutet den Namen als den der »Mutter aller Lebendigen« – ob diese Deutung nun dem Namen Eva von Haus aus gerecht wird, steht auf einem anderen Blatt. Diese Interpretation kann jedenfalls darauf hinweisen, daß Eva als Frau gefaßt wird, die den besonderen Prozeß, der von JHWH initiiert wird, gewissermaßen weiterträgt, diesen Lebensstrom, der von Gott kommt. Aber sie ist nicht Gott, sowenig wie Adam Gott sein kann, der Mensch schlechthin Gott sein kann. Es bleibt immer die ungeheure Distanz, die das Alte Testament und auch das Neue Testament erkennt: zwischen dem, der das Leben irgendwo bei sich birgt und es dem Menschen schenkt, ohne selber irgendeinen Substanzverlust zu erleiden, und dem, der das Leben empfängt.

Daß Gott der Lebendige sei, ist in den Schriften des Alten Testaments kein gängiges Prädikat. Man hat Bedenken, etwas Menschliches, Allzumenschliches auf Gott übertragen zu wollen. Aber es kommt hier und da eine Prädikation vor, die in unserem Zusammenhang bezeichnend ist und die von einem *'El chaj*, einem lebendigen Gott, spricht. Vor allen Dingen sind es Erzählungen und Reden, die sich auf einen lebendigen Gott einlassen und dieses Prädikat im Munde führen.

5.4 Der »eingreifende« Gott

Über den Jordan

Im dritten Kapitel des Buches Josua lesen wir vom Übergang über den Jordan, also dem Beginn der Einwanderung Israels oder des »Einmarsches«, so wie der Kontext es nahelegt, nach Palästina. Das ist selbstverständlich eine Bildgeschichte und keinesfalls als wörtliche Reproduktion eines historischen Geschehens zu begreifen. Das wird vielfach mißverstanden: Die Geschichte Israels verläuft nicht in dieser geradlinigen Weise, als wäre irgendwann einmal Israel über den Jordan marschiert und hätte dann als geschlossener Verband das Land in Besitz genommen. Die Dinge sind vollständig anders, wenn man die historische Seite verfolgt. Hier handelt es sich um ein Bild, das in viel, viel späterer Zeit gewachsen ist und aus der nationalstaatlichen Zeit Israels in die Anfänge zurückprojiziert worden ist. Das hat nichts mit historischen Abläufen zu tun. Aber deswegen ist das Bild für uns nicht uninteressant! Es drückt letzten Endes aus, daß Israel sich immer als ein Volk verstanden hat, das von Gott in dieses Land gebracht worden ist – auf seine Weise. Und das kann man eben nur in einem Bild ausdrücken und nicht historisch-biographisch nachzeichnen. Nach dieser Bildgeschichte sagt Josua in einer Ansprache zum Volk (3,10): *Daran sollt ihr erkennen, daß ein lebendiger Gott mitten unter euch ist: Er wird die Kanaaniter, die Hetiter, Hiwiter, Perisiter, Girgaschiter, Amoriter und Jebusiter vor euren Augen vertreiben.* – Es ist bezeichnend, daß die Zahl der Völker vielfach mit der Zahl Sieben verbunden ist: Die Siebenzahl ist eine runde Zahl, und es ist nichts anderes gemeint, als daß alle diejenigen, die Israel das Leben schwermachen, vom Gott Israels diszipliniert werden – und auch das ist im Bild gesprochen. Wie Gott das macht, das ist allein Sache des »lebendigen Gottes«.

Was heißt hier »lebendiger Gott«? Genau das, daß Gott in die Geschichte eingreift und das Überleben dieses damals und noch immer kleinen Volkes sichert, daß er seine Hand darüber hält und es vor dem Absturz in das Chaos bewahrt – *letzten Endes,* auch wenn menschliche Erfahrungen ständig dagegenzusprechen scheinen. »Lebendiger Gott« ist für den biblischen Autor eine Chiffre für den Gott, der in die Geschichte eingreift, der also menschliches Leben ermöglicht. Das ist sein »Leben« – aber damit ist noch längst nicht alles über diesen Gott gesagt. Nicht jedes Leben ist auch schon Macht über Leben und Tod. Dieser Gott verbürgt sich dafür, daß es

Leben gibt. Das aber kann nur eine Autorität, die über den Dimensionen menschlicher Vorstellungen von Leben steht.

David und Goliat
Eine ähnliche Wendung können wir etwa in der Goliat-Geschichte wiederfinden. Da ist die Rede von Goliat als einem – so heißt es im Text (1Sam 17,26) – »unbeschnittenen Philister«: ein Spottausdruck! Wie sollte es passieren können, meint der Erzähler, daß »dieser unbeschnittene Philister« sich an den »Heerscharen des lebendigen Gottes« vergreift? Auch das ist wiederum eine reine Bildgeschichte, die Geschichte von David und Goliat, die nichts Historisch-Biographisches an sich hat. Eine reine Bildgeschichte, die deutlich macht, daß Gott sich des kleinen, nach menschlichen Maßstäben unbedeutenden, machtlosen Menschen erbarmt. Er tut es in diesem Fall zugunsten des Hirtenjungen David. Auch diese Bilderzählung redet vom lebendigen Gott, in dem Sinn, daß Gott zugunsten des Ohnmächtigen eingreift.

Das Bild ist immer auch eine Art Vision, denn die Erfahrungen sprechen ja immer wieder auch dagegen. Wenn wir in den Alltag schauen, ist es – weiß Gott – nicht so, daß Gott sich der Ohnmächtigen erbarmt. Das sind Widersprüche, mit denen wir Tag für Tag leben müssen. Das hat man damals auch gewußt, und trotzdem hat der biblische Autor daran festgehalten, daß dieser Gott, auch wenn der Mensch es nicht versteht, sein Treue durchhält und sich doch letzten Endes des ohnmächtigen Menschen annimmt. Also: »Lebendiger Gott« in dem Sinn, daß dieser Gott zugunsten des schwachen Menschen handelt und ihn am Leben erhält, wie oder wann auch immer.

5.5 *Die Verheißung*

»Die Söhne des lebendigen Gottes«
Im gleichen Sinn kann man etwa das Wort des Propheten Hosea (2,1) verstehen. Da geht es tatsächlich schon um eine Grundcharakteristik Israels, dessen Rettung dieser Text in Aussicht stellt:

> *Einst werden die Söhne Israels so zahlreich sein wie der Sand am Meer, der nicht zu messen und nicht zu zählen ist.*
> *Und statt daß man zu ihnen sagt: Ihr seid »nicht mein Volk«,*

wird man zu ihnen sagen: Die Söhne des lebendigen Gottes (seid ihr).

Dieser Text ist voller Illusionen, möchte man meinen. Handgreifliche Realität spricht eine andere Sprache. Aber die Idee des Propheten Hosea geht dahin, daß es einmal so sein wird. Es liegt in der Hand des lebendigen Gottes, daß er die Zahllosigkeit des geknechteten und reduzierten und minimalisierten Volkes auf seine Weise verwirklicht und eine unendliche »Zahl« – Ausdrucksform natürlich von Leben in äußerster Vielfalt – ermöglicht. Dann heißt Israel eben nicht mehr »Un-Volk« oder »Nicht-mein-Volk«, sondern es soll heißen: »Söhne des lebendigen Gottes«. Israel ist dann eine Widerspiegelung des unendlichen Lebens, von dem der Mensch nur eine ganz schwache Ahnung hat.

Ijobs »Löser«

Das Wort, das wir gleich am Anfang unserer Überlegungen herangezogen haben, gehört ebenfalls hierhin: die Gewißheit des armseligen Ijob, daß sein »Löser« lebt. Das ist nicht im Sinn der Überzeugung gefaßt, daß so, wie sich Menschen Leben vorstellen, das auch göttliches Leben sei, sondern dieser »Löser«, der Befreier, Gott, agiert auf autonome Weise, und das, was wir ihm an Leben attestieren, drückt eben diese Überlegenheit über Leben und Tod aus. Er ist in der Lage, dem Menschen das Leben zu schenken, selbst wenn alles leblos geworden ist. Darin gipfelt eigentlich auch die Überzeugung, daß, wenn Gott Leben schenkt, er auch in der Lage ist, aus dem Staub Leben zu machen, daß er auch den Tod in Leben umwandelt. Das ist die Kapazität dieses Gottes, die all das übersteigt, was Menschen vom Leben erwarten und sich vorstellen können. Bei diesem Gott gibt es immer wieder einen Anfang. Dem gibt der biblische Autor Ausdruck, und das ist seine Idee, seine Glaubensidee. Was Menschen mit Leben anfangen, das muß immer verkümmert ausfallen. All die Artikulationen, die da so bereitstehen, sind im Grunde nur peripher. Gottes Leben vollzieht sich in einer nicht nachvollziehbaren und ungeahnten Dimension.

»So wahr Gott lebt!«

Nachdem wir versucht haben, eine Ahnung vom lebendigen Gott zu gewinnen, wollen wir betrachten, wie auf menschlicher Ebene diesem Gott begegnet werden kann. Da möchte ich auf die

Schwurformel: *chaj 'adonaj* hinweisen. Man übersetzt diese Schwurformel in der Regel: »So wahr Gott lebt«. Vielleicht kann man richtiger übersetzen: »Gott ist Leben« oder »Gott ist lebendig«. Das ist eine Formel, die gelegentlich, und zwar über vierzigmal, im Alten Testament begegnet und dazu dient, eine Aussage zu verstärken. Diese Formel findet sich natürlich besonders in prophetischer Rede. Ich greife hier eine Stelle aus dem Propheten Jeremia heraus (16,14 f.):

> *... es werden Tage kommen – Spruch des Herrn –, da sagt man nicht mehr: So wahr der Herr lebt, der die Söhne Israels aus Ägypten heraufgeführt hat!, sondern: So wahr der Herr lebt, der die Söhne Israels aus dem Nordland und aus allen Ländern, in die er sie verstoßen hatte, heraufgeführt hat. Ich bringe sie zurück in ihr Heimatland, das ich ihren Vätern gegeben habe.*

Es wird hier in gleicher Formulierung wie in Jer 23,7 f. nicht nur im Zeichen des Exodus vom lebendigen Gott gesprochen, der zugleich der befreiende Gott ist, sondern auch künftig wird Gott diese Lebendigkeit bewahren und Israel retten, so viele Feinde es auch bedrängen. Darin steckt eine ungeheure Zuversicht, die auch die menschlicherseits so bedrückenden Grenzen zwischen Leben und Tod aufhebt, weil die Gewißheit, daß Gott die Treue hält und sie auch realisiert, diese ängstlichen Unterscheidungen transzendiert: eine der wichtigsten Einsichten, um Israel nicht einfach in eine Diesseitigkeit zu entlassen, die wir dann auch gelegentlich mit negativen Akzenten versehen.

Die Unterscheidung zwischen Diesseits und Jenseits, die Kulturen sonst immer wieder machen, die ägyptische in ganz besonderem Ausmaß, wird in einer solch absoluten Konzentration und dem Sich-Einlassen auf Gott, der Herr über Leben und Tod ist, überstiegen. Da verliert sich die ständig sich einstellende und bedrängende Angst vor dem Tod. Das ist auf seiten des Menschen der Versuch, mit dem lebendigen Gott zu leben, sich in der Treue dieses Gottes festzumachen, ausgedrückt durch die Formel: *chaj JHWH*, »Gott lebt«.

Es ist aber bezeichnend, daß man von diesem lebendigen Gott auch sagen kann, er habe das Volk »verstoßen«. Man trennt diese schrecklichen Erfahrungen nicht einfach von Gott: Er hat den radikalen Eingriff vollzogen, der Menschen so zu schaffen macht. Aber es gilt gleichzeitig, daß das nicht sein letztes Wort ist. Die

Unbegreiflichkeit wird auch nicht rationalisiert und für berechenbar erklärt. Die Unbegreiflichkeit Gottes ist ein Faktum, und dazu gehört auch, daß er nach dem Verstoßen auf seine Weise wieder eine Rückkehr möglich macht.

Am dritten Tag

Ich möchte nochmals auf den Propheten Hosea zurückkommen, der in einem späteren Kapitel, und zwar in 6,2, von diesem Gott des Lebens spricht, von dem Lebensspender, in dessen Gefolge Menschen Leben wiedergewinnen. Eine interessante Position, die uns auch etwas von der Ahnung eines Auferstehungsgedankens vermittelt: *Nach zwei Tagen gibt er uns das Leben zurück, am dritten Tag richtet er uns wieder auf, und wir leben vor seinem Angesicht.* Leben nach drei Tagen – wiederum ein Bild! So sind auch die drei Tage des Credo – »am dritten Tage auferstanden von den Toten« – nicht numerisch zu fassen, sondern als Bildwort. Die drei Tage sind ein Bild für die Vollendung. Wenn der Zeitpunkt, den Gott setzt, gekommen ist, dann kehrt auch Leben ein, dann beschenkt er uns mit Leben.

Diese Hosea-Stelle möchte deutlich machen, daß Gott als Herr über Leben und Tod schlechthin Lebensspender ist, daß er den Menschen aufrichtet, wenn er den Zeitpunkt für gekommen hält, mit der Konsequenz, daß wir wieder Leben haben. Wir sehen, daß da überhaupt nicht vom Tod die Rede ist. Es ist für den biblischen Autor, den prophetischen Sprecher, hier gar nicht entscheidend, was Menschen so an Auf und Ab erleben. Er nimmt es natürlich ernst, aber es ist nicht letzte Wahrheit und nicht der letzte Sinn, und er besteht darauf, daß, wer sich an Gott hält, Leben hat, und zwar ein Leben, das den Tod transzendiert.

5.6 *Gott suchen*

Der Prophet Amos, einer der ältesten Propheten, hat diesen Gedanken auf eine knappe Formulierung gebracht. Ich zitiere sie gern, weil zu dem ganzen Problem nicht viel mehr zu sagen ist. Amos ist ein Prophet, der im Rahmen seiner Tätigkeit im Nordreich Israel bei seinen Adressaten in besonderer Weise mit Widerspruch rechnen muß, weil er aus dem Südreich Juda kommt. In Amos 5,4 lesen wir: ... *so spricht der Herr zum Haus Israel: Sucht mich, dann werdet ihr leben.* Da steht nichts vom Lebensende! Natürlich ist zunächst das Diesseits ins Auge gefaßt, aber es ist nicht das Diesseits in seiner menschlichen Verfassung. Es ist das Diesseits in einer Bilddimension. Der Lebensspender ermöglicht menschliches Leben, wenn Menschen sich auf ihn zu bewegen. Suchen, Sich-Festmachen – das sind eigentlich Vokabeln der Bildsprache, die dieses Sich-Einlassen auf Gott zum Ausdruck bringen. Wer Gott sucht oder sich festmacht in Gott, der lebt. Das Leben ist dann sofort auch eine Wirklichkeit, die menschliche Vorstellungen übersteigt.

Interessant ist, was Amos im gleichen Kapitel noch weiter über dieses Leben sagt, und zwar zunächst in V. 6: *Sucht JHWH, dann werdet ihr leben* – eine verstärkende Wiederholung, und dann in V. 14: *Sucht das Gute, nicht das Böse; dann werdet ihr leben ...* Wir dürfen solche Formulierungen nicht so verstehen, daß ein Leben in Gesundheit, ein Leben gemäß menschlichen Erwartungen an erster Stelle steht. Das Ganze bleibt von vornherein auf der Bildebene: Leben ist mehr als physisches Leben. Leben ist bei Gott Zu-Hause-Sein: Es wird über dem Chaos gehalten und so vor dem Absturz bewahrt. Es kann letztlich auch nicht verlorengehen, wenn der physische Tod eintritt. Es geht von vornherein um ein übergreifendes Leben, an dem sich der Mensch orientieren darf. Gott suchen ist die Voraussetzung dafür, daß an diesem Leben teilgenommen werden kann. Gott suchen heißt nicht, Anstrengungen oder Leistungen vorzuweisen, sondern Gott suchen heißt, sich Gott überantworten, in seiner Existenz, in seiner gesamten Menschlichkeit. Der Mensch, der sich so öffnet, hat die Chance – das meint der Prophet –, daß Gott sich seiner erbarmt und ihm Leben schenkt.

Der Prophet Ezechiel kann diesen Gedanken noch im einzelnen entfalten. Ezechiel, der »Vater des Judentums«, hat hier eine besondere Chance gesehen, vom Gott des Lebens zu sprechen. In Ez 33,10f. lesen wir etwa in einem Wort, das dem Propheten als »Menschensohn« zugekommen ist:

> *Du aber, Menschensohn, sag zum Haus Israel: Ihr behauptet: Unsere Vergehen und unsere Sünden lasten auf uns, wir siechen ihretwegen dahin. Wie sollen wir da am Leben bleiben? Sag zu ihnen: So wahr ich lebe – Spruch Gottes, des Herrn –, ich habe kein Gefallen am Tod des Schuldigen, sondern daran, daß er auf seinem Weg umkehrt und am Leben bleibt. Kehrt um, kehrt um*

auf euren bösen Wegen! Warum wollt ihr sterben, ihr vom Haus Israel?

Wir müssen uns davon lösen, unseren Blick hier ausschließlich auf das Auf und Ab im Diesseits zu richten. Israel ist von vornherein als Volk gefaßt, das sich seinem Gott zu stellen hat und dessen Schicksal einzig und allein von diesem Gott abhängt. Natürlich kann der Mensch, der sich verschließt, in eine Situation geraten, wo ihn Gott nicht aufnimmt oder wo er nicht gerettet wird – so meint der Prophet. Das wäre eben das absolute Nein dieses Menschen zum lebendigen Gott. Der Mensch hat die Freiheit und die Möglichkeit dazu. Aber interessanterweise läßt sich der Prophet nicht im Detail über das Schicksal des Menschen aus, der ein absolutes Nein gesprochen hat. Er interessiert sich viel mehr für den Menschen, der ja sagt – zu seiner Geschöpflichkeit, zu seinem Menschsein, der ja sagt auch zu dem Lebensstifter schlechthin. Dieser Mensch hat die Möglichkeit, bei Gott verbleiben zu können.

Ich verweise weiter auf das berühmte Kapitel 37 mit der Vision der »Auferstehung der Toten«, wo die vielen Gebeine umherliegen und den Eindruck absoluter Trostlosigkeit erwecken, wo aber der Prophet durch den Geist Gottes in die Lage versetzt wird, von dem Leben, das in diesem Geist Gottes ist, etwas weiterzugeben und diesen Toten den Geist des Lebens zu vermitteln. Auch da wird deutlich, daß der Gott, mit dem es Israel zu tun hat, von vornherein Leben und Tod umschließt. Das heißt, er ist mehr als das, was Menschen sich unter Leben vorstellen. Auch das ist eine großartige Bildgeschichte – wie man nicht anders als in Bildern von diesem überströmenden Leben Gottes reden kann!

5.7 Zwei Bildworte

Der »Beutel der Lebendigen«

Zum Ausklang unserer Überlegungen noch zwei Bildworte, die immer wieder begegnen und einer kleinen Kommentierung bedürfen. In 1Sam 25,29 ist die Rede von dem »Beutel der Lebendigen«. Abigajil, später eine Frau Davids, gibt der Hoffnung Ausdruck, daß David im »Beutel der Lebendigen« geborgen sein möge. Das ist ein Bildwort dafür, daß sie wünscht, daß er im Fall einer Gefahr Rettung erfährt: im »Beutel der Lebendigen« sein.

Vielleicht kommt diese Wendung aus dem Lebensbereich der Hirten, die die Zahl ihrer Tiere durch Steinchen ausdrückten, die in einem Beutel verwahrt wurden. Es ist jedenfalls eine plastische Wendung, daß Gott gewissermaßen in einem Beutel all das beisammenhat, was menschliches Leben bedeutet. Es würde zugleich zeigen, daß dieser Gott nicht nur diesen »Beutel« hat, sondern daß das eine Sektion, ein Teilbereich seines außerordentlichen Vermögens – »Vermögens« im Sinn des Mächtigseins! – ist.

Das »Buch des Lebens«

Ein anderes Bildwort ist besser bekannt: das Wort vom »Buch des Lebens«, die alt- und neutestamentlich verbürgte Vorstellung davon, daß alles Lebendige in einem himmlischen Buch verzeichnet ist. In Ps 69,29, dem Hilferuf eines Verfolgten, heißt es im Hinblick auf die Gegner: *Sie seien aus dem Buch des Lebens getilgt und nicht bei den Gerechten verzeichnet.* Und in Ps 139,16 erklärt der Beter: *Deine Augen sahen, wie ich entstand, in deinem Buch war schon alles verzeichnet . . .* »Das Buch des Lebens«: Auch da rätselt man. Manche meinen, das Bild könne von Registern, wie sie in der Verwaltung benötigt werden, abgeleitet sein. Aber vielleicht ist es doch ein religionsgeschichtlich faßbarer Ausdruck, wenn man daran denkt, daß es diese »Jenseitsbücher«, diese »Totenbücher« gibt, in denen auch der Name des Verstorbenen verewigt ist. Vielleicht ist dieser Gedanke im Hintergrund zu suchen. Er wäre wohl auch anziehender als die anderen mehr technischen Ableitungsversuche. Auch das wäre eine Ausdrucksform dafür, daß Gott nicht so, wie Buchhalter Buch führen, agiert, sondern daß er den »Namen« des Toten bei sich hat, daß er das, was den Menschen auszeichnet, was ihn zu seinem »Ich« werden läßt, bei sich behält und daß dieses unendliche Leben die »Bibliothek« ist, in der menschliches Leben seine Heimat findet, gerade dann, wenn der Mensch sich in der Nähe des Todes nicht als zur »Bibliothek Gottes« gehörig versteht und mit sich selbst abgeschlossen hat. Auch dann, wenn der Mensch mit sich selbst »fertig« ist, hat Gott für ihn etwas übrig.

Das muß man wohl noch als Erweiterung der Aussagen von Ezechiel sagen, daß nicht nur der Mensch, der zu Gott ja sagt und »umkehrt« – und damit zu sich selber ja sagt –, bei Gott lebt, sondern auch der Mensch, der vielleicht gar nicht mehr in der Lage ist, zu Gott und zu sich selber ja zu sagen: ein erweiternder Gedanke, der über die prophetische Botschaft hinausführt und sich dann wieder mit dem, was Kohelet über das Staubkorn sagt, berührt.

Zum Abschluß aus dem Buch Daniel, dem apokalyptischen Buch des Alten Testaments, eine Stelle, die uns vielleicht geläufiger erscheint (12,1–3):

In jener Zeit tritt Michael auf, der große Engelfürst, der für die Söhne deines Volkes eintritt. Dann kommt eine Zeit der Not, wie noch keine da war, seit es Völker gibt, bis zu jener Zeit. Doch dein Volk wird in jener Zeit gerettet, jeder, der im Buch verzeichnet ist. Von denen, die im Land des Staubes schlafen, werden viele erwachen, die einen zum ewigen Leben, die anderen zur Schmach, zu ewigem Abscheu. Die Verständigen werden strahlen, wie der Himmel strahlt; und die Männer, die viele zum rechten Tun geführt haben, werden immer und ewig wie die Sterne leuchten.

Das ist die bildhaft intensive Sprache der Apokalyptik: Wie unser Schicksal aussieht, liegt allein in der Hand Gottes. Gott als der unbeschränkte Herr des Lebens ist der, der Leben schenkt.

Perspektiven

1. Koptische Vorstellungen von der »Auferstehung des Fleisches«

1.1 Ägypten und *Israel*

Am Ende unserer Überlegungen möchte ich herausstellen, worin das besondere Erbe der vorchristlichen Zeit besteht, wie sich Menschen – sagen wir es einmal etwas überzogen – vor dem Siegeszug des Christentums vorgestellt haben, wie das Leben weitergeht, ob sie der Meinung waren, daß es überhaupt weitergeht. Wir stehen vor dem Befund, daß die eine große uralte Kulturnation, Ägypten, sehr viel von dem Nachleben hält und es bis ins Detail vorbereitet, geradezu programmiert. Auf der anderen Seite haben wir – wenigstens das schriftliche – Bekenntnis Israels, daß das Leben nach dem Tod eigentlich gar nicht Gegenstand des Glaubens und der Frömmigkeit sein muß, sondern vielmehr das Jetzt, das Diesseits, der Augenblick. Also dem Später oder dem Danach in Ägypten steht gewissermaßen das Jetzt und das Heute gegenüber. Allerdings dürfen wir diesen Kontrast nicht als Schwarz-Weiß-Abbildung verstehen. Denn auch in Ägypten gibt es das Interesse an der Gegenwart und an der Erfahrung des Menschen im Jetzt, wenngleich nicht so deutlich hervortretend, und in Israel gibt es ebenfalls das Interesse am Weiterleben, allerdings wiederum nicht so sehr ins Auge fallend und eher durch die Archäologie zugänglich.

Wer hat denn eigentlich recht? Können wir uns unumschränkt auf das Zeugnis der Bibel einlassen und das Zeugnis der Nachbarkultur vernachlässigen, indem wir uns überhaupt nicht mehr für das interessieren, was später kommt?

Im letzten Kapitel haben wir über das Leben nachgedacht, das nach biblischem Zeugnis nicht einfach mit Gott identisch ist. Vielmehr ist es so, daß Gott in einem unbegreiflichen und unbeschreiblichen Sinn Lebensspender ist. Aber er ist nicht einfach mit menschlichen Vorstellungen von Leben in eins zu setzen. Nach biblischem

Zeugnis ist Gott mehr, und zwar so sehr »mehr«, daß er auch den Tod beherrscht und über Leben und Tod gebietet. Das ist wiederum eine Chiffre dafür, daß Gott mehr ist als das, was Menschen unter Leben verstehen, was sie als Leben empfinden. Aber es ist doch so, daß sich die Bibel immer wieder mit verschiedenen Wendungen, Formeln und Bildern an diesem lebengewährenden Gott orientiert und daß es von daher auch möglich ist, diesem Gott zuzutrauen, daß er das Leben nach dem physischen Tod auf seine Weise erneuert. Wie – das weiß niemand, und es ist auch müßig, darüber extensive Spekulationen anzustellen. Der Mensch, der sich allzusehr auf Spekulationen, auf Details einläßt, würde dabei einen Verlust an Glauben und an Hoffnung und an Liebe ausdrücken. Denn er möchte ja im Grunde seiner Seele Gott vorschreiben, wie es weitergeht. Sosehr unsere Erwartungen, Empfindungen und Phantasien eine Rolle spielen, um so mehr müssen wir sie, wenn es um Gott geht, zurückstellen. Nicht daß sie damit negativ qualifiziert würden, aber es ist schon notwendig, diesen inneren Vorbehalt zu machen, daß Gott mit seiner Lebensvergabe unsere Phantasie übersteigt. Solch elementares Vertrauen ist notwendig, und das haben die Alten gewußt, bereits im Vorfeld des Christentums. Selbst die Ägypter, die so vieles und so Detailliertes vom Leben nach dem Tod zu wissen schienen, haben zugestanden, daß die Götter mit den Menschen ihre eigenen Wege gehen. Die Ägypter haben das zwar nur verdeckt getan, aber sie haben es anerkennen müssen.

Ich möchte abschließend die Dinge auf den Punkt bringen und noch zwei Bevölkerungs- und Religionsgruppen aus einer späteren Zeit befragen, was sie vom Leben nach dem Tod halten: die christlichen Ägypter und die Juden zur Zeit Jesu. Daraus möchte ich dann ein Resümee entfalten, wie wir Christen uns das Leben nach dem Tod denken, wie wir glauben, was wir hoffen dürfen.

1.2 Kopte = Ägypter

Ich beginne mit einer Frage, die kaum je gestellt wird: Wie denken eigentlich diejenigen über das Leben »danach«, die auf dem Boden dieser alten Kulturregion gelebt haben und die alles – oder doch sehr vieles – vor Augen hatten, was die Alten an Vorstellungen über das Leben nach dem Tod geschaffen haben? Sie hatten schließlich die Pyramiden vor Augen und haben diese sicher auch bewußt wahrgenommen; sie haben sich gefragt, warum und wie diese errichtet wurden, sie haben Grabanlagen und ihre Dekoration gesehen – sicher nicht in dem Zustand, wie die Ausgräber sie mittlerweile präsentieren, aber sie wußten darum. Ich möchte also von den christlichen Ägyptern, den Kopten, sprechen. Die koptische Kirche steht in der Nachfolge der alten ägyptischen Religion – nicht der Islam! Die koptischen Christen sind die »eigentlichen« Ägypter, was sie auch sehr wohl zu schätzen wissen.

1.3 Der »geistliche Leib«

Im Koptentum ist eine ganze Menge der alten ägyptischen Kultur greifbar. Längst ist noch nicht alles ans Tageslicht gefördert. Dabei ist es sehr interessant: Wie haben die Kopten, insbesondere die koptischen Mönche, darüber gedacht, wie das Leben weitergeht, vor allen Dingen – was haben sie eigentlich über den menschlichen Körper, den Leib, gedacht? Haben sie sich vielleicht so, wie es die Bibel unmittelbar nahelegt, ebenfalls von jedem Gedanken an die Unterwelt freizuhalten versucht? Oder haben sie da eine etwas andere Version »auf den Markt« gebracht?

Wir wollen uns einige Sätze aus einer Predigt eines koptischen Klostervorstehers namens Schenute (gest. 451) ansehen. Schenute, ein altehrwürdiger Vertreter der koptischen Kirche, Abt eines Klosters, spricht von einem Menschen, der sich trotz größter Herausforderungen und Anfechtungen nicht dazu bewegen ließ, seinen Glauben zu verleugnen, und dem deshalb Martern zugefügt wurden, der aber dann in seiner körperlichen Unversehrtheit wiederhergestellt worden sei.

> *Auch wenn man deine Augen ausreißt, wirst du bei der Auferstehung nicht auferstehen ohne Augen ... Auch wenn man deinen Kopf wegnimmt, wirst du wiederum auferstehen, indem er auf dir ist. Auch wenn man dir jedes einzelne Glied abschneidet, wirst du nicht nur auferstehen, ohne daß dir der kleine Finger deiner Hand oder (die kleine Zehe) deines Fußes abgeschnitten ist, sondern du wirst auch auferstehen als geistlicher Leib.*
>
> (Zitiert nach Siegfried Morenz, Altägyptischer und hellenistisch-paulinischer Jenseitsglaube bei Schenute, 250.)

»Geistlicher Leib«: auf griechisch *soma pneumatikon.* – Dieser Text hat etwas Merkwürdiges an sich. Auffällig ist das Interesse an der körperlichen Wiederherstellung: etwas, das nicht alle bedenken oder in den Mund nehmen oder gar bekennen, wenn sie vom Leben nach dem Tod reden. Aber die koptischen Christen haben durch ihren Sprecher, Schenute, hier etwas zum Ausdruck gebracht, was den Ägyptern zuvor ganz wichtig war, nämlich daß nur ja nichts vom Körper verlorengehen darf. Vor allen Dingen müssen die Teile des Körpers auch wieder zusammenkommen und eine Einheit bilden – wie auch immer. Aber daß sie das tun, ist wichtig. Das ist die eine Seite – die Anhänglichkeit an die ägyptische Vorstellungswelt, der sich dieser Abt Schenute einfach nicht entziehen konnte. Es war seine Welt. Er mußte gewissermaßen davon reden, daß die Körperlichkeit etwas Wichtiges ist. Sie muß irgendwie erhalten bleiben.

Auf der anderen Seite redet er dann nicht mehr von der physischen Körperlichkeit, der greifbaren Leiblichkeit, sondern er spricht von dem *soma pneumatikon,* von einem »geistlichen Leib«. Wie das beides zusammengeht, ist schwer zu sagen. Aber es ist für den koptischen Abt wichtig, beides im Blick zu behalten. Nichts geht vom menschlichen Körper verloren. Selbst wenn Menschen jemandem so große Verletzungen zugefügt haben, daß der Körper zerstückelt ist, werden die Glieder zusammengeführt und wird der Körper wiederhergestellt. Aber er ist dann ein anderer, ein »geistlicher«, ein »pneumatischer« Körper.

Der Ägyptologe und Koptologe Siegfried Morenz hat als erster den altägyptischen und den hellenistisch-paulinischen Jenseitsglauben bei Schenute dargestellt. Morenz nimmt allerdings Anstoß an solcher Zweigleisigkeit und meint, das sei eine Divergenz, die man eigentlich nicht durchhalten könne – auf der einen Seite an die Unversehrtheit und Wiederherstellung des Körpers glauben, auf der anderen Seite von einem »geistlichen Leib« sprechen. Aber Schenute hat hier wohl einen Weg beschritten, der für uns zumindest verständlich ist, selbst wenn wir ihm nicht unmittelbar folgen müssen.

Gliedervergottung

Ich will den Erwägungen, die Morenz vorgenommen hat, ein wenig nachgehen und noch einiges zur Erläuterung sagen. Für uns ist es aufs erste etwas befremdend, daß hier in dieser Ausnahmesituation von den Gliedern des Körpers gesprochen wird, in dem Martyrium, das diese Menschen erleiden, etwas, das die christlichen Ägypter in Zeiten der Verfolgung immer wieder erleben mußten. Aber es ist auch eine altägyptische Tradition, von den Gliedern des Körpers zu sprechen, die wir sogar bis in die Pyramidentexte zurückverfolgen können. Da steht – völlig unabhängig von einem Martyrium oder einem Quälen des Menschen durch andere Menschen: »Angefügt wurde dir dein Kopf an deine Knochen, angefügt wurden dir deine Knochen an deinen Kopf« (Pyr 572 c). »Dieser NN ist unversehrt mit seinem Fleische«, heißt es an anderer Stelle (Pyr 908a). Das beweist, daß der Ägypter unabhängig von jeder irdischen Verletzung daran interessiert war, daß der Mensch im anderen Leben »komplett« da ist, daß nichts fehlt. Erstaunlicherweise haben die Ägypter diese Vorstellung, daß alle Glieder und vor allem die Sinne beisammen sind, breit entfaltet. In bezug auf die Sinne haben sie sogar ein eigenes Ritual entwickelt, das sogenannte Mundöffnungsritual beispielsweise, wobei dem Toten ein Gerät an den Mund geführt wird, das ihm die Zunge lösen und die Möglichkeit zu essen und zu sprechen geben soll. Es soll also auch mit den Sinnen weitergehen. Der Mensch soll im anderen Leben voll funktionsfähig sein.

Das kann so weit gehen – und das übersteigt eigentlich unser Begreifen –, daß die einzelnen Glieder des Körpers einzeln beschworen werden, daß sie ihre Funktion fortsetzen. Sie werden auf eine Weise beschworen, daß man sagen müßte, es finden regelrecht »Vergottungen« der Glieder statt. Das ist nun für uns eine ganz fremdartige Idee, die man nur verstehen kann, wenn man daran denkt, daß es wirklich darum geht, die Unversehrtheit auch im Detail zu erreichen. Der Mensch soll in all seinen Teilen weiterleben.

Es folgt ein Zitat aus diesen sogenannten Gliedervergottungen, weil noch in einer biblischen Schrift, nämlich dem Hohenlied, ein solcher Beschreibungstext seine Nachwirkung hat. Es heißt auf einem Papyrus der 18. Dynastie aus der Totenliteratur in einer Anrede an den Toten und seine Glieder:

Deine Schönheit ist (wie) die Flut, die ruht. (...)
Dein Kopf ist gesalbt(?), mein Herr, wenn du nach Norden fährst,
wie die Haarflechte einer asiatischen Frau,
und dein Gesicht ist leuchtender
als das Haus des Mondes.
Dein Oberteil ist Lapislazuli,
deine Locken sind schwärzer
als die Türen jedes Sterns am Tage der Verfinsterung. (...)
Deine Lunge ist Nephthys,
dein Gesicht ist Hapi und seine Wasserflut. (...)
Dein Schlund ist Anubis,
dein Leib ist breit mit Gold (geschmückt).
Deine Brüste sind zwei Eier aus Karneol,
die Horus mit Lapislazuli überzogen hat.
Deine Schultern leuchten als Fayence.

(Zitiert nach Keel, Das Hohelied, 32.)

Ein sogenanntes Beschreibungslied für einen Toten, um seine Verklärung auszudrücken, wobei Teile seines Körpers geradezu leuchten wie die göttliche Welt! Deswegen werden die göttlichen Gestalten hier eingefügt und wird eine Art Identifikation mit den Gliedern vollzogen.

An anderer Stelle heißt es in einem Zauberspruch für ein Kind:

Dein Scheitel ist Re (der Sonnengott), du gesundes Kind,
dein Hinterkopf ist Osiris. (...)
Deine Augen sind der Herr der Menschheit,
deine Nase ist der Ernährer der Gottheit.

(Zitiert nach Keel, Das Hohelied, 32.)

Das ist das Nonplusultra einer Verherrlichung der Sinne und der Glieder! So sehr wünscht man sich, daß die göttliche Qualität im Menschen zum Durchbruch kommt, damit ewige Verklärung Platz greift. Man hat dann teil an der Welt der Götter und ist dort zu Hause.

Einen Nachklang solcher Sprüche finden wir auch in den Beschreibungsliedern des Hohenliedes, natürlich auf einer anderen Ebene und nicht etwa für das Leben nach dem Tod gedacht. Im Hohenlied, getreu alttestamentlicher Diktion, geht es um den Menschen, der jetzt lebt. Das Lied dient der Verherrlichung des Partners: Die Glieder werden im Beschreibungsstil einzeln »vergöttlicht«, wie man geradezu sagen kann (vgl. Hld 4,1–7; 5,9–16; 7,2–6).

Osirisreliquien und Horus-Auge
Woran liegt es eigentlich, daß der Ägypter so sehr an den Gliedern, an den Sinnen orientiert und daß es ihm so wichtig war, deren Fortleben und bleibende Funktion zu sichern? Es hat wahrscheinlich mit einem uralten Mythos zu tun, dem Mythos von Osiris und Seth einerseits und von Horus und Seth andererseits, auf den wir ja bereits kurz eingegangen sind.

Nun hat man sich in der mythischen Erzählkunst auch über die Details der Restituierung des Osiris ausgelassen beziehungsweise über die Wiederherstellung des Horus. Einerseits hat man die »Restaurierung« und Wiederbelebung des Osiris sich so gedacht, daß alle einzelnen Teile des Körpers, die »Reliquien« dieses Osiris, zusammengefügt werden müßten, um ihn dann in einer neuen Lebensqualität wiedererstehen zu lassen. Andererseits hat auch Horus, dessen Auge beim Kampf mit Seth verletzt worden ist, dieses unter Mithilfe des Gottes Thot Stück für Stück, Segment für Segment »repariert« bekommen. Das Zusammensetzen, das Zusammenfügen im Detail ist für den Ägypter wichtig, um dann das Ganze, nämlich die Wiederbelebung, ins Bild zu setzen. Wir müssen also diesen alten Mythos der detaillierten Wiederbelebung in Erinnerung behalten, um die Entfaltung dieses Motivs im Legendenschatz der Kopten wirklich zu verstehen

1.5 Märtyrerlegenden

Hier wird deutlich, wie sehr der christliche Ägypter daran interessiert war, daß diejenigen, die irdische Leiden und Verletzungen hinter sich gebracht haben, von Gott wieder in ursprünglicher Frische hergestellt werden.

Ich will nicht ins Detail gehen und die zum Teil schrecklichen Geschichten im einzelnen vorstellen, denn die christlichen Ägypter ließen ihre Phantasie durchaus walten, um die schlimmen Martyrien zu schildern, natürlich zu dem Zweck, die Einzigartigkeit der göttlichen Heilstat bei der Wiederherstellung zu unterstreichen. Da heißt es beispielsweise in bezug auf die Sinnesorgane eines Gemarterten in einem koptischen Text, der sogenannten Viktorlegende, einer frühen Märtyrerlegende: Man veranlaßte, »daß sie« – also die Folterknechte – »spalten sollen seine zwei Augen, während er lebendig sei. Sofort kamen sie, die Folterer. Sie stießen Spitzen, wobei sie glühten, in seine Augen und seine Ohren. Sofort spalteten sich seine zwei Pupillen und fielen herab auf die Erde. Und dann drang Rauch hinauf in sein Gehirn« (zitiert nach Fischhaber, Mumifizierung im koptischen Ägypten, 57).

Aber Apa Viktor, der Märtyrer, sagt zu dem Herrscher, der das veranlaßt hat: »Selbst, wenn du mich blind machst in den äußeren Augen, so habe ich tatsächlich neben ihnen (noch) andere Augen im Inneren von mir, indem sie Licht geben; es sind diese, (nämlich) die Augen meiner Seele und meines Verstandes« (zitiert nach Fischhaber, Mumifizierung, 57).

In einem ähnlich dramatischen Bericht heißt es über das Martyrium: »Sofort aber heilte der Erretter seine Augen, und er hielt seine heiligen Hände über sie. Und dann leuchteten sie wie die Sterne des Himmels« (zitiert nach Fischhaber, Mumifizierung, 58). – Oder: »Sofort erhörte Gott seine Bitte. Seine Zunge wuchs wiederum wie zuvor« (zitiert nach Fischhaber, Mumifizierung, 59). – Und an anderer Stelle heißt es: »Der Engel des Herrn aber, er berührte die Heiligen, er erweckte sie, und dann heilte er sie von ihren Folterungen. Und dann veranlaßte er, daß ihre Augen sahen und daß ihre Zungen gerade waren« (zitiert nach Fischhaber, Mumifizierung, 59).

Wir dürfen die Phantasie der koptischen Märtyrerlegenden nicht als Selbstzweck verstehen. Es ist kein Sadismus oder dergleichen. Im Gegenteil: Es geht darum, die Rettungstat Gottes, der den Körper wiederherstellt, nach Möglichkeit zu unterstreichen und ins Bild zu setzen.

1.6 Die »gespaltene« Gnosis

Ich möchte noch eine weitere Perspektive dieser koptischen Bewältigung und Nachbereitung der Vorstellungen vom Leben nach dem Tod einbringen, die insbesondere durch die Texte von Nag Hammadi in Oberägypten ins Bewußtsein getreten sind. Diese Texte haben uns Einblick in die Vorstellungen der Gnosis gegeben, und zwar in die der nichtchristlichen wie in die der christlichen Gnosis. Es ist hier natürlich nicht möglich, dies schwierige Kapitel so ausführlich zu behandeln, wie es eigentlich erforderlich wäre. Aber ich will wenigstens auf einige Aspekte hinweisen, die in unserem Zusammenhang von besonderer Bedeutung sind.

Die nichtchristliche Gnosis ist besonders daran interessiert, sich vollständig vom Körper zu distanzieren, und zwar so massiv, daß man den Eindruck hat: Hier wird mit allem abgerechnet, was zuvor an Glorifikation des Körperlichen geschehen ist. Der irdische Mensch mit seiner Verfaßtheit spielt da im Grunde gar keine Rolle mehr, sondern es gilt dann nur noch der pneumatische Mensch. – Die christliche Gnosis geht etwas andere Wege. Ich kann hier nicht ins Detail gehen. Aber die christliche Gnosis scheint sich eher an das Pauluswort in 1 Kor 15,44 zu halten. Dort heißt es: »Gesät wird ein seelischer Leib *(soma psychikon)*, auferweckt wird ein geistlicher Leib *(soma pneumatikon)*.« Auch der genannte Abt Schenute scheint sich gerade auf diese Differenzierung einzulassen. Der »psychische Mensch«, bestehend aus Leib und Seele, ist der Mensch, wie wir ihn erleben, aber das ist nicht der Mensch, zu dem Gott ja sagt, was das andere Leben betrifft. Der »psychische Mensch« geht den Weg alles Irdischen. Das ist der Mensch aus Fleisch und Blut, aber der »geistliche Mensch«, das ist die Neuerweckung, die Neuschöpfung, die von Gott her inszeniert wird.

Auf dieser Ebene können wir die gnostische Literatur von Nag Hammadi durchmustern, und wir kommen zu Textbereichen, die dem Körperlichen radikal absagen und keinerlei Chance für das verfaßte Körperliche erkennen. Andere jedoch legen Wert auf diese Neuschöpfung, die Gott vollzieht, wenn er »soma pneumatikon« erstellt, den »pneumatischen Menschen«. Das ist dann die Spur, auf der sich das koptische Christentum weiterbewegt. Und das ergibt auch ein Modell, mit dem man sich anfreunden kann.

1.7 Auferweckung

Schließlich möchte ich noch einmal das herausstellen, was mir als Erbstück aus der großartigen Welt der ägyptischen Totenverehrung als bleibend erscheint: Das Interesse am körperlichen Menschen erlischt im Grunde nicht. Der Mensch aus Fleisch und Blut hat bei Gott seinen Stand, und zwar insofern, als er diesen Menschen aus Fleisch und Blut auf seine Weise auferweckt. Allerdings ist er dann nicht mehr der greifbare Mensch, wie wir ihn jetzt und hier erleben:

Er ist ein anderer Mensch – aber mit »Körper«! Er ist nicht nur eine Seele, losgelöst von einem Körper, der negativ qualifiziert wird, im platonischen Sinn beispielsweise, sondern dieser Körper hat, wenn auch in anderer Gestalt, den grundsätzlichen Respekt seines Gottes. Der Leib wird ein verklärter Leib. Aber er ist Leib! Er ist nicht einfach so vergeistigt, daß man ihn vernachlässigen könnte. Das ist, wenn man so will, ein Kompromiß, vielleicht ein schwer denkbarer Kompromiß, aber er bewegt sich auf der Ebene einer Auslegung biblischer Tradition, insofern nämlich, als das Ja zur Körperlichkeit, das besonders schön im Hohenlied ausgesprochen wird, das Ja zur Sinnenwelt des Menschen nicht einfach widerrufen wird. Die göttliche Neuschöpfung setzt nur noch etwas darauf, sie hat ein Plus bei der Hand, das über all das Sinnenfrohe, das der Mensch erleben darf, noch hinausführt. Der verklärte Leib birgt all das in sich, was Lebensqualität ausmacht, aber noch viel mehr als das. Das ist die Idee, die uns reizvoll erscheint und wohl auch einsichtig, daß Gott unsere Körperlichkeit, die wir jetzt haben, die wir jetzt leben, nicht einfach verurteilt oder wegwirft. Daß unser Körper zerfällt, daran besteht kein Zweifel, und niemand – weder in Ägypten noch in Palästina – hatte daran Zweifel und auch wir Christen nicht: Unser Körper, so wie er ist, zerfällt. Aber dennoch kann Gott zu uns, wie wir jetzt sind, und zu unserer Körperlichkeit sein Ja sagen, und er ist sogar dazu bereit, diese Körperlichkeit umzuwandeln, auch wenn wir das natürlich nicht mit unseren Augen sehen, daß ein Mensch zu einem verklärten Leib kommt. Aber die Idee ist wichtig, und sie liegt in der Konsequenz der Vorstellung von einem Gott, der Menschen schafft – nicht, damit sie vergehen und endgültig zu Staub werden!

Der äußere Eindruck des Verfallens und Vergehens bleibt, aber dieser äußere Eindruck ist nicht das Eigentliche. Ich bin überzeugt davon, daß Gott so viel für den Menschen übrig hat, daß er selbst das, was für Menschen völlig vernachlässigenswert ist, das Staubkorn, umwandelt in eine Gestalt, die etwas bedeutet. Gott sucht den Menschen auf, wie der Prediger Kohelet sagen würde, er macht sich auf den Weg zu ihm, damit er das Vergängliche in Unvergängliches verwandelt. Das übersteigt unsere Vorstellungskraft, aber das wußten die Alten letzten Endes ganz genau, daß unsere Sinneserfahrung nicht ausreicht, um die »Sinnlichkeit« Gottes zu erfassen.

Wir sind auf dem Wege, der ägyptischen Religion einen Kredit abzugewinnen, der uns als Christen nicht einfach hochmütig über das in vorchristlicher Zeit Geglaubte hinwegschauen läßt. Wenn ich ein wenig in die neutestamentliche Diktion hineinsehe und in die christliche Verarbeitung, dann reden wir ja auch vom verklärten Leib. Wir beziehen diese Aussage natürlich in erster Linie auf den verklärten Leib Jesu, denken aber daran, daß der verklärte Leib Jesu allen, die in den Fußstapfen Jesu gehen, zuteil wird, daß wir gewissermaßen eins werden mit dieser Verklärung, die beispielhaft an Jesus vollzogen worden ist. Oder anders ausgedrückt: Wir alle nehmen teil an der Auferstehung unseres Herrn Jesus Christus, das ist christliches Bekenntnis.

Dies aber so auszudrücken hat seine Geschichte. So zu werden wie Osiris war auch für die Ägypter wichtig. Aufzuerstehen mit Osiris war ein Programm. Man wußte darum, daß all das nicht von Menschen bis ins letzte vorgeschrieben werden kann. Obwohl man sich bemüht hat, die Wege vorzuzeichnen, konnte man sich doch im letzten nicht sicher sein, daß die Götter so verfahren würden, wie der Mensch es vorschreibt. Aber mit einer solchen Bezugsfigur leben und auferstehen, so wie wir Christen es mit Jesus Christus ausdrükken, das haben die Ägypter mit Osiris getan. Osiris war der »Erste der Westlichen«, also der Toten, der Entschlafenen, so wie Paulus Christus den »Ersten der Entschlafenen« nennt. Osiris trug den Beinamen »Chontamenti«, das heißt exakt: »der Erste der Westlichen«, der »Erste der Verstorbenen«. Wir sehen, das Bekenntnis ist vorgebildet, aber es findet jetzt im christlichen Bekenntnis eine Radikalisierung und Vertiefung – ohne jeden Anflug von Abwertung dessen, was vorausging. Denn ohne die ägyptische Findung dieses Bekenntnisses zu einer beispielhaften Bezugsfigur, die lebt, überlebt und aufersteht, könnten wir Christen überhaupt nicht von Auferstehung reden. Die Rede von der Auferstehung ist nicht vom Himmel gefallen, sie ist vorgeprägt durch die Religionsgeschichte. Der Glaube an Jesus Christus und an seine – bezeichnenderweise! – *Auferweckung*, wodurch die Tat Gottes in den Mittelpunkt gerückt wird, verschärft den Gedanken, daß es einzig und allein Sache Gottes ist, wie er mit dem menschlichen Körper und mit dem, was menschliches Leben ausmacht, zurechtkommt. Es liegt also der Blickpunkt allein auf der freien schöpferischen Tat Gottes. Das ist eine Akzentverlagerung, aber es ist nicht ein derart abrupter Neubeginn, daß man sagen müßte, das Christentum habe die religiöse Welt über den Haufen geworfen und alles für absurd erklärt, was vorausging. So weit können wir und dürfen wir nicht mehr gehen.

2. Jüdische Vorstellungen vom Weiterleben

2.1 Das ägyptische Erbe

Im letzten Kapitel möchte ich versuchen, ein Resümee zu formulieren, eine Art Überblick und Ausblick über das hinaus, was uns bislang vor Augen getreten ist. Das letzte, was uns ersichtlich war, war das Bild eines ägyptischen Christen, der dank seiner »erblichen Belastung« daran interessiert ist, daß mit dem Körper etwas geschieht, daß er nicht nur zu Staub zerfällt, sondern daß er vor Gott eine bleibende Bedeutung behält. Dies Interesse an einer wie auch immer gearteten Unversehrtheit hat die ägyptische Welt durch Schenute sprachlich zum Ausdruck gebracht. Ebenso haben es die sogenannten Märtyrerlegenden artikuliert, und selbst die Texte von Nag Hammadi mit ihrem starken gnostischen Einschlag lassen spüren, daß das Interesse an einer irgendwie weiterexistierenden Form des Körperlichen nicht erloschen ist, insofern der »geistige« Körper, der Körper, der ein Pneuma in sich trägt *(soma pneumatikon),* erhalten bleibt, und zwar als der verklärte Leib.

2.2 Das »Haus der Ewigkeit«

Ich möchte jetzt auf Israel, auf das Judentum hinüberschauen, darauf, wie dort das Erbe des Alten Testaments weitergetragen oder auch modifiziert wird. Wie redet der jüdische Mensch in der Nachbarschaft des beginnenden Christentums vom Leben nach dem Tod? Schließlich werden wir beides miteinander kombinieren, die Sicht des ägyptischen Christen und die Sicht des Juden zur Zeit des beginnenden Christentums, um zu erkennen, wie das Christentum seinerseits von beiden Einsichten und Ausdrucksformen lebt und profitiert.

Zunächst also zur Sichtweise des späten Israeliten- und frühen Judentums! Ich möchte hier noch einmal auf Kohelet, den Prediger, zurückkommen, und zwar auf einen Text aus dem zwölften Kapitel

(12,1–7), den ich hier möglichst wörtlich und nach Sätzen gegliedert wiedergebe:

1a *Gedenke deines Schöpfers in den Tagen deiner Frühzeit,*
b *ehe die Tage des Übels kommen*
c *und die Jahre, von denen du sagst:*
d *»Nicht gibt es mir an ihnen einen Gefallen«,*
2a *ehe sich verfinstert die Sonne*
und das Licht, der Mond und die Sterne
b *und wiederkehren die Wolken nach dem Regen,*
3a *am Tag, da zittern die Wächter des Hauses*
b *und sich krümmen Männer der Stärke,*
c *da herumstehen die Müllerinnen,*
d *weil sie zu wenige sind,*
e *wo finster werden die durch die Fenster schauen,*
4a *da verschlossen werden die Tore auf der Straße*
b *und abnimmt das Geräusch der Mühle,*
c *da man aufsteht zum Geräusch des Vogels*
d *und sich ducken die Töchter des Liedes.*
5a *Auch die Erhebung fürchtet man*
und die Schrecken auf dem Weg,
b *und es blüht der Mandelbaum,*
c *und es schleppt sich die Heuschrecke,*
d *und es versagt der Kaper,*
e *denn es geht der Mensch zum Haus seiner Ewigkeit,*
f *und es gehen umher auf der Straße die Klagenden.*
6a *Ehe zerreißt die Silberschnur*
b *und zerbricht die Goldschale*
c *und zertrümmert wird der Krug am Quell*
d *und zerbrochen wird das Rad am ‚Brunnen',*
7a *und zurückkehrt der Staub zur Erde als das, was er war,*
b *und der Atem zurückkehrt zu dem Gott, der ihn gab.*

Das ist eine der eindrucksvollsten und in ihrer poetischen Gestalt dichtesten Aussagen des Alten Testaments zum Leben, das dem Ende zugeht, das aber bei Gott aufgefangen wird. Es ist kein Text, der einfach mit dem abrechnet, was draußen ist. Es ist der Eindruck eines Menschen, der das Schwinden der Kraft seiner Sinne spürt, der entdeckt, daß die Augen nicht mehr das hergeben, was sie hergegeben haben: ... *es blüht der Mandelbaum* – und man sieht es kaum mehr. Oder: ... *es schleppt sich die Heuschrecke* – und man bemerkt es nicht. All das, was man dem Leben zuführt, versagt irgendwann seinen Dienst, so daß auch die Frucht des Kaper, der man eine belebende Wirkung zuschrieb, nichts mehr bewirkt. Vor allem erlebt man den Kosmos anders als früher: Die Sonne, deren Licht doch immer gleich hell ist, scheint sich verfinstert zu haben. Der Prediger beklagt sich jedoch nicht über schlechter gewordene Zeiten, sondern ist sich bewußt, daß wir es sind, die, wenn wir älter werden, nicht mehr all das wahrnehmen, was vielleicht frühere Jahre wahrgenommen haben. Er gibt unseren subjektiven Eindruck wieder, denn die Schöpfung ändert sich im Grunde nicht.

Aber all das nötigt den Prediger nicht zur Resignation, weil er es erkannt hat und weil er es ausspricht, daß die eigenen Sinne zurückstecken müssen, während wir das meist nicht so ohne weiteres eingestehen. Aber der Prediger weiß auch, warum er das eingestehen kann: Er sieht die Hinfälligkeit des Körperlichen, den »Staub«, aus dem der Körper besteht, aber er sieht auch, daß dieser Staub, aus dem der Mensch ist, nicht das letzte ist, was von ihm bleibt, sondern der Atem, der in diesen Staub hineingegeben ist, kehrt zu Gott zurück, der ihn gegeben hat. Das ist eine bei Kohelet mehrfach zu findende Rückbeziehung auf die Schöpfungsaussage in Gen 2,7, die wir bereits mehrmals zitiert haben: daß Gott dem Menschen den »lebendigen Atem« in die Nase blies – eine bildhafte mythologische Umschreibung dafür, daß Gott der Lebensspender schlechthin ist. Und er, der den Lebensatem gibt, holt ihn auch zurück! Der letzte Atemzug des Menschen führt dann zu diesem Gott zurück, der in seinem unendlichen Bewußtsein und in seiner lebenschaffenden Kraft diesem Atem ein Zuhause gibt: eine letzte Zuspitzung der Idee, daß das Flüchtige von Gott gesucht, mit aller Kraft »heimgesucht« und aufgenommen wird. Sich diesem Gedanken zu widmen ist eine lohnende Angelegenheit für jeden Menschen, wenn er seinen Atem erlebt, der letztlich von Gott kommt und zu ihm wieder zurückkehrt.

Der Text spricht hier vom »Haus der Ewigkeit«: *... denn es geht der Mensch zum Haus seiner Ewigkeit, und es gehen umher auf der Straße die Klagenden ...* Die Redewendung *zum Haus seiner Ewigkeit* kommt uns eigentlich aus den vielen Vorstellungen, die wir in Ägypten kennengelernt haben, recht vertraut vor, obwohl dort ein formal entsprechender Ausdruck – etwa *per djet* – unmittelbar für das Grab oder das Totenreich nicht belegt ist. Aber der Gedanke, daß das Grab ein Haus sei, zu dem man dann überwechselt, ist ja in der Anlage der Gräber gut bezeugt. Die Archäologie lehrt uns, daß beispielsweise im Tal der Könige die Grabanlagen wie Häuser gestaltet sind, etwa die Grabanlagen der 18. Dynastie als übereinandergeschichtete Wohnungen und Zimmer, während in der 19. und 20. Dynastie die Anlagen mit großen Zugängen, mit langen Gängen operieren – eine etwas anders gerichtete, aber immerhin noch der Vorstellung eines Palastes oder eines Hauses nahestehende Idee. Man könnte also meinen, daß der Prediger hier eine Vorstellung aus seiner Nachbarschaft aufgreift, und ich kann mir sogar vorstellen, daß er hellenistische Bauwerke in seiner nächsten Umgebung, die nach ägyptischem Muster gestaltet sind, zum Anlaß nimmt, um vom »Haus der Ewigkeit« zu sprechen. Jerusalembesucher werden die Anlagen im Kidron-Tal kennen, das Abschalom-Grab beispielsweise oder auch das – von Touristen meist unbeachtete – etwas ältere Gebäude am Westabhang des Dorfes Silwan, das die Einheimischen das »Grab der Tochter Pharaos« nennen, ein Gebäude mit einem ehedem pyramidalen Aufsatz. Das ist ein deutliches Zeichen dafür, daß hier ägyptische Einflüsse – wahrscheinlich über Phönizien vermittelt – eine Rolle gespielt haben.

Man dachte also schon daran, daß man ein »Haus für die Ewigkeit« braucht, aber auf israelitischem Boden hört sich das Wort »Haus«, hebräisch *bajit,* etwas anders an. Es hat einen anderen Sinn, wenn der Ägypter von »Haus« oder von »Tempel« als steinerner Architektur spricht. Wenn in Israel vom »Haus« die Rede ist, denkt man in viel stärkerem Maße als im Ausland an die Bewohner des Hauses, ja man kann sogar das »Haus« verstehen als Inbegriff der Generation, der Sippe, der Familie, auch der Nachkommenschaft, bei Königen beispielsweise der Dynastie. Man spricht vom »Haus David«, aber man kann ohne weiteres auch von einem »Haus« der Familie und der Sippe sprechen. Das heißt, in Israel ist der Blick stärker auf die Gemeinschaft und das Volk gerichtet im Unterschied zu der ägyptischen Idee, daß in erster Linie doch der königliche Bauherr beziehungsweise der hohe Beamte oder das Individuum – mit Verwandten, gewiß! – eine Rolle spielt und beachtet wird, aber es ist nicht so sehr das Volk, das einbezogen wird. Das ist auf israelitischem Boden anders und hängt mit der Entwicklung und dem Selbstverständnis Israels zusammen.

2.3 Das Zusammensein mit den »Vätern«

Nun wollen wir noch einen Blick auf Redewendungen werfen, die für mich sehr bezeichnend sind und die dann auch den Übergang von diesem Leben in ein Sein – wie auch immer es geartet ist – bei Gott zum Ausdruck bringen. Es gibt für das Wort »sterben« eine Reihe von Bildwendungen, die besonders in der nachexilischen Zeit, also zur Zeit des frühen Judentums, Verwendung finden. Da haben wir einmal die Vorstellung, daß der Mensch »zu seinen Stammesgenossen versammelt« wird, eine Redewendung, die in der sogenannten Priesterschrift, also dem großen Geschichtswerk, das aus exilischer Zeit stammt und in nachexilischer Zeit weitergeführt wurde, enthalten ist. »Und er wurde zu seinen Stammesgenossen versammelt«, so lesen wir etwa in Gen 25,8 von Abraham und in V. 17 von Ismael oder auch in Kapitel 35, V. 29 von Isaak. An einer solchen bildhaften Formulierung können wir erkennen, daß es um eine Einbeziehung des Menschen in die Schar derer geht, die vorher gelebt haben, daß gar nicht so sehr der Raum oder der Ort des Jenseits beschrieben werden – wir sahen ja schon, daß die *Scheol* keineswegs positiv nuanciert ist, wenn sie auch in jüngerer Zeit etwas gelassener betrachtet wird. Dafür wird dann um so mehr das Zusammensein mit denen, die vorangegangen sind, betrachtet: *Er wurde zu seinen Stammesgenossen versammelt.* Hier steckt also der Gedanke der Zugehörigkeit zum Volk dahinter. Das andere Leben ist nicht ein Summarium von Einzelexistenzen. Das Leben bei Gott besteht nicht darin, daß jeder einzelne sozusagen ein »Appartement« erhält und einen höchst individuellen Lebensraum – jedenfalls legt der biblische Verfasser darauf keinen sonderlichen Wert. Statt dessen ist das Einbezogensein in die Welt der Ahnen von ausschlaggebender Bedeutung.

So kann auch die Vorstellung vom Tod mit einer einschlägigen Bildwendung kommentiert werden, etwa in Num 20,24: *Aaron wird jetzt mit seinen Vorfahren vereint; er wird nicht in das Land kommen, das ich für die Israeliten bestimmt habe* ... In Dtn 32,50 spricht JHWH zu Mose: *Dort auf dem Berg, den du ersteigst, sollst du sterben und sollst mit deinen Vorfahren vereint werden, wie dein Bruder Aaron auf dem Berg Hor gestorben ist und mit seinen Vorfahren vereint wurde.* Man spürt gerade in der nachexilischen Zeit das Zusammengehörigkeitsbewußtsein mit größerer Intensität. Das Volk, das zurückgekehrt ist, muß zu seiner eigenen zukünftigen Existenz finden.

Natürlich wußte man, daß der Weg in die *Scheol* führt. Aber man hat den Blick von der »räumlichen« Situation, von der Nähe zum Chaos, abgewendet oder abzuwenden versucht und hat allmählich immer stärker empfunden, daß es um eine gemeinsame Existenz mit den Vorfahren geht. Da gibt es auch den Ausdruck »zu den Vätern entschlafen«. Natürlich hat man dabei in erster Linie die Könige vor Augen. Man sagt etwa von König David (1Kön 11,21) oder auch von König Joram (2Kön 8,24), daß sie zu ihren Vätern »entschliefen«.

Diese beiden Formeln und Wendungen, also »zu den Stammesgenossen versammelt werden« und »zu den Vätern entschlafen«, können zuweilen auch ineinander übergehen. In der Josefsgeschichte ist das der Fall, also in einer Erzählung, von der uns ja bewußt ist, daß sie sehr ägyptenfreundlich ist, die sich offenbar bemüht, zwischen israelitischen Ambitionen und dem, was man aus diesem alten Kulturraum Ägypten gewinnen konnte, einen Ausgleich zu schaffen. Die Josefsgeschichte ist erst in der Königszeit Israels entstanden und gewachsen, in der man die zeitgenössischen Erfahrungen mit dem ägyptischen Ausland verarbeitet hat. Hier wird vom Tod Jakobs erzählt, und zwar mit Anspielungen auf diese beiden Wendungen. So sagt Jakob in seiner testamentarischen Anweisung (Gen 47,30): *Bin ich zu meinen Vätern entschlafen, dann bring mich fort aus Ägypten, und begrab mich in der Grabstätte meiner Väter!* In Gen 49,29 f. segnet Jakob seine Verwandten und trägt ihnen auf: *Ich werde mit meinen Vorfahren vereint. Begrabt mich bei meinen Vätern in der Höhle auf dem Grundstück des Hetiters Efron, in der Höhle auf dem Grundstück von Machpela bei Mamre in Kanaan.* Auch in V. 33 heißt es: *Jakob beendete den Auftrag an seine Söhne und zog seine Füße auf das Bett zurück. Dann verschied er und wurde mit seinen Vorfahren vereint.*

Die bildhafte Wendung drückt deutlich aus, daß dem Erzähler hier die »Liaison« mit den Verwandten, den Vorfahren wichtig ist. Er möchte mit seinen Ahnen zusammensein. Das ist wirklich die Perspektive Israels, die über das hinausgreift, was die Ägypter von ihren Vorfahren sagten. Natürlich ist das auch den Ägyptern nicht uninteressant gewesen, man wollte natürlich mit dem Vater zusammensein: Denken wir beispielsweise an das exquisite Verhältnis Ramses' II. zu Sethos I., das immer wieder angesprochen wird, wobei der Vater natürlich für den regierenden König von existentieller Bedeutung ist und das Zusammensein mit dem Vater auch über den Tod hinaus wichtig ist. Aber das hat eine andere Ursache und ist nicht etwa mit der Volkszugehörigkeit begründet worden.

2.4 *Die »Erinnerung«*

Man hat eine Erklärung versucht, weshalb die biblischen Wendungen so stark auf die Familie und auf die Ahnen abheben. Man hat gemeint, das könne damit zusammenhängen, daß man in einem Familiengrab bestattet werden wollte. Natürlich gibt es solche Mehrfachbestattungen, aber die gibt es auch in Ägypten. Das dürfte nicht unbedingt das Kriterium sein. Mehrfachbestattungen sind im Orient eigentlich an der Tagesordnung. Aber ist das der eigentliche Hintergrund für eine solche Wendung: »zu den Vätern gehen« oder »versammelt sein mit den Stammesgenossen«? Ich glaube, das reicht zur Erklärung nicht aus.

Andere meinten, daß vielleicht die Mehrfachbestattung eine Art Repräsentation ganz Israels sei. Auch dafür lassen sich unmittelbar nicht genügend Belege erbringen. Die Mehrfachbestattung als solche ist nicht unbedingt symptomatisch für die Idee, daß Israel sich in seinen Toten wiederfindet oder daß der Tote ganz Israel repräsentiert.

Richtiger liegt wohl Claus Westermann, der große Kommentator des Buches Genesis, wenn er die Mehrfachbestattung nicht zum Anlaß nimmt, die Deutung unserer Phraseologie zu begründen, sondern wenn er von vornherein klarmacht, daß es gar nicht um den Status des Verstorbenen nach dem Tod geht, sondern um eine besondere Form der Erinnerung: Mit dem Sterben gewinnt die Erinnerung an den Toten und an die Vergangenheit eine eigene Dimension. Menschen, die ihr Leben hinter sich gebracht haben, wachsen gerade im Moment des Todes zu einer Größe, die sie in unmittelbarer Verbindung mit den anderen Ahnen wahrnehmen läßt. Da kommt eben diese andere Kraft, die im Menschen schlummert, zum Tragen: das Sich-Erinnern, das Sich-Vergegenwärtigen. Das ist eine so lebendige und so wichtige Kraft im Menschen, daß sie niemals vernachlässigt werden darf. In der Erinnerung gibt es auch eine Form des Weiterlebens, eine entscheidende Qualität des Weiterlebens. Ich denke, daß Westermann mit dieser Andeutung auf der richtigen Spur ist: Erinnerung allerdings nicht nur an das Individuum, so wertvoll es für Gott ist, sondern Erinnerung eben auch an die gemeinsame Geschichte, die das Volk hinter sich hat.

2.5 *In Abrahams Schoß*

Ich komme zu einem weiteren Ausdruck, der wichtig ist, der gewissermaßen als Abschluß unserer Erwägungen eine Rolle spielt und den ich schon einmal im Titel eines Buches thematisiert habe: »In Abrahams Schoß«. Das ist eine Wendung, die uns aus dem Neuen Testament bekannt ist, und zwar aus der Geschichte des reichen Prassers und des armen Lazarus (Lk 16,19–31). Der Reiche muß im anderen Leben entdecken, daß der Arme zur Ahnengestalt Abrahams Zutritt hat, daß die Gerechten im Schoß Abrahams zu Hause sind. Das ist keineswegs eine typisch alttestamentliche Vorstellung, aber sie ist im jüdischen, im rabbinischen Sprachgebrauch zu Hause, allerdings eben recht spät im Judentum aufgekommen. Natürlich knüpft sie an das an, was die Tora über Abraham zu sagen weiß. Wir erinnern uns an das berühmte zwölfte Kapitel des Buches Genesis, worin in den Anfangsversen Abraham zum Träger einer Verheißung gemacht wird. JHWH spricht zu Abraham (Gen 12,2): *Ich werde dich zu einem großen Volk machen, dich segnen und deinen Namen groß machen. Ein Segen sollst du sein.* Und im nächsten Vers: *Durch dich sollen alle Geschlechter der Erde Segen erlangen.* Das ist eine ungeheure Perspektive, eine Vision, die nicht nur für Israel, sondern auch für die Völker schlechthin von Bedeutung ist. Wenn nun dieses Bild von Abrahams Schoß gebraucht wird, wird in gewissem Sinn auch hier eine Rückkehr ins Auge gefaßt, weil – so der rabbinische Sprachgebrauch, nach dem vor allem die Bekenner und die Blutzeugen in Abrahams Schoß gelangen und dort ihre ewige Heimat finden –, weil also dies Bildwort eigentlich eine Rückkehr zu den Anfängen meint. Die Menschen, die Völker stammen aus dem Schoß Abrahams, und sie kehren dorthin zurück. Abraham wird hier natürlich nicht als historisches Individuum gesehen, sondern als eine Art lebendige Wurzel des Menschseins, als ein personifiziertes Ja Gottes zum Menschen. In ihm ist die neue Menschheit, Israel und die Völker, beheimatet, und nicht nur die Völker, sondern auch letzthin die Religionen, da Abraham ja nicht nur als »Vater des Glaubens«, sondern auch als Vater der drei Weltreligionen gilt, die für den westlichen Teil der Welt von besonderer Wichtigkeit sind. Er ist der Urvater dieser Religionen, der »Vater des Glaubens«. In diese Urheimat des Glaubens kehrt der Mensch zurück, und in dieser Richtung bewegt sich die Vision von Abrahams Schoß, die auch in der Kunstgeschichte ihren Ausdruck gefunden hat, wenn wir etwa an die Darstellung im Bamberger Dom, eine Kathedralplastik aus dem 13. Jahrhundert, denken (**Abb. 30**), in der Abraham mit den Erwählten auf seinem Schoß dargestellt wird. Das Thema war in der Romanik außerordentlich beliebt und basierte auf dieser späten, im frühen Judentum entwickelten Idee von Abrahams Schoß, deren sich dann auch die Christen bedient haben.

2.6 Hingabe als »Lösung«

Wir haben letztlich dann in der Vorstellung von Abrahams Schoß eine Parallele zu dem, was wir über die Rückkehr des Atems zu Gott gesagt haben. Gott, der den menschlichen Atem aufnimmt, ist der gleiche, der in Abraham die Menschen aufnimmt und so wieder zu sich zurückkehren läßt. Wir haben auch die Vorstellung verdeutlicht, daß der Mensch bei Gott so zu Hause ist, daß er selbst nach äußerster Klage und Bedrängnis sich zu ihm als dem eigentlichen »Löser« und Erlöser bekennen kann. Damit komme ich zurück auf die Textstelle aus dem Buch Ijob im 19. Kapitel, die uns am Anfang vor Augen gestanden hat: *Ich weiß, daß mein Löser am Leben ist.* Das ist eine Idee, die letzten Endes besagt, daß dieser Gott Interesse am Menschen hat und ihn auslöst, daß er sich für ihn »gibt«, sogar »hingibt«. Selbst diese Vorstellung liegt ja in der Tradition, daß Gott sich aufmacht, um das Flüchtige zu retten, wie der Prediger Kohelet sagt, und daß er den Menschen gewissermaßen von seinem Elend und von seinem Verhaftetsein an das Chaos loskauft, daß er sich dieses erbärmlichen Menschen annimmt.

2.7 Solidarität im Glauben

Das alles ist, wie man zu sagen pflegt, im Vorfeld des Christentums gewachsen, und wir dürfen uns natürlich fragen und müssen uns sogar jetzt intensiv fragen: Was bietet denn das Christentum eigentlich mehr? All das, was wir Christen bekennen, ist in diesen Ideen grundgelegt – daß Gott ja sagt zum Menschen. Daß Christen es an der Beispielgestalt Jesu erneut zum Ausdruck bringen, bedeutet eine Interpretation, eine eindrucksvolle und dichte Deutung dieses Bewußtseins, daß Gott ja zum Menschen sagt – über dessen Tod hinaus.

Abbildung 30

Es wird gewissermaßen exemplifiziert am Leben, dem Tod und der Auferweckung des Jesus von Nazaret, aber das ist keine grundsätzlich neue Idee. Das Alte Testament, das Judentum und zugleich die Religionen der alten Kulturregion Ägyptens haben die Basis dafür gelegt, vom Gott des unergründlichen und unerschöpflichen Lebens zu sprechen. Wir müssen allmählich lernen, diese großartige Bewegung, die zum Christentum hinführt, als solche zu respektieren und nicht mehr mit dem Christentum zu argumentieren, als sei hier mit einem Schlage den anderen Weltreligionen der Garaus gemacht worden. Das Christentum ist im Grunde undenkbar ohne die Vorgabe der vielen, unendlich vielen Glaubenden in der Vorzeit. Der Gedanke, der Glaube an den lebenstiftenden, aber immer unergründlich bleibenden Gott ist im Christentum »nur« weitergetragen worden. Ich denke aber, wir stehen mit diesem Bekenntnis als Christen im Gottesdienst niemals alleine da. Wenn wir Gottesdienst feiern und uns zu dem Jesus bekennen, der von den Toten auferstanden ist, wenn wir im Credo an die Auferstehung der Toten erinnern, dann sind auch diejenigen da, die uns geholfen haben, so zu sprechen. Es stehen die erwartungsvollen Gesichter vor unseren Augen, die in den Zeiten vorher über den Tod und den Gott, der am Tod nicht zerbricht, nachgedacht haben, über den Gott, der für die Menschen etwas übrig hat, über alle Zeiten hinweg.

Ich hoffe, daß gerade diese letzte Bemerkung über uns Christen in der Solidarität mit den Glaubenden davor und danach und außerhalb des Christentums – auch die wollen bedacht sein! –, daß diese Erwägung uns hilft, etwas gelassener über das nachzudenken und dem zu begegnen, was uns allen bevorsteht.

Abbildungsnachweis

Abb. 1: Auferweckung durch Christus, aus: P. Huber, Hiob – Dulder oder Rebell? Byzantinische Miniaturen zum Buch Hiob in Patmos, Rom, Venedig, Sinai, Jerusalem und Athos, Düsseldorf 1986, 31, Abb. 4.
Abb. 2: Sonnenlauf, aus: O. Keel, Die Welt der altorientalischen Bildsymbolik und das Alte Testament. Am Beispiel der Psalmen, Zürich 1972, 35.
Abb. 3: Sonnenlauf, aus: E. Hornung, Tal der Könige, Die Ruhestätte der Pharaonen, Zürich – München 1990, 109.
Abb. 4: Sonnenlauf, aus: ebd., 105.
Abb. 5: Sonnenkind, aus: ebd., 106.
Abb. 6: Himmelsgöttin, aus: ebd.
Abb. 7: Sonnenscheibe, aus: ebd., 110.
Abb. 8: Nächtlicher Sonnenlauf, aus: Keel, Bildsymbolik, 30.
Abb. 9: Thronender Osiris, aus: A. Piankoff, Mythological Papyri, New York 1957, 59.
Abb. 10: Thronender Osiris, aus: ebd., 58.
Abb. 11: Thronender Osiris, aus: ebd., 62.
Abb. 12: Thronender Osiris, aus: A. Mariette, Dendérah. Description Général du Grand Temple de cette Ville, Paris 1870–80, III. Pl. 69h.
Abb. 13: Barke des Sonnengottes, aus: E. Hornung, Die Unterweltsbücher der Ägypter, Zürich – München 1992, 70f.
Abb. 14: Totengericht, aus: Piankoff, aaO., 53.
Abb. 15: Totengericht, aus: ebd.
Abb. 16: Belebung der Mumie, aus: ebd., 62.
Abb. 17: Belebung der Mumie, aus: ebd., 51.
Abb. 18: Belebung der Mumie, aus: ebd., 91.
Abb. 19: Die Göttin Toeris (Nachzeichnung: C. Bolz).
Abb. 20: Unterweltliche Vernichtung, aus: E. Hornung, Altägyptische Höllenvorstellungen, Berlin 1968, Tafel IIIa.
Abb. 21: Unterweltliche Vernichtung, aus: ebd., Tafel IIIb.
Abb. 22: Unterweltliche Vernichtung, aus: ebd., 23.
Abb. 23: Unterweltliche Vernichtung, aus: ebd., 22.
Abb. 24: Unterweltliche Vernichtung, aus: ebd., 26.
Abb. 25: »Binsenfeld« im Grab des Sennedjem, eigene Aufnahme.
Abb. 26: Sarkophage aus Deir el Balah, aus: W. Seipel (Hg.), Land der Bibel. Schätze aus dem Israel Museum Jerusalem, Wien 1997, 64.
Abb. 27: Silber-Amulett von Ketef Hinnom, aus: ebd., 93.
Abb. 28: Inschrift von Bet-Schemesch, aus: G. Barkay, in: Israel Exploration Journal 41, 1991, 239.
Abb. 29: Bilingue vom Ofel, nach A. M. Maeir, Göttinger Miszellen 114, 1990, 65, Fig. 1.
Abb. 30: »Abrahams Schoß«. Plastik im Dom zu Bamberg, aus: M. Görg, In Abrahams Schoß, Düsseldorf 1993, 167.

Begleitende und weiterführende Literatur

Hinführung

Hornung, E., Gesänge vom Nil. Dichtung am Hofe der Pharaonen, Zürich/München 1990.
Hornung, E., Altägyptische Dichtung, Stuttgart 1996.
Huber, P., Hiob – Dulder oder Rebell? Byzantinische Miniaturen zum Buch Hiob in Patmos, Rom, Venedig, Sinai, Jerusalem und Athos, Düsseldorf 1986.

Hauptteil I

Assmann, J., Zeit und Ewigkeit im Alten Ägypten. Ein Beitrag zur Geschichte der Ewigkeit (Abhandlungen der Heidelberger Akademie der Wissenschaften, Philosophisch-historische Klasse 1975/1), Heidelberg 1975.
Assmann, J., Verklärung, in: Lexikon der Ägyptologie, Band VI, Wiesbaden 1986, 998–1006.
Assmann, J., Ma'at: Gerechtigkeit und Unsterblichkeit im Alten Ägypten, München 1995.
Görg, M., Mythos, Glaube und Geschichte. Die Bilder des christlichen Credo und ihre Wurzeln im alten Ägypten, Düsseldorf [3]1998.
Hornung, E., Altägyptische Höllenvorstellungen (Abhandlungen der Sächsischen Akademie der Wissenschaften zu Leipzig, Philologisch-Historische Klasse 59/3), Berlin 1968.
Hornung, E., Zeitliches Jenseits im Alten Ägypten, in: Eranos 47, 1978, 269–307.
Hornung, E., Von zweierlei Grenzen im Alten Ägypten, Eranos 49, 1980, 393–427.
Hornung, E., Der ägyptische Mythos von der Himmelskuh (Orbis Biblicus et Orientalis 46), Freiburg/Göttingen 1982.
Hornung, E., Tal der Könige. Die Ruhestätte der Pharaonen, Zürich/München 1990.
Hornung, E., Geist der Pharaonenzeit, München 1992.
Hornung, E., Die Unterweltbücher der Ägypter, Zürich/München 1992.
Otto, E., Osiris und Amun. Kult und heilige Stätten, München 1966.
Piankoff, A., Mythological Papyri. Text (Bollingen Series XL/3), New York 1957.
Sethe, K., Übersetzung und Kommentar zu den altägyptischen Pyramidentexten IV, Glückstadt 1936.
Westendorf, W., Raum und Zeit als Entsprechungen der beiden Ewigkeiten, in: M. Görg (Hg.), Fontes atque Pontes. Eine Festgabe für Hellmut Brunner (Ägypten und Altes Testament 5), Wiesbaden 1983, 422–435.

Hauptteil II

Barkay, G., ›Your Poor Brother‹. A Note on a Inscribed Bowl from

Beth Shemesh, in: Israel Exploration Journal 41, 1991, 239–241.
Barkay, G., The Priestly Benediction on Silver Plaques from Ketef Hinnom in Jerusalem, Tel Aviv 1992, 39–191.
Barth, C., Die Errettung vom Tode in den individuellen Klage- und Dankliedern des Alten Testaments. Mit zwei Anhängen und einer Bibliographie neu herausgegeben von B. Janowski, Zürich 1987.
Bloch-Smith, E., Judahite Burial Practices and Beliefs about the Dead (Journal for the Study of the Old Testament. Supplement Series 123), Sheffield 1992.
Casetti, P., Gibt es ein Leben vor dem Tod? Eine Auslegung von Psalm 49 (Orbis Biblicus et Orientalis 44), Freiburg/Göttingen 1982.
Dothan, T., Excavations at the Cemetry of Deir el Balah (Qedem 10), Jerusalem 1979.
Görg, M., »Scheol« – Israels Unterweltsbegriff und seine Herkunft, in: Biblische Notizen. Beiträge zur exegetischen Diskussion 17, 1982, 26–34.
Görg, M., Der Lebende und die Toten. Israels Spannung zwischen Tod und Auferstehung, in: Religionsunterricht an höheren Schulen 32, 1989, 14–21.
Görg, M., *'ḫ* »Seele« im biblischen und nichtbiblischen Hebräisch, in: Biblische Notizen. Beiträge zur exegetischen Diskussion 63, 1992, 19–25.
Görg, M., Ägyptische Totentexte. Wegweiser in ein neues Leben, in: Bibel und Kirche 49, 1994, 28–34.
Keel, O., Die Welt der altorientalischen Bildsymbolik und das Alte Testament. Am Beispiel der Psalmen, Zürich 1972.
Keel, O., Das Hohelied (Zürcher Bibelkommentare), Zürich 1986.
Lewis, T. J., Cults of the Dead in Ancient Israel and Ugarit (Harvard Monographs 39), Atlanta 1989.
Maeir, A. M., A Possible Bilingual Hebrew-Egyptian Inscription from the »Ophel«, in: Göttinger Miszellen. Beiträge zur ägyptologischen Diskussion 114, 1990, 63–69.
Podella, T., Grundzüge alttestamentarischer Jenseitsvorstellungen, in: Biblische Notizen. Beiträge zur exegetischen Diskussion 43, 1988, 70–89.
Stronk, K., Beatific Afterlife in Ancient Israel and Ancient Near East (Alter Orient und Altes Testament 219), Neukirchen-Vluyn 1986.
Tropper, J., Nekromantie. Totenbefragung im Alten Orient und im Alten Testament (Alter Orient und Altes Testament 223), Neukirchen-Vluyn 1989.

Perspektiven

Fischhaber, G., Mumifizierung im koptischen Ägypten. Eine Untersuchung zur Körperlichkeit im 1. Jahrtausend n. Chr. (Ägypten und Altes Testament 39), Wiesbaden 1997.
Görg, M., In Abrahams Schoß. Christsein ohne Neues Testament, Düsseldorf 1993.
Morenz, S., Altägyptischer und hellenistisch-paulinischer Jenseitsglaube bei Schenute, in: Mitteilungen des Instituts für Orientforschung 1, 1953, 250–255.